# 지식재산권 남용과
# 공정거래연구

정 주 환

한국지식재산연구원
Korea Institute of Intellectual Property

머리말 ─────

　이 책은 한국지식재산연구원이 주관하는 지식재산분야의 학문적 발전에 기여하기 위하여 연구 및 교육 자료로 활용이 가능한 지식재산관련 전문도서(지식재산연구총서) 발간에 조응하여 학문적·사회적·경제적 기여를 하려는 것이다.

　이에 이 책은 지식재산권 분야에서 발생할 수 있는 공정거래법 관련문제를 검토하는 것을 목적으로 한다.

　무릇, 국민경제 전체의 이념에서 형성된 공정거래법의 운용은 지식재산권 제도로부터 기대되는 경쟁촉진 효과를 최대한 살리면서 지식재산 제도의 원취지를 일탈한 지식재산권 남용행위에 의해 경쟁에 부정적 영향이 없도록 함이 최선의 정책이 될 것이다.

　이 책의 관련 논술 중 Property rule에 관한 논쟁과 PAE에 의한 권리행사 문제 등에 있어서 상당 부분은 陳皓芸, 特許権の行使の制限を巡る法的問題に関する一考察―特許法と競争法が交錯する分野を中心に―(名古屋大学大学院法学研究科博士学位論文)에 의한 바가 크나, 지면 관계상 구체적 전거 제시를 생략하였음을 밝혀 둔다.

　감사합니다.

2017년 11월 30일
단국대학교 법학연구소에서 정 주 환

4

차 례 ————

**제5장 결 론 / 291**

제1장

# 지식재산권과 공정거래법

# 제1절 지식재산권의 개념 및 공정거래법의 취지

지식재산권과 공정거래법을 외면적으로 비교해 보면 지식재산권이 '독점'을 지향하는 반면, 공정거래법은 '경쟁'을 지향하는 것처럼 보인다. 따라서 양자는 모순·대립하는 것이다. 그러나 이 양자에 대하여 지식재산권과 제품의 시장에서 공정하고 자유로운 경쟁 질서를 유지하는 공정거래법은 '일반법'이며 지식재산권법은 지식재산권과 재산권에 관한 특별법이며, 상호 보완 관계에 서 있어 전반적으로 지식재산권과 제품의 시장 과정에서 공정하고 자유로운 경쟁 질서를 유지하려는 것으로 파악할 수 있다.

1960년대와 1970년대만 하더라도 기술특허와 관련하여 부과된 제한 조항은 그 자체가 불합리하고 위법이라고 하였으나 1980년대 이후에는 미국의 법원과 반독점법 위반의 집행기구는 지식재산권의 양도 및 특허와 관련하여 부과된 제한을 위법으로 보지 않는 경우가 많아졌고, 1985년의 수직적 제한에 관한 법무부의 방침은 지식재산권의 특허에 관한 제한이 ① 지식재산의 발전과 관련 없는 순수한 무역의 제한을 포함하고 있거나 ② 경쟁관계에 있는 지식재산의 소유자들 사이에 카르텔을 형성하게 되거나 ③ 경쟁적인 지식재산의 발생이나 발전을 억제하는 세 가지 상황에 한해서만 반독점법 위반으로 다루기로 하였다.[1)]

그런데 여기에는 두 가지 요건이 요구된다. 첫째, 특정 결과를 발생시키려 하는 '의도(intend)'와 자국 내에서 발생한 사실, 즉 '결과(effect)'가 있어야 한다. 여기에서 의도를 해석하는 것은 다소 함축적이고, 포괄적이라고 할 수 있는데, 이는 엄격한 고의와는 다르게 고의의 입증에 있어 구체적이지 않더라도 담합, 조건 등의 영향에 대하여 예견하여 판단할 수 있으면 바로 고의가 추정되는 것으로 볼 수 있다. 이와 같은 수준의 고의 추정으로도 '의도'는 충족된다고 해석할 수 있다.

둘째, 유해한 영향이 결과로서 발생하는데, 이것이 미국 내에서 발생하였으며, 직접적이고(direct), 실질적(substantial)이며, 예측 가능(foreseeable)할 것을 요구한다.[2]

요컨대, 지식재산권은 사적 권리를 보호하는 측면이 있고, 반독점법은 사회를 근본으로 하여 공익의 실현을 주목적으로 하고 있다. 이에 따라 양 법률 간의 잠재적 충돌 현상은 실질적으로 개인의 사적 권리와 사회전체의 공익 간의 충돌로 볼 수 있다. 시장경제는 완전한 사적 권리의 보호 원칙을 준수하고 있지만, 개인의 사적 권리 행사와 공익 간의 현실적 충돌이 발생하게 되면, 이에 대한 일정한 제한이 요구된다. 따라서 통상 개인의 지식재산권에 대한 행사가 법이 허용하는 범위를 넘는 경우, 반독점법이 추구하는 사회 공익 즉, 실질적인 공정과 사회전체의 효율이 상충될 경우 반독점법을 우선 적용하여 지식재산권의 행사에 일정한 제한을 가할 필요가 있다. 궁극적으로 반독점법의 목표는 전통적인 민법 또는 상법의 결함을 보완하여 개인의 영리성과 사회적 공익성 간의 간극을

---

1) 강희갑, 미국반독점법의 역외적용에 관한 연구, 사회과학논총 제9집, 1994, 13쪽.
2) 김원기, 국제카르텔에 대한 독점규제법의 역외적용, 企業法硏究 第20卷 第4號, 2003, 397쪽.

해결하고 사회 및 경제가 조화롭게 발전할 수 있도록 조율하는 역할을 한다.[3]

여기서 반독점법을 우선 적용하는 것은 결코 지식재산권의 독점적 성격을 부정하는 것은 아니며, 이러한 독점적 권리를 인정·보호하는 동시에 이를 통한 남용을 방지 및 규제하는 것에 목적이 있다.[4] 가령 지식재산권의 행사가 이미 지식재산권법상의 규제를 적용받는다고 하더라도 경쟁법의 적용은 추가적인 규제를 통해 지식재산권에 부여된 특권이 시장분할을 목적으로 하는 계약 또는 시장 진입을 부당하게 제한하는 독점행위로부터 남용되지 않도록 도와준다. 경쟁당국은 시장경쟁을 유지하는 것과 지식재산권의 창출을 장려하는 목표 사이에서 조화를 이룰 수 있도록 균형점을 찾으려 노력한다. 과거 미국과 EU는 모두 지식재산권의 전속성 자체가 시장 독점력을 형성한다고 가정하기도 하였고, 모든 지식재산권이 허가를 통해 경쟁자 간의 공모를 형성한다고 가정한 바 있다.[5]

결국 특허권, 저작권, 디자인 특히 상표권의 부여를 형식으로 하는 지식재산권은 반드시 독점을 형성하는 것은 아니지만, 해당 권리자가 지식재산권을 통해 시장지배력을 확대하려고 시도한다면 반독점법이 적용될 수 있다. 예를 들어, 특허제품에 비특허제품을 끼워팔거나 지재권을 이용해 상품시장의 진입을 저지하는 등의 문제가 있는 경우에는 반독점법상 경쟁의 문제가 된다.[6]

---

3) 법무법인(유) 태평양, 중국 반독점법에 관한 연구, 법제처 용역보고서, 2009, 60쪽.
4) Id.
5) 법무법인(유) 태평양, 앞의 보고서, 61쪽.
6) Id.

# 제2절 각 법의 목적

특허법은 발명을 보호·장려하고 그 이용을 도모함으로써 기술의 발전을 촉진하여 산업발전에 이바지함을 목적으로 한다(법 제1조). 여기서 발명이란 자연법칙을 이용한 기술적 사상의 창작으로서 고도한 것을 말하고 특허발명이란 특허를 받은 발명을 말한다(법 제2조).

특히 주요국은 4차 산업혁명을 맞아 혁신과 지식재산 정책을 병행 추진하면서 4차 산업혁명을 저성장의 돌파구로 삼아 산업경쟁력을 제고하기 위하여 적극적 혁신정책을 강구하고 있다. 왜냐하면, 4차 산업혁명은 혁신적 아이디어 등 소프트 파워가 경쟁력의 원천이 되기 때문이다.

공정거래법은 사적 독점 및 부당한 거래 제한과 불공정한 거래방법을 금지하고 사업 지배력의 과도한 집중을 방지하고, 결합 협정 등의 방법으로 생산, 판매, 가격, 기술 등 부당한 제한 기타 일체의 사업 활동에 대한 부당한 구속을 배제함으로써 공정하고 자유로운 경쟁을 촉진하고 창의적 사업 활동을 활발히 하고 고용 및 실제 국민 소득 수준을 높이고 이로써 일반 소비자의 이익을 확보함과 동시에 국민 경제의 민주적이고 건전한 발달을 촉진하는 것을 목적으로 한다. 이와 같은 법의 목적은 공정거래법의 실질적 요구사항 또는 정당화 사유를 고려할 때 무엇을 고려하여야 하는가를 정하는 지침이 될 것이다. 또한 이 목적 규정에서 공정거래법은 사적 독점 등을 금지하는 동시에 시장 사업 지배력의 과도한 집중을 방지하고 다른 모든 사업 활동의 부당한 구속을 제거함으로써 목표를 달성하는 방법을 채용하고 있다. 다시 말하자면, 공정거래법은 경쟁적인 행동을 제약하는 인위적 행위를 금지하는 방법을 채용하고 있다.

# 제3절 지식재산권남용에 대한 공정거래법적 규제의 기초

세계적으로 지식재산권을 악용한 부당한 독점적 지위의 형성·유지·강화가 문제되고 있다. 미국에서의 Rambus 사건과 Qualcomm 사건, N-Data 사건은 표준설정에 얽힌 특허권의 부당한 행사가 문제가 되고 있다. 우선 미국의 사안을 개관해 보면 유명한 Rambus 사건에서 2006년 8월 2일 미국 FTC(연방거래위원회)는 컴퓨터 기술 개발 업체인 Rambus가 DRAM칩의 업계 표준을 결정하는 단체에 자사의 특허 정보를 무단으로 숨기고 자사의 특허를 포함한 기술이 표준이 되도록 사기 행위를 하고, 관련 시장에서 불법적으로 독점력을 획득하였다고 판단하였다. 또한 Qualcomm 사건에서는 3세대 이동 통신 시스템의 표준설정 과정에서 특허, 공정하고 합리적이고 비차별적인 조건(Fair, Reasonable, And Non-Discriminatory: FRAND)으로 허가할 것을 약속하고 표준화가 채택된 제품이 보급된 뒤에는 FRAND 조건을 지키지 않고 경쟁자에 대하여 차별적으로 높은 로열티를 요구한 것이 표준화를 왜곡한 반경쟁적 행위라고 한 것이다. 2007년 9월 4일, 미국 제3순회 연방 항소법원은 이른바 제3세대 휴대 전화기술에 대한 표준설정 과정에 있어 퀄컴이 반경쟁적 행위를 했는지 등이 쟁점이 되고 있는 소송에 대하여 Qualcomm에 의한 각하 신청을 인정한 법원 판결을 일부 파기하고 동 법원에 환송하였다.

즉, 원고인 Broadcom은 제3세대 휴대 전화용 칩에 대한 표준설정 과정에서 Qualcomm이 자신의 기술이 표준에 포함된 경우 FRAND 조건하에 라이선스를 사용하는 것에 대하여 사전에 약속을 한 후 나중에 이를 이행하지 아니한 행위에 반독점법을 위반하는 독점 행위에 해당한다고 주장한 데 대하여 연방 항소법원은 표준설정에 있어서 이른바 홀드 업 문제에 대하여 막히는 것을 방지하기 위하여 많은 표준설정 단체가 FRAND 조건의 사전 약속을 회원에게 요구하는 것 등을 보여 i) 찬성하는 사적 표준설정 환경에서 ii) 특허권자가 의도적으로 불가한 기술을 FRAND 조건하에서 허가하면 거짓 약속을 하고 iii) 표준설정 단체가 당해 기술 표준에 포함 시 해당 약속을 신뢰하고 iv) 당해 특허권자가 이후 해당 약속을 이행하지 않는 것은 소송의 대상이 되는 반경쟁적 행위라고 인정하였다. 그리고 Rambus 사건을 인용하여 표준설정 과정에서 사기 행위가 경쟁 프로세스를 침해하는 것이라고 하였다. 여기서 FRAND 조건의 약속은 사기 특허권의 비공개와 같은 행위이다.

미국 법무부와 FTC의 공동 보고서에 의하면 "반독점 정책의 집행과 지식재산권"은 "경쟁당국은 지식재산권에 의해 창조되는 혁신을 위한 인센티브를 지원하면서 불법 공모 또는 독점행위를 특정하기 위하여 반독점 관리론을 적용해야 한다. 지식재산권을 포함한 효율적인 활동을 비난하는 것은 이노베이션에 대한 인센티브를 훼손하고 미국의 경제성장을 촉진시키는 원동력을 저하시키게 된다"며 법무부는 표준설정 단체의 특허 정책에 대하여 특허권을 악용한 부당한 독점적 지위 취득의 미연 방지에 협력하고 있다. 또한 "반독점현대화위원회 보고서"에 의하면 반트러스트와 혁신과의 관계에 대하여 "반독점과 뉴 이코노미"라는 제목하에 "혁신, 지식재산권 및 기술 변화가 핵심적인 특징이다. 산업이 규칙을 적용하기 위하여 반독점법을 개정할 필요는 있다. 산업에서 다른 산업과

마찬가지로 반독점법의 집행자는 경쟁의 효과를 평가할 때 시장의
역할을 신중하게 고려하여야 하며, 또한 문제가 되고 있는 사실 때
문에 유효한 반독점 분석에 중요한 암묵적 영향을 미치는지도 모
른다. 특정 산업의 경제적 또는 기타 특징에 대한 적절한 주의를 확
보해야 한다."고 하였다. 이처럼 특허권을 비롯한 지식재산권을 보
호함으로 인하여 혁신을 촉진시키는 한편, 지식재산권의 부당한 행
사에 의한 시장 경쟁의 왜곡을 어떻게 시정해 나갈 것인가. 나아가
당해 사건이나 보고서에서는 지식재산권의 행사에 대하여 "부당
성"을 경쟁법과의 관계에서 어떻게 기초 짓는가가 논의의 초점이
되고 있는 것이다. 지식재산권의 부당한 행사 문제는 미국만의 상
황은 아니다. 일본에서도 이른바 '홀드 업 환경 문제'로 불리는 표
준화된 기술에 대한 특허권을 가진 자가 비싼 라이선스 수수료를
요구하거나 라이선스를 거절하는 등 표준화 활동이 저해되는 문제
가 우려되고 있다.

　「독점규제 및 공정거래에 관한 법률」(이하 '공정거래법'이라 한다)
제59조는 "이 법의 규정은 저작권법, 특허법, 실용신안법, 디자인
보호법 또는 상표법에 의한 권리의 정당한 행사로 인정되는 행위
에 대하여는 적용하지 아니한다."라고 하여, '정당한' 지식재산권의
행사에 대하여는 공정거래법이 적용되지 않음을 규정하고 있다.
이를 반대로 해석하면, '정당하지 아니한' 지식재산권의 행사에 대
하여는 공정거래법 제3조의2(시장지배적지위의 남용금지), 제19조
(부당한 공동행위의 금지), 제23조(불공정거래행위의 금지) 등의 규정
이 적용된다는 것이다. 따라서 중요한 것은 문제된 행위가 지식재
산권의 '정당한' 행사에 해당하는지 여부에 대한 판단기준이다. 이
를 위하여서는 지식재산권의 행사 유형별로 구체적인 기준을 설정
하는 것이 필요하다. 특히 공정거래위원회는 「지식재산권의 부당
한 행사에 대한 심사지침」[7]을 마련하여 지식재산권 행사의 '부당
성' 내지 '위법성'의 판단기준을 구체적으로 제시하고 있다.

# 제4절  지식재산권과 공정거래법의 관계

지식재산권법은 발명자나 저작자에게 경쟁을 제한할 수 있는 일정한 권리를 부여하여 관련 산업의 발전을 도모하는 것을 목적으로 하는 반면, 공정거래법은 반경쟁적 행위를 규제함으로써 공정한 시장 질서를 유지하는 것을 목적으로 하고 있다.[8] 즉 공정거래법은 "공정하고 자유로운 경쟁을 촉진함으로써 창의적 기업 활동을 조장하고 소비자를 보호함과 아울러 국민경제의 균형 있는 발전을 도모"하는 일반법으로서 '독점을 규제'하는 데 반하여, 지식재산권은 지식재산의 실시에 있어서 공정하고 자유로운 경쟁질서의 특별법으로서 '독점을 창출'한다는 면에서 법형식상 상호 충돌할 가능성을 지니고 있다.

그러나 이러한 근본적인 대립관계에도 불구하고 양법의 궁극적인 목적은 '소비자 복지의 극대화'와 '창조적 활동 및 공정한 경쟁의 촉진'으로, 결국 양법은 서로 공통된 경제적 목적을 공유하고 있다.[9] 구체적으로 살펴보면, 지식재산권의 획득을 위한 기술이나

---

7) 공정거래위원회 예규 제247호(2016.3.23).

8) 손호진, "공정거래법에 의한 지식재산권 남용 규제: 비판과 대안의 제시", 중앙법학, 중앙법학회, 2011, 3쪽.

9) U.S. Department of Justice & Federal Trade Commission, *Antitrust Enforcement and Intellectual Property Rights: Promoting Innovation*

창작의 경쟁이 없다면 소비자후생은 장기적으로 증대될 수 없다는 점에서, 발명자에게 인센티브를 제공하는 지식재산권 제도는 "공정하고 자유로운 경쟁을 촉진함으로써 소비자를 보호함과 아울러 국민경제의 균형 있는 발전을 도모함을 목적"으로 하는 공정거래법의 입법취지에도 부합하게 된다는 것이다.[10] 따라서 지식재산권과 공정거래법의 관계는 충돌과 모순의 관계가 아니라, 동일 또는 유사한 정책적 견지에서 서로 다른 수단으로 목적을 달성하려고 하는 포괄적 동반자적인 관계로 이를 파악하여야 한다.

결국 지식재산권 제도와 공정거래법은 '하나의 경쟁정책'을 위하여 유기적으로 각각 작용한다는 전제에서, 지식재산권법에 의한 권리의 행사라고 인식되는 범위의 행위라 할지라도 경쟁정책의 관점에서 해석·수정될 수 있는 것이고, 따라서 경쟁질서에 큰 영향을 주는 지식재산권의 남용행위는 정당한 권리의 행사로 인정되지 않고 공정거래법의 적용대상이 될 수 있다.[11] 그렇다면 공정하고 자유로운 경쟁을 해치지 않으면서도 발명자에 대하여 충분한 인센티브가 주어질 수 있도록, 경쟁법의 관점에서 합법적인 지식재산권 행사와 그렇지 않은 지식재산권의 행사(혹은 지식재산권의 남용)를 구별하는 것이 중요한 과제가 된다.

---

*and Competition*, 2007, p.1.

10) 송근장·김홍주·이철남·기민호, "공정거래법상 지식재산권의 행사— 각국의 입법례와 국내, ETRI의 상황", 지적소유권법연구, 제2집, 지적소유권학회, 1998, 399쪽(손호진, 앞의 논문, 4쪽에서 재인용).

11) 손호진, 앞의 논문, 4쪽.

제2장

# 지식재산권 남용행위의 유형

# 제1절 지식재산권 남용행위의 유형적 기초

## I. 실시허락

지식재산권의 '실시허락'이란 특허권자가 특허발명에 대하여 전용실시권, 통상실시권 등을 부여하는 것을 말하며 그 밖에 환매조건부 양도와 같이 실시권 부여와 실질적으로 유사한 효과를 발생시키는 경우를 포함한다.[1] 실시허락계약은 지식재산권의 최초취득자와 일반적인 지식재산권 이용자 간의 라이선스 계약으로, 공정거래법상 전형적인 수직적 거래행위로서의 속성을 가진다.[2] 따라서 구체적인 실시허락 계약의 내용이 관련시장의 공정한 거래를 저해할 우려가 있는 것으로 판단되면 이는 시장지배적 지위의 남용행위 내지 불공정거래행위로서 규제대상이 된다.

### 1. 실시허락의 대가

#### (1) 심사지침의 내용

혁신적인 기술 개발을 통한 특허 취득 과정에는 통상 상당한 연구개발 기간과 비용, 투자위험이 수반된다. 이러한 특성으로 인해

---

1) 지식재산권의 부당한 행사에 대한 심사지침 I. 3. (4) 참조.
2) 장정애, "지식재산권의 공정거래법상 예외조항에 관한 고찰", 산업재산권, 제28호, 한국산업재산권법학회, 2009, 264쪽.

특허권자는 추가적인 실시허락으로 발생하는 비용이 크지 않음에도 불구하고, 특허 취득 과정에 이미 지출한 비용을 회수하기 위하여 높은 실시료를 부과하는 경우가 많다. 특허권자가 이룩한 기술적 성과에 대하여 정당한 보상을 제공하고 새로운 기술혁신을 유도할 필요가 있다는 점에서, 일반적으로 이러한 실시료 부과 행위는 특허권에 의한 정당한 권리 행사로 볼 수 있다. 그러나 다음과 같이 실시허락의 대가를 부당하게 요구하여 관련시장의 공정한 거래를 저해할 우려가 있는 행위는 특허권의 정당한 권리범위를 벗어난 것으로 판단할 수 있다.3)

① 부당하게 다른 사업자와 공동으로 실시료를 결정·유지 또는 변경하는 행위
② 부당하게 거래상대방 등에 따라 실시료를 차별적으로 부과하는 행위
③ 부당하게 실시 허락된 기술을 사용하지 않은 부분까지 포함하여 실시료를 부과하는 행위
④ 부당하게 특허권 소멸이후의 기간까지 포함하여 실시료를 부과하는 행위
⑤ 실시료 산정방식을 계약서에 명시하지 않고 특허권자가 실시료 산정방식을 일방적으로 결정 또는 변경할 수 있도록 하는 행위

### (2) 실시료의 차별적 부과행위

1) 퀄컴 사건4)

가. 사실관계

퀄컴은 디지털 이동통신 기술관련 특허(CDMA)를 보유한 사업자

---

3) 심사지침 III. 3. 가.
4) 공정거래위원회 의결 제2009-281호. 퀄컴 사건에서는 ① 실시료의 차별적 부과행위, ② 조건부 리베이트 제공행위, ③ 특허권 소멸 후 실시료 부과행위 등이 문제되었다.

이다. 퀄컴의 디지털 이동통신 기술은 통신산업 관련 협회에서 기술표준으로 선정되었으며, 퀄컴은 표준 선정 당시 해당 기술을 합리적이고 비차별적인 조건으로 실시허락하겠다고 확약하였다. 그 후 퀄컴의 기술을 이용하는 휴대폰이 널리 이용되었으며, 퀄컴은 디지털 이동통신 관련 기술 시장에서 상당한 시장지배적 지위를 점하게 되었고, 퀄컴은 모뎀칩 시장에 신규 진입 사업자가 등장하자 자사의 모뎀칩 이용 여부에 따라 디지털 이동통신 기술의 실시료를 차별적으로 부과하였다. 표준으로 선정된 퀄컴의 디지털 이동통신 기술 실시가 필요했던 휴대폰 제조업자 A사, B사 등은 퀄컴이 제공하는 실시료 할인을 받기 위하여 자체 모뎀칩을 개발하거나 퀄컴 이외의 사업자로부터 모뎀칩을 구입하려는 시도를 포기하였다.

공정거래위원회는 퀄컴의 실시료의 차별적 부과행위가 시장지배적 지위의 남용행위로서 '사업 활동 방해 행위'와 불공정거래행위로서 '가격차별 행위'에 해당한다고 판단하였다.

나. 관련시장의 획정

공정거래위원회는 퀄컴의 '시장지배적 지위가 형성되는 시장'에 관하여 관련 상품시장을 'CDMA 표준에 포함된 특허기술 중 퀄컴이 보유한 특허기술 전체 시장'으로, 관련 지리적 시장을 '국내시장'으로 획정하였다. 이는 퀄컴의 CDMA 관련 기술이 표준으로 설정되어 있어 구매전환가능성이 낮다는 점, CDMA 표준을 구현하기 위하여서는 퀄컴의 CDMA 관련 기술 '전체'가 필요하다는 점, 해외의 다른 대체거래선이 없다는 점 등을 고려한 것이다. 다음으로 '시장지배적 지위가 행사되는 시장'은 국내 CDMA2000 방식 모뎀칩 시장으로 획정하였다. 이는 CDMA2000 방식의 모뎀칩을 GSM · WCDMA 방식 모뎀칩으로 대체하는 것이 불가능하다는 점, 해외로의 구매전환가능성이 낮다는 점 등을 고려한 것이다.

### 다. 시장지배적 지위 남용행위 중 사업활동 방해행위의 성립

공정거래위원회는 퀄컴의 관련시장에서의 시장지배적 지위를 인정한 다음, 자사의 모뎀칩 사용여부에 따라 실시료를 차별적으로 부과한 것은 '거래상대방에게 가격 또는 거래조건을 부당하게 차별하는 행위'에 해당한다고 판단하였고, 이는 시장지배적 지위의 남용행위로서 '가격을 부당하게 차별하는 행위(「시장지배적 지위 남용행위 심사기준」 IV. 3. 라. (2))' 여부의 판단에도 동일하게 적용된다고 보았다.

또한 공정거래위원회는 퀄컴의 위 행위가 '부당하게 다른 사업자의 사업활동을 방해하기 위한 행위'인지 여부에 대하여 첫째, '경쟁제한 의도 또는 목적이 존재하는지 여부'와 관련하여, 로열티의 차별 시점이 모뎀칩 시장에서 경쟁이 증가하는 추세에 있던 때였다는 점, 퀄컴이 FRAND 조건[5] 준수의 필요성을 인식하고 있었다는 점, 퀄컴의 내부 자료에 관련 내용이 발견되었다는 점을 들어 이를 인정하였다. 둘째, '경쟁제한의 우려 존재 여부'와 관련하여, 로열티 차별 부과로 인해 FRAND 조건을 위반하였다는 점, 수직으로 통합된 독점사업자의 차별행위로 인해 진입장벽이 만들어진다는 점, 로열티 차별행위가 상당기간 심한 정도로 이루어졌다는 점 등을 들어 이를 인정하였다. 셋째, 퀄컴의 위 행위로 인해 모뎀칩 시장에서 경쟁사업자가 배제되고 제품의 다양성 감소 및 가격인하 저해 등으로 인해 소비자피해가 발생하였다는 점을 들어 실제 '경쟁제한의 효과가 존재'한다고 판단하였다.

---

5) FRAND 조건: Fair, Reasonable, And Non-Discriminatory 조건. 대부분의 표준화 기구들은 기술표준 선정에 앞서 관련된 특허 정보를 미리 공개하도록 하고, 기술표준으로 선정될 기술이 특허권으로 보호받는 경우에는 공정하고, 합리적이며, 비차별적인 조건으로 실시허락할 것을 사전에 협의하도록 하고 있는데 FRAND 조건이란 이러한 조건을 말한다.

### 라. 불공정거래행위 중 가격차별행위의 성립

공정거래위원회는 시장지배적 지위의 남용행위 여부 판단에서
와 같이 '차별행위의 존재'를 인정한 다음, ⅰ) 퀄컴은 위 행위로 인
해 CDMA2000 방식 모뎀칩 시장에서의 지위를 유지·강화하였고,
ⅱ) 경쟁사업자를 배제하려는 의도가 인정되며, ⅲ) 가격차별의 정
도가 심하고, ⅳ) 가격차별이 상당기간 지속되었다는 점을 들어 경
쟁제한성을 인정하였다.

### 마. 시장지배적 지위의 남용행위와 불공정거래행위의 경합

공정거래위원회는 시장지배적 지위의 남용행위와 불공정거래행
위를 금지하는 입법 목적과 보호 법익이 각기 다르고, 불공정거래
행위의 행위 태양이 시장지배적 지위 남용행위의 행위 태양에 모
두 포섭될 수 있는 것이 아니므로, 두 규정이 경합 적용될 수 있다
고 보았다. 다만 법 위반행위의 기초가 되는 사실이 하나인 점을 감
안하여 법정 과징금 부과기준율이 보다 높은 시장지배적 지위의
남용금지 규정 위반에 따른 과징금만을 부과하였다.[6]

### 2) 특허권 소멸이후의 기간까지 포함하여 실시료를 부과하는 행위

#### 가. 미국의 경우

미국에서도 '특허기간 종료 후 로열티 징수'를 경쟁법적으로 규
율하고 있다. 특히 미국 연방대법원은 이를 당연 위법의 특허권 남
용(per se patent misuse)으로 다루어 왔다.[7] 이와 관련된 대표적인
판례로는 Brulotte 판결(1964년)과 Scheiber 판결(2003년)이 있다.

ⅰ. Brulotte 판결[8]    홉을 수확하는 기계의 제조사인 Thys Co.는
자신의 특허가 적용된 기계의 사용을 허락하면서 특허기간 종료

---

6) 이 사건에서 실시료의 차별적 부과행위를 포함한 퀄컴의 각 위반행위에
   대하여 부과된 과징금의 총액은 2,731억 원으로, 공정거래위원회가 단일
   기업에 부과한 과징금 중 역대 최고액이었다.
7) 최승재, 특허권남용의 경쟁법적 규율, 세창출판사, 2010, 212쪽.
8) Brulotte v. Thys Co., 379 U.S. 29 (1964).

후에도 동일한 액수의 로열티를 징수하는 약정을 체결하였다. 1957년 해당 특허의 존속기간이 만료되자 기계사용자는 로열티 지급을 거부, 특허권 남용을 이유로 소를 제기하였다. 이에 대하여 미국 연방대법원은 특허권이 소멸된 이후에도 특허권자가 로열티를 받을 수 있도록 하는 것은 특허권자로 하여금 존속기간 도과 후에까지 특허권을 인정하게 되는 것이므로 이를 인정하여서는 아니 된다고 보았다. 특히 이는 특허권 있는 제품에 특허권에 의해 보호되지 않는 제품을 끼워 파는 행위와 같은 것으로, 당연 위법의 특허권 남용(per se patent misuse)에 의해 판단해야 한다고 판시하였다.

ⅱ. Scheiber 판결9)    Scheiber는 '서라운드 스피커'를 발명하여 미국과 캐나다에서 특허권을 보유하고 있었는데 그 존속기간은 각각 1993년, 1995년에 만료될 예정이었다. Dolby는 미국 특허권이 만료된 이후에도 캐나다 특허권이 만료될 때까지 계속해서 미국 특허권에 대한 로열티를 지급하기로 하였다. 이 후 미국 특허권의 존속기간이 만료되자 Dolby는 로열티의 지급을 거절하였고 이에 Scheiber는 라이선스 계약의 이행을 구하는 소를 제기하였다. Dolby는 Brulotte 판결에 의할 때 Scheiber의 로열티 주장은 특허권 남용에 해당하고 따라서 Dolby로서는 Scheiber의 로열티 지급 청구에 응할 이유가 없다고 주장하였다. 제7항소법원은 이를 받아들여 위 약정이 무효라고 판단하였고 그 후 미국 연방대법원은 Scheiber의 상고를 불허하여 위 Brulotte 판결의 법리를 재확인하였다.

나. 우리나라의 경우

특허권 소멸 이후의 기간까지를 포함하여 실시료를 부과하는 행위에 대하여서는 앞서 살펴본 퀄컴 사건에서 다루어진 바 있다. 또한 공정거래위원회는 보도자료(2011년 11월 14일자)를 통해 SKT의 위와 같은 행위에 대하여 시정명령을 내린 사실을 발표한 바 있다.

---

9) Schieber v. Dolby Labs., Inc., 537 U.S. 1109 (2003).

ⅰ. 퀄컴 사건[10]   퀄컴은 2004년 국내 휴대폰 제조사인 삼성전자, 엘지전자와 CDMA 기술 라이선스 수정 계약 및 WCDMA 기술 라이선스 계약을 체결하면서 삼성전자와 엘지전자에게 라이선스한 특허권이 소멸하거나 효력이 없게 된 이후에도 로열티의 XX%를 계속 지불하도록 하는 내용으로 계약을 체결하였다.

공정거래위원회는 퀄컴의 위 행위가 불공정거래행위 유형 중 '거래상 지위의 남용'으로 '불이익 제공'에 해당한다고 판단하였다.

또한 ⅰ) 특허권 존속기간 이후에도 로열티를 지급하는 것은 통상적인 거래관행에 반하고, ⅱ) 특허법에서 특허권의 존속기간을 정한 취지, ⅲ) 지식재산권의 부당한 행사에 대한 심사지침에서도 이러한 행위의 공정거래저해성을 인정하고 있고, 특히 퀄컴의 시장지배력을 고려할 때 그 공정거래저해성이 더욱 크다는 점을 들어 '부당한 불이익을 제공'하였다고 판단하였다.

## 2. 실시허락의 거절

### (1) 미국의 경우

미국에서 거래거절 행위는 셔먼법 제1조 및 제2조에 의해 규율된다. 즉 공동의 거래거절은 동법 제1조의 거래를 제한하는 합의 중 수평적 거래제한의 한 유형으로 다루어지고, 단독의 거래거절은 판례상 독점적 지위에 있는 사업자가 행할 경우에 한하여 동법 제2조를 위반하는 독점화의 한 유형으로 다루어지고 있다.[11] 일반적인 거래거절에 대한 미국법원의 대표적인 판례는 Aspen Skiing 사건[12]과 Trinko 사건[13] 등이 있다.

---

10) 공정거래위원회 의결 제2009-281호.

11) 이호영, 공정거래법(개정판), 홍문사, 2010., 254쪽.

12) Aspen Skiing Co. v. Aspen Highlands Skiing Corp., 472 U.S. 585 (1985).

한편 미국법상 거래거절행위의 위법성 판단에 대하여는 이른바 필수설비이론이 적용되기도 하는데 이에 따르면 ① 독점사업자가 필수설비를 지배할 것, ② 경쟁자가 현실적으로 혹은 합리적으로 그 필수설비를 복제하기 어려울 것, ③ 경쟁자가 그 설비를 사용하는 것에 대한 거부, 그리고 ④ 그 설비의 제공이 실행 가능할 것이라는 요건하에 거래거절행위는 셔먼법 제2조 위반이 될 수 있다.[14] 다만 전체적으로 볼 때 현재 미국의 경우 필수설비이론 자체에 대하여 부정적인 시각을 가지고 있다고 한다. 더구나 지식재산권의 경우 라이선스 강제가 지식재산권의 가치를 형해화하고, 미국 수정헌법 제1조 제8항 제8문에서 규정하는 지식재산권자에 대한 보호의무를 위반할 수 있다는 점에서 필수설비이론의 적용에 대한 시각은 부정적이라고 한다.[15]

지식재산권의 실시허락 거절에 관련된 대표적인 미국법원의 판례로는 Kodak 사건[16]과 Xerox 사건[17]을 들 수 있다.

### 1) Kodak 사건

코닥은 대용량 복사기와 마이크로 그래픽 장비를 판매하고 서비스를 제공하는 회사이다. 코닥의 장비는 독특하여 다른 경쟁자(복사기 분야에서 Xerox 등, 마이크로 그래픽 분야에서 Minolta 등)의 장비에 들어가는 부품과는 호환이 되지 않는다. 또한 코닥은 자신의 장비에

---

13) Verizon Communications v. Law Offices of Curtis V. Trinko, 540 U.S. 398 (2004).

14) Christopher L. Sagers, Antitrust (Examples and Explanations), Wolters Kluwer Law & Business, 2011., 197~198쪽.

15) 최승재, "지식재산권 라이선스 거절의 규율과 필수설비 판단기준", 법학논고 제30집, 경북대학교 법학연구소, 2009.6, 588쪽.

16) Image Techninal Services Inc. v. Eastman Kodak Co., 125 F3d 1195(9th Cir. 1998).

17) In re Independent Service Organizations Antitrust Litigation 203 F3d 1322(Fed. Cir. 2000).

들어가는 교환부품을 판매하고 수리하는 서비스까지 제공하고 있었다. 서비스 시장에서 코닥은 제조품의 80% 이상을 수리하였는데 1980년에 독립서비스 제공업체들(Independent Service Organizations, 이하 'ISO'라 함)이 코닥 장비의 서비스를 시작한 이후 소비자들에게 더 값싸고 질 좋은 서비스를 제공하게 되었다. ISO들이 점점 경쟁력을 갖추게 되자 코닥은 1985년부터 ISO들에 대한 복사기 부품 판매를 중단하였다. 이에 1987년 ISO들은 코닥이 서비스 판매와 부품 판매를 끼워팔기한 행위는 서먼법 제1조를, 부품 시장에서의 독점력을 이용하여 관련 서비스 시장에서도 독점력을 행사하고자 하는 행위는 서먼법 제2조를 각각 위반한 것이라며 소를 제기하였다.[18]

이에 관한 법원의 견해를 보면 간단한 증거조사 후에 캘리포니아 북부 지방법원은 약식절차에서 코닥의 주장을 인용하였으나 제9항소법원은 이를 번복하였고 연방대법원도 최종적으로 코닥의 서먼법 위반을 확정하였다. 코닥은 소송과정에서 자기의 행위가 서먼법 위반이 아니라는 증거를 충분히 제시하지 못하였다. 특히 관련 서비스 시장의 독점혐의에 대하여 연방대법원은 코닥이 복사기 시장에서 시장지배적 사업자의 지위에 있지 않다고 하더라도 부품과 서비스에 대한 파생시장에서는 시장지배력을 갖는 것이 가능하다고 보았는데, 코닥은 부품 및 서비스와 관련하여 원심에서 자신의 '지식재산권의 행사범위에 속한다는 사실'을 주장하지 않았다. 즉 코닥 복사기가 많은 특허부품들을 포함하고 있었고 진단 소프트웨어들과 사용설명서는 저작권에 의해 보호되고 있었으며 상당수의 ISO들은 코닥의 특허부품들과 저작물을 허락받지 않고 사용하여 왔지만, 코닥이 당사자로서 이를 주장하지 않아 법원은 아무런 판단을 하지 않았던 것이다.

---

18) ISO들은 이후 환송심에서 서먼법 제1조의 끼워팔기와 담합에 대한 주장은 철회하였다.

### 2) Xerox 사건

제록스는 대용량 복사기를 제조·판매·수리 서비스를 하는 회사이다. 1984년에 제록스는 복사기의 ISO들이 복사기의 최종소비자가 아니라면 그들에게는 자사 복사기 시리즈 10개에만 들어가는 고유 부품과 진단 소프트웨어를 판매하지 않는 정책을 시행하기로 하였고, 1987년에 기존의 복사기 시리즈 9개 이외에 신제품에까지도 이러한 정책을 확대하였다. 1994년에 ISO들이 소를 제기하자 제록스는 부품 관련 정책은 6년 반을 유예하고 진단 소프트웨어 관련 정책은 4년 반 동안 실시를 허락하기로 합의하였다. 그러나 이러한 합의만으로는 제록스가 최종 소비자가 아닌 ISO들에 대하여 부품가격과 사용료를 높게 책정하는 것을 막을 수 없었고 CSU를 포함한 일부 ISO들은 제록스를 상대로 셔먼법 위반의 소를 제기하였고, 이에 제록스는 특허 침해의 반소를 제기하였다. 이에 관한 법원의 태도는 다음과 같다.

1997년 3월 캔자스지방법원은 제록스의 특허권이 적법하게 취득된 이상 특허권자가 단독으로 판매하거나 실시권 설정을 거절하는 행위는 공정거래법을 위반하지 않는다고 판시하여 제록스의 손을 들어 주었다. 이에 ISO들은 항소하였으나 연방항소법원은 지방법원의 결정이 옳다고 판단하였다. 연방특허법에 따르면 특허권자는 자기 특허품을 반드시 판매하거나 이용허락을 해 주어야 할 어떠한 법적 의무도 지고 있지 않다. 따라서 특허품의 판매나 이용허락을 거절한다고 하여 곧바로 셔먼법 위반이 될 수는 없었다. 또한 저작권법에서도 저작물의 판매나 이용허락 거절은 명백하게 저작권자에게 인정되고 있는 권리이기 때문에 이것이 바로 셔먼법에 위반한다고 볼 수는 없었다. CSU를 비롯한 ISO들은 제록스의 거래거절로 인하여 자기가 스스로 피해를 당하였다는 점에 대하여서만 입증에 성공했을 뿐 제록스의 거래거절이 셔먼법 위반으로 판단될 만한 독점에 의한 피해를 야기하고 있음을 입증하는 데 실패하였

던 것이라고 평가된다.[19]

### 3) SCM 사건[20]

1930년대에 Chester Carlson은 전자사진기술인 xerographic proc-ess을 발명하게 되는데, 불행히도 Carlson의 아이디어에 흥미를 느끼는 기업을 찾기가 쉽지 않았고 그는 약 6년에 걸쳐 35개 회사에 신기술을 소개하였지만 아무도 그것을 개발하고자 하지 않았다. 그러나 1944년에 Carlson은 비영리 연구기관인 Battelle Memorial Institute ('Battelle')과 마침내 라이선스 계약을 체결하게 되었다. 한편, 1947년에 Battelle은 모든 xerography 특허와 관련된 라이선스를 Haloid(이후 Xerox로 변경)라고 불리우는 작은 회사에게 주게 되는데, 1947년부터 1956년 사이 Xerox는 Battelle과의 라이선스계약을 통하여 Xerox의 55,000주식을 Battelle에게 주고, Battelle은 $25,000 상당의 연구를 1년 동안 해 주는 조건으로 4개의 기본 xerography 특허를 인수하였고, 이후 Xerox는 Battelle이 소유하고 있는 xerography 관련 모든 특허와 Battelle이 개발한 노하우(know-how)를 제공받게 되었다. 1960년대와 1970년대에 걸쳐 SCM은 Xerox로부터 광처리가 된 종이 복사기(coated-paper copier)와 이와 관련된 특허기술 일부를 획득하였다. 본 사건의 발단은 1960년에 Xerox가 보통종이에 복사를 할 수 있는 복사기를 개발하였으나 Xerox는 이 기술을 사용하기를 원했던 SCM의 요구를 거절한 것으로, 이상의 사실관계를 검토해 보면, Xerox는 광처리가 된 종이복사기술을 SCM에게 제공하되 신기술인 일반종이복사기술에 대하여서는 애초에 라이선스를 허락하지 않았다.[21]

순수거래거절의 대표적인 사례인 SCM Corp. v. Xerox Corp. 사

---

19) 장재원, 특허권의 거래거절과 독점규제법, 2006, 5~6쪽.
20) SCM Corp. v. Xerox Corp., 645 F.2d 1195 (2d Cir. 1981).
21) 손승우, IT분야 특허권 남용행위 외국 사례 검토, 공정거래위원회 연구 보고서, 2010, 43쪽.

건에서, 특허권자인 Xerox는 새롭게 개발한 제품의 생산을 통제하고 지배하기 위하여 제품과 제작방법에 대한 라이선스를 SCM에게 제공하지 않았으며 어떠한 차별적·조건적 거래거절을 하지 않았으므로 공정거래법 위반을 구성하지 않는 것으로 판단하였다. 순수거래거절은 미국 특허법 §271(d)(4)와 밀접한 관련이 있고, 이 조항은 특허권자의 순수거래거절에 대하여 권리남용책임을 묻는 것을 특별히 금지하고자 하는 것인데, §271(d)(4)의 관련 입법기록을 보면 거래거절의 예로서 제시된 판례들은 모두 순수거래거절의 유형에 속하며 선택적·조건적 거래거절과는 거리가 먼 것으로 조사되었다. 따라서 §271(d)(4)은 특허침해소송에서 순수거래거절에 대한 비난으로부터 특허자의 권리를 구제하기 위한 것이며, 모든 유형의 거래거절에 대하여 반독점법 위반을 주장하는 것을 완전히 제거하려는 것으로 해석될 수는 없다.[22]

### 4) Trinko 사건

미국의 통신시장은 각 지역의 전화사업자들이 독점하고 있었고, 이러한 독점구조를 해체하고 경쟁을 촉진하기 위하여 The Tele-communications Act of 1996[23]을 도입하였다. Verison사는 뉴욕시에서 전화 사업을 독점하고 있던 지역전화 통신회사였고, 경쟁사인 AT&T사를 비롯한 다른 사업자에게도 상호접속협정을 맺고 통신망을 개방하였고 뉴욕시에서 Verison사의 회선을 빌려 지역전화 서비스를 한 AT&T의 고객인 Trinko(law firm)가 Verison이 자신의 고객과 동일한 대우를 해 주어야 한다는 조항에도 불구하고 우선 자신의 고객의 전화를 회선에 넣어 연결시켜 주고 남은 부분이 있

---

22) 손승우, 앞의 보고서, 44쪽.
23) 독점적인 지역전화망에 제약을 받지 않는 도매 또는 접근허용의 방식으로 경쟁자들에 대한 접근을 허용하도록 지역전화사업자에게 의무를 부과하였고, 그 대가로 지역전화사업자들이 접근할 수 없었던 장거리 전화시장으로의 진출을 허용하였다.

을 때 전화를 연결시켜 주지 않음으로써 독점을 심화시키고 있다
고 경쟁자에 대한 접속거부는 위법인 독점유지행위에 해당된다고
주장하며 집단소송을 제기하였다.[24]

이에 대하여 1심법원이 위 소송을 각하한 데 반해 항소심인 2항
소법원은 필수설비이론과 독점을 이용한 강요이론에 기해 독점행
위가 인정될 수 있다고 판시한 뒤 공정거래법은 The Telecommuni-
cations Act of 1996에 의해 적용이 배제되지 않는다고 판시하였고,
연방대법원은 사업자가 독자적인 설비를 구축하여 독점력을 얻은
경우 그 경쟁력의 원천이 되는 설비를 공유할 것을 강제하는 것은
독점자 또는 그 경쟁자에게 있어서 경제적 가치가 있는 설비구축
의 유인(incentive)을 상실시키기 때문에 반독점법의 목적에 반한다
고 지적하였다. 중요한 것은, 이 사건에서 피고는 상호접속의무를
소홀히 한 것이지 반경쟁적인 목적의 존재를 추정시키지 않는다고
보고, 피고의 거래거절은 위법이 아니라고 판시한 것이다.[25]

### (2) EU의 경우

EU의 경우 지식재산권자의 실시허락 거절은 EU기능조약 제102
조의 시장지배적 지위의 남용행위에 의해 규율된다. EU사법법원
은 특허권 또는 일반적으로 지식재산권의 행사 그 자체가 지배적
지위의 남용에 해당하지는 않는다고 판단해 왔다. 그러나 EU법원
은 경우에 따라 지식재산권의 라이선스 거절이 지배적 지위의 남
용에 해당할 수 있다고 하여, 지식재산권의 행사에 있어서 합법적
인 행사와 지식재산권 보유자의 지위를 남용하는 도구로서의 행사
를 구분하고 있다. EU위원회와 유럽사법법원은 일련의 판결을 통
하여 어떠한 경우에 지식재산권의 라이선스 거절이 남용행위가 될

---

24) 손승우, 앞의 보고서, 47쪽.
25) 손승우, 앞의 보고서, 48쪽.

수 있는지를 판단하였는바, 그 구분기준이 이른바 필수설비이론 또는 예외적인 상황의 법리이다.

일반적으로 필수설비이론이란 필수설비를 독점적으로 보유하고 있는 사업자로 하여금 이를 적정한 가격에 경쟁사에게 개방하도록 의무화하는 원칙 또는 제도를 말한다. 필수설비이론의 기원은 일반적으로 20세기 초 미국 연방정부와 철도회사연합 사이의 소송에서 찾고 있으며, 미국 판례에서 도입된 이 이론은 점차 EU 등 세계 각국에서 인정되고 있다. 필수설비이론은 통신 산업을 포함한 전통적인 네트워크 산업에서, 기존 사업자의 네트워크 일부는 서비스 제공을 위하여 필수적인 반면, 후발 사업자가 추가적으로 구축하기에 물리적 또는 경제적인 이유에서 불가능하여 후발 사업자들의 시장진입에 장애가 발생하는 경우, 필수설비를 가지고 있는 사업자로 하여금 일정한 요건이 충족된다면 이를 개방하도록 함으로써 적절한 경쟁이 발생하도록 하는 데 그 의의가 있다.26) EU에서 지식재산권의 라이선스 거절에 관해 필수설비법리 적용이 문제되었던 대표적인 사례로는 Magill 사건, IMS 사건, MS 사건, 아스트라제네카 사건 및 Oscar Bronner 판결을 들 수 있다.

### 1) Magill 사건27)

유럽사법법원은 Magill 사례에서 처음으로 지식재산권에 대하여 필수설비이론을 적용하면서 시장지배적 지위의 남용을 이유로 라이선스 거절이 금지될 수 있는 구체적인 상황을 추론하였다.28)

BBC, ITP, RTE 등 영국과 아일랜드의 세 개 방송사는 방송 프로

---

26) 이철남, "시장지배적 지식재산권자의 라이선스거절과 끼워팔기의 규제에 관한 연구", 고려대학교 법학박사학위논문, 2005.6, 40~41쪽.

27) Joined Cases C 241-242/91 P, Radio Telefis Eireann & Independent Television Publications Ltd. v. EC Commision.

28) 김용중, "공정거래법상 거래거절의 규제에 관한 연구", 고려대학교 법학석사학위논문, 2007.12, 81쪽.

그램 리스트를 언론사 등 제3자에게 무상으로 배포하였다. 이 당시 영국과 아일랜드에서는 방송사의 프로그램 리스트가 저작권에 의해 보호되고 있었다. 다른 유럽의 국가들과는 달리, 아일랜드와 북 아일랜드에서는 한 주간의 방송 프로그램을 담은 종합 주간 TV 가이드가 없었는데, 그 이유는 세 개 방송사가 주간 프로그램 리스트를 미리 제공하지 않았기 때문이다. 그래서 신문사 등에서는 평일 하루의 방송 프로그램이나 주말 이틀간의 프로그램 리스트만을 제작할 수 있었다. 한편 1986년 아일랜드의 Magill TV 가이드 주식회사는 모든 채널의 일주일간의 TV 프로그램을 담은 종합 TV 가이드를 출판하려고 하였으나, 세 개의 방송사에 의해 프로그램 리스트에 대한 라이선스가 거절되었다. 이에 대하여 Magill은 방송사의 라이선스 거절이 지배적 지위의 남용에 해당한다는 결정을 EU위원회에 구하였다. 1988년 EU위원회는 세 개 방송사의 라이선스 거절이 EC조약 제82조(현행 제102조)를 위반하는 것이며, 세 개 방송사들은 비차별적 조건으로 필요한 경우 합리적인 로열티를 받고 제3자에게 프로그램 리스트를 제공하라고 결정하였다. ITP, BBC 및 RTE는 EU위원회의 이 결정을 취소하는 소를 제기하였다.

2) IMS 사건[29]

IMS 사례에 이르러, 유럽최고법원은 Magill 사례의 세 가지 요건을 재확인하며 예외적인 상황의 법리를 완성하기에 이른다.

IMS는 자체 직원과 제약 산업의 대표자들로 구성된 워킹그룹과의 협력을 통해서 독일 전역을 1860개의 구역으로 구분한 벽돌구조를 개발하였다. 이 구조에서 각 구역은 지역 정보를 담고 있는 7자리의 숫자가 부여되어 있고, 동일 또는 유사한 수의 약국을 포함하도록 설계되었다. IMS의 이 데이터베이스 구조는 독일의 저작권

---

29) Case C-418/01, IMS GmbH & Co. OHG v. NDC Health GmbH & Co. KG.

으로 보호되고 있었다. 한편 IMS에 근무하던 직원들이 퇴직 후 설립한 PII와, 벨기에의 중소기업인 AzyX가 1999년 관련 시장에 진입하였다. 2000년 8월에 NDC가 PII의 자산 중 일부를 인수하였다. 2000년대 후반에 IMS는 프랑크푸르트 지방법원에서 PII, AzyX, NDC에 대한 저작권 침해금지가처분 명령을 받아, 1860 벽돌구조 및 그 파생물의 사용을 금지하였다. 3개사는 상소하였고, 특히 NDC는 EU위원회에 강제실시권을 청구하였다. 재판 진행 중 프랑크푸르트 지방법원은, 1860 벽돌구조에 대한 저작권의 라이선스 거절이 EC조약 제82조(현행 제102조)에서 금지하는 지배적 지위의 남용에 해당하는지 유럽사법법원에 질의하였다.

이 사례에서 EU위원회는 NDC의 청구에 대하여 시장에서 표준이 되어 버린 데이터베이스 구조의 라이선스 거절이 지배적 지위의 남용에 해당한다고 결정하였다. EU위원회는 Magill 사례에서 설립된 예외적인 상황의 법리 적용요건 세 가지를 선택적인 것으로 보아, '새로운 상품의 출현을 막을 것' 요건(①요건)이 충족되지 않아도 위 법리를 적용할 수 있다고 보았다.

반면 앞서 프랑크푸르트 지방법원의 질의에 대하여 유럽사법법원은 일단 Magill 사례에서 확인한 요건들은 선택적인 것이 아니라 모두 충족되어야 하는 것이라고 본 뒤, '새로운 상품의 출현을 막을 것'의 요건(①요건)에 대하여 제82조(현행 제102조)는 기존 저작권자가 시장에 공급하는 상품을 그대로 복제하거나 동일한 상품을 제공하는 경우에까지 확대되는 것은 아니며, 기존의 서비스와는 다르거나 '새로운' 상품을 제공하는 경우에 한정된다는 것을 명백히 하였다. 하지만 이 사건 NDC 등의 상품이 이러한 새로운 상품인지 여부는 사실관계의 문제이므로 독일법원에 판단을 맡겼다.[30]

이 사건에서 유럽사법법원은 Magill 사례에서 제시한 예외적인

---

30) 최승재, 앞의 논문, 595~596쪽.

상황의 법리의 적용요건들이 선택적인 것이 아닌 모두 만족되어야 하는 것임을 확인하면서, 각 요건들의 내용을 보다 구체화하여 법리를 완성하였다고 평가된다.[31)

### 3) MS 사건[32)

1998년 9월 15일, 선 마이크로시스템즈의 부사장이 Microsoft에 편지를 보내서, 윈도즈 운영체제의 호환성 정보를 제공해 달라고 요청하였다. 그러나 Microsoft는 이미 공개되어 있는 정보 이외의 추가적인 정보의 제공을 거절하였다. 이에 대하여 선 마이크로시스템즈는 Microsoft의 PC 운영체제와의 호환성을 확보하는 데 필수적인 작업그룹 서버 운영체제의 호환성 정보를 제공하지 않는 것이 EC조약 제82조(현행 제102조)의 위반이라는 결정을 EU위원회에 구하였다.[33)

EU위원회는 Microsoft가 클라이언트 PC 운영체제 시장에서의 지배적 지위를 남용하여 EC조약 제82조(현행 제102조)를 위반하였다고 결정하였다. 즉 유럽집행위원회는 예외적인 상황의 법리를 적용, Microsoft의 거절이 호환성 정보의 필수불가결성 때문에 작업그룹 서버 운영체제 시장의 경쟁을 배제할 위험이 있고, 소비자의 이익에 반하여 기술 발전을 저해하였으며, 정당화될 수 없다고 판단한 것이다. EU위원회의 이러한 결정에 대하여 Microsoft는 유럽일반법원에 소를 제기하며, 이 사건의 경우 예외적인 상황이 존

---

31) 박재훈, 유럽에서의 특허권 라이선스의 거절과 경쟁법상 지배적 지위의 남용에 관한 연구, 2009, 272쪽.

32) T-201/04 Microsoft Corp. v. EC Commission, 5 CMLR 11 (2007).

33) MS 사건에서 쟁점이 되었던 것은 ① 작업그룹 서버의 호환성 정보에 대한 공개·라이선스 거절과 ② 윈도 PC 운용체제와 윈도 미디어 플레이어의 끼워팔기였다. 이 두 가지 쟁점 중 Microsoft의 호환성 정보에 대한 라이선스 거절이 Magill 사례와 IMS 사례에 의해 정립된 필수설비이론에 따른 예외적인 상황의 법리에 관련된 쟁점이다. ②의 끼워팔기 쟁점에 대하여는 이하 관련부분에서 다루도록 하겠다.

재하지 않는다고 주장하였다.

이에 대하여, 유럽일반법원은 이 사건에서 예외적인 상황의 법리를 적용하여 Microsoft가 작업그룹 서버 운영체제를 생산 및 분배하려는 모든 사업자에게 합리적이고 비차별적인 조건으로 호환성 정보를 제공하라고 판결하였다.[34]

### 4) Oscar Bronner 판결[35]

이 사건은 Austria 신문시장을 관련 시장으로 하며, 원고인 Bronner는 발행부수로는 3.6%, 광고수입으로는 6%에 해당하는 시장점유율을 가진 신생 일간신문사로 급성장 중인 것에 반해, 피고 Media Prints는 발행부수로는 46.8%, 광고수입으로는 42%의 시장점유율을 보이고 있었으며 Austria 내부에서 유일하게 조간신문을 집에 배달하는 배송망을 갖추고 있었다. Bronner가 신청한 위 배송망을 통한 신문보급을 Media Prints가 거부하자 Bronner는 위 행위가 유럽공동체 조약 제82조 위반이라고 제소한 사건이다.[36]

오스카 브로너 사건은 이후의 Magill 사건이나 IMS Health 사건의 연장선상에서 유럽공동체 법원이 필수설비이론을 인정한 판결의 시초라는 의미를 가지고 있는 중요한 사건이다. 이 사건 이후 유럽공동체 법원은 지식재산권의 라이선스 거절에 대하여 필수설비이론에 기초하여 라이선스를 강제할 수 있는 기초를 제공하였는데, 그러나 유럽공동체 법원의 오스카 브로너 사건 판결은 이후 지속적으로 확장되어 가면서 당해 라이선스의 대상이 되는 필수적인 지식재산이 당해 라이선스가 직접적으로 특정한 새로운 상품이나 서비스에 체화되어 사용되는 기술이 아닌 경우에도 사용될 수 있

---

34) 박재훈, 앞의 논문, 273~275쪽.

35) Oscar Bronner GmbH & Co. KG v. Mediaprints Zeitungs und Zeitschriftenverlag GmbH & Co., Case C-7/97 [1998] ECR 1 - 7791,. [1999] 4 CMLR 112.

36) 손승우, 앞의 보고서, 100쪽.

다는 방향으로 확장되는 것이 아닌가 하는 비판이 있다.[37]

### (3) 우리나라의 경우

심사지침은 실시허락 거절에 관하여 위반행위의 유형을 다음과 같이 제시하고 있다.

① 정당한 이유 없이 자기와 경쟁관계에 있는 다른 사업자와 공동으로 특정사업자에 대하여 실시허락을 거절하는 행위
② 부당하게 특정사업자에 대하여 실시허락을 거절하는 행위
③ 특허권자가 부과한 부당한 조건을 수용하지 않는다는 이유로 실시허락을 거절하는 등 다른 부당한 행위의 실효성을 확보하기 위하여 실시허락을 거절하는 행위

우리나라의 심사지침은 실시허락의 거절의 부당성이 인정되기 위한 다양한 상황을 제시하고 있으며, 특히 '해당 기술이 사업 활동에 필수적인 요소인 경우'에 공정거래저해성이 인정될 가능성이 크다고 하여 필수설비이론에 따르고 있다. 이는 EU의 기본적인 태도와 유사하다.

## 3. 실시범위의 제한

특허권자는 정당한 범위에서 실시허락을 거절할 수 있을 뿐만 아니라, 다른 사업자에게 특허발명의 이용 범위를 한정하여 부분적으로 실시를 허락할 수도 있다. 이러한 실시범위의 제한은 실시허락을 거절하려는 특허권자의 기술 거래를 촉진할 수 있다는 점에서 친경쟁적인 효과를 발생시킬 수 있다. 따라서 일반적으로 특허

---

37) 손승우, 앞의 보고서, 101쪽.

권자가 자신의 권리보장을 위하여 합리적인 범위에서 실시수량, 지역, 기간 등을 제한하여 실시 허락하는 행위는 특허권에 의한 정당한 권리 행사로 볼 수 있다. 그러나 다음과 같이 실시권의 범위를 부당하게 제한하여 관련 시장의 공정한 거래를 저해할 우려가 있는 행위는 특허권의 정당한 권리범위를 벗어난 것으로 판단할 수 있다.[38]

① 실시허락과 연관된 상품(이하 "계약상품") 또는 기술(이하 "계약기술")과 관련된 실시수량, 지역, 기간 등을 제한하면서 특허권자와 실시권자가 거래수량, 거래지역, 그 밖의 거래조건에 부당하게 합의하는 행위

② 부당하게 거래상대방 등에 따라 계약상품 또는 계약기술과 관련된 실시수량, 지역, 기간 등을 차별적으로 제한하는 행위

## 4. 실시허락 시 부당한 조건

### (1) 계약상품 가격의 제한
부당하게 계약상품의 판매가격 또는 재판매 가격을 제한하는 행위

### (2) 원재료 등의 구매상대방 제한
부당하게 계약상품 생산에 필요한 원재료, 부품, 생산설비 등을 특허권자 또는 특허권자가 지정하는 자로부터 구입하도록 하는 행위

### (3) 계약상품의 판매상대방 제한
부당하게 실시권자가 계약상품을 판매(재판매)할 수 있는 거래상

---

38) 심사지침 III. 3. 다.

대방 또는 판매(재판매)할 수 없는 거래상대방을 지정하는 행위

### (4) 경쟁상품 또는 경쟁기술의 거래 제한

부당하게 계약상품을 대체할 수 있는 경쟁상품이나 계약기술을 대체할 수 있는 경쟁기술을 거래하는 것을 제한하는 행위

### (5) 끼워팔기

부당하게 해당 특허발명의 실시를 위하여 직접 필요하지 않은 상품 또는 기술을 함께 구입하도록 하는 행위

### (6) 부쟁의무 부과

무효인 특허의 존속 등을 위하여 부당하게 실시권자가 관련 특허의 효력을 다투는 것을 금지하는 행위

### (7) 기술개량과 연구 활동의 제한

1) 계약상품 또는 계약기술의 개량, 이와 관련된 연구 활동을 부당하게 제한하는 행위

2) 계약상품 또는 계약기술과 관련하여 실시권자가 독자적으로 취득한 지식과 경험, 기술적 성과를 부당하게 특허권자에게 제공하도록 하는 행위

### (8) 권리 소멸 후 이용 제한

특허권이 소멸된 후에 실시권자가 해당 특허발명을 실시하는 것을 제한하는 행위

### (9) 계약해지 규정

실시료 지급불능 이외의 사유로 특허권자가 적절한 유예기간을 부여하지 않고 일방적으로 계약을 해지할 수 있도록 하는 행위[39]

## II. 끼워팔기

### 1. 미국의 경우

미국에서는 끼워팔기 행위를 셔먼법 제1조, 제2조 또는 클레이튼법 제3조로 규제하고 있다. 특히 미국 연방대법원은 끼워팔기 행위를 당연위법(per se illegal)의 원칙으로 판단하고 있다. 미국의 지식재산권 라이선스에 대한 독점규제 가이드라인에서는 끼워팔기의 성립요건으로 ① 판매자가 주된 상품 시장에서 시장지배력을 가지고 있을 것, ② 끼워팔기의 약정이 종된 상품 시장에서의 경쟁에 부정적인 효과를 미칠 것, ③ 끼워팔기에 대한 효율성 항변이 반경쟁적인 효과보다 크지 않을 것을 들고 있고, 위 ①의 요건과 관련하여 "경쟁당국은 특허권, 저작권 또는 영업비밀 등이 필연적으로 그 소유자에게 시장지배력을 부여하는 것으로 추정하지 않을 것"이라고 규정하고 있다.[40] 미국에서 지식재산권에 관련된 끼워팔기 사례를 살펴보면 다음과 같다.

#### (1) Kodak 판결[41]
코닥은 복사기 수리 시 자사로부터 교환부품을 구입하는 자에게만 수리서비스를 실시하는 정책을 채택함으로써 교환부품의 판매

---

39) 개정전의 지침에서는 계약해지 또는 분쟁에 대한 중재규칙, 중재기관, 적용법률 등을 거래당사자 중 일방에게 불리하게 규정하는 행위가 포함되었다.

40) US DOJ & FTC, Antitrust Guidelines for the Licensing of Intellectual Property, 5.3.

41) Eastman Kodak Co. v. Image Technical Services, 504 U.S. 451(1992). 앞서 실시허락 거절에 관련하여 살펴본 코닥 사건과 동일한 사건이다.

와 애프터서비스를 끼워팔기하였다. 앞서 살펴본 바와 같이 코닥은 ISO들에 대한 부품판매를 거절하였는데, 이에 소비자들은 코닥의 교환부품을 구입하기 위하여서는 코닥의 애프터마켓 서비스를 이용할 수밖에 없었다. ISO들은 이러한 끼워팔기 행위가 복사기 애프터서비스 시장에서 ISO들을 축출하려는 행위에 해당하여 셔먼법 제1조, 제2조에 위반된 것이라며 소를 제기하였다.

미국 연방대법원에서는 코닥의 위 끼워팔기 행위가 셔먼법에 위반된 것이라고 판단하였다. 우선 '주된 상품시장에서의 지배적 지위'와 관련하여 비록 코닥의 복사기 시장에서의 시장점유율은 23%에 불과하지만, 코닥의 복사기를 구매한 고객들로서는 복사기제품 전환에 큰 비용이 들기 때문에 당해 복사기제품에 고착(lock-in)될 수밖에 없다는 점 등을 고려할 때, 복사기제품시장에서의 점유율이 낮다고 하여 교환부품·애프터서비스 시장에서의 시장지배력이 부정될 수는 없다고 하였다. 또한 교환부품과 애프터서비스 각각에 대한 소비자의 수요가 있기 때문에 양자는 별개 상품에 해당하며 셔먼법 제2조의 시장지배적 지위여부 판단 시에도 양자는 별도로 시장이 획정되는 것이라고 보았다.

### (2) Microsoft 판결[42]

Microsoft가 판매하는 운영체제(operating system, 이하 'OS'라 함)인 '윈도즈'는 인텔호환 컴퓨터 시장에서 90%이상을 차지하고 있었다. 통상 응용소프트웨어는 하나의 OS에서 작동하기 때문에 윈도즈의 사용자가 많다는 것은 윈도즈에 기반한 응용소프트웨어가 많다는 것을 의미하고 이는 윈도즈의 매력을 높이게 되어 다시 윈도즈의 사용자 수가 더 증가하게 되는 선순환 구조가 형성됨을 의미

---

42) U.S. v. Microsoft Corp., 87 F. Supp. 2d 30 (D.D.C. 2000), U.S. v. Microsoft Corp., 253 F. 3d 34 (D.C. Cir. 2001).

하였다. 한편, 넷스케이프는 '네비게이터'라는 브라우저를 개발·판매하였는데, 네비게이터의 특징은 다양한 OS에서 모두 작동하며, 네비게이터를 기반으로 하여 다른 응용프로그램이 실행될 수 있다는 점이었다. 따라서 네비게이터를 매개로 하여 작동하는 응용프로그램이 많아진다는 것은 윈도즈의 매력이 소멸하여 윈도즈의 다른 OS에 대한 우위성 확보를 곤란하게 함을 의미하였다. 이에 Microsoft는 1995.7. 독자적인 브라우저 '인터넷 익스플로러'를 배포하기 시작하였는데, 이를 무상으로 배포함과 동시에 윈도즈95와 윈도즈98에 넣어서 판매하였다. 제품을 통합하여 판매한 후 인터넷 익스플로러의 사용자는 점점 증가하였고, 1997.1.경 20%였던 인터넷 익스플로러의 사용자 비율은 1998.8.경 49%로 상승하였고, 같은 시기 네비게이터의 사용자 비율은 77%에서 48%로 저하되었다. 이에 미국 법무부 및 미국 20개의 주가 1998.5. Microsoft가 끼워팔기 및 독점유지행위 등을 행하여 셔먼법 제1조 및 제2조에 위반하였다고 제소하였다.

### (3) Illinois Tool Works 판결[43]

Illinois Tool Works가 지분 전부를 소유하고 있는 Trident는 특허상품인 잉크젯 프린트헤드를 제조하여 주문자 상표에 의한 제품 생산업자들(이하 'OEM'이라 함)에게 공급하고, OEM들은 Trident의 프린트헤드 기술을 결합하여 프린터를 제조하고 있었다. 그런데 Trident는 OEM과 특허상품인 프린트헤드 기술을 라이선스 계약을 하면서 해당 기술을 이용하려면 비특허상품인 잉크를 Trident로부터 배타적으로 구매해야 한다는 규정을 두었다. 한편 Independent Ink는 Trident와 경쟁관계에 있는 잉크를 제조·판매하는 회사인데,

---

43) Illinois Tool Works, Inc. et al. v. Independent Ink Inc., 126 U.S. Ct. 1281 (2006).

Independent Ink의 잉크는 Trident의 잉크와 화학적 성분이 동일하고 Trident의 프린트헤드에서 사용할 수 있는 것이었다. Independent Ink는 Trident의 위 행위가 특허상품 끼워팔기 약정에 해당하여 셔먼법에 위반된다며 소를 제기하였다.

위 사건에서 주된 쟁점은 특허권이 주된 상품 시장에서 시장지배력을 부여하는 것인지 여부였다. 미국 연방대법원의 선결례인 International Salt 판결과 Loew's 판결에서는 "주된 상품에 관한 특허권을 보유하고 있다면 시장지배력이 추정된다"는 법리가 인정된 바 있었는데 이는 "특허권은 시장지배력을 부여하는 것으로 추정된다"는 특허권 남용법리의 내용과 유사한 것이었다. 연방항소법원은 바로 위와 같은 선결례에 비추어 특허권의 존재로 인해 주된 상품 시장에서의 시장지배력이 추정되고 이를 피고 측에서 번복해야 하는 것으로 보았다. 이에 대하여 연방대법원은 미국 연방의회가 1988년 특허법을 개정하여 특허권 남용에 있어서 특허권의 시장지배력에 대한 추정을 명시적으로 제거하였으므로 공정거래법의 맥락에서도 위 추정의 법리를 유지할 수 없고, 결국 특허상품과 관련된 끼워팔기의 경우도 주된 상품 시장에서의 시장지배력 여부를 일반적인 끼워팔기의 경우와 동일한 기준으로 판단해야 한다고 보았다. 위 판결은 바로 이 점에서 의의를 가지며, 앞서 언급하였듯이 미국 법무부와 연방거래위원회의 가이드라인에는 특허권의 존재 자체로 반드시 시장지배력이 추정되는 것은 아니라고 규정하고 있다.

### (4) Motion Picture Patents 사건[44]

Motion Picture patent사는 영화필름을 영사기에 끼워넣는 기계

---

44) Motion Picture Patents Co. v. Universal Film Mfg. Co., 243 U.S. 502 (1917).

부품에 관한 특허권을 보유하고 있었는데 특허권자가 제작한 필름만을 사용할 수 있다는 것을 모든 영사기에 명기한다는 조건을 수락하지 않는 경우에는 이 기계장치에 관한 특허실시허락을 거절하였다. 그러나 Motion Picture patent사의 특허는 영사기술에 관한 것으로서 이 기술을 적용하여 상영할 필름의 거래에는 아무런 효력을 미치지 않는 것이었다. Motion Picture patent사는 특허이용허락기간 만료 후 극장주들이 일반 영화필름을 자신의 특허부품을 사용한 영사기를 이용하여 상영하고 있는 것을 발견하고, 극장주들에 대하여서는 직접침해, 필름공급자들에 대하여서는 간접침해로 소송을 제기하였다.[45]

이에 대하여 미국 연방대법원은 영사기에서 사용되는 필름의 유형을 제한하는 이용허락계약조항은 무효라고 판결하며, 특허법은 단지 특허권자가 발명하고 특허의 청구범위에 기재한 것에 대하여서만 독점권을 보장한다고 판시하였다. 중요한 점은 특허권자의 이러한 제한은 특허법이 독점권을 부여한 발명으로부터 이익을 얻는 것이 아니라, 특허독점의 범위를 넘어 또는 비특허품으로부터 이익을 얻는 것이며, 이러한 특허권의 확장은 연예오락산업에 잠재적인 해악을 가져오게 되므로 원고는 특허를 받은 영사기에서 이용되는 영화필름 공급자와 이를 상영하는 극장주들에게 특허침해를 주장할 수 없다고 판시한 것이다.[46]

## 2. EU의 경우

EU에서는 끼워팔기 행위를 EU기능조약 제101조 제1항 (e)호와 제102조 (d)호로써 규제하고 있다. 동 조약 제101조는 경쟁제한적

---

45) 손승우, 앞의 보고서, 49쪽.
46) 손승우, 앞의 보고서, 50쪽.

사업자 간 협정 등을 금지하면서 구체적으로 금지되는 행위 유형 중 하나로 "계약의 상대방이 상품의 성질이나 상관행에 비추어 그 계약의 대상과는 아무런 관련이 없는 부수적인 의무를 수락할 것을 조건으로 하여 계약을 체결하는 것"을 들고 있는데 끼워팔기가 여기에 해당한다(제101조 제1항 (e)호).

#### - MS 사건

EU위원회는 Microsoft가 윈도즈 OS에 윈도즈 미디어 플레이어(이하 'WMP'라 함)를 끼워파는 행위를 하였고 이는 EU기능조약 제102조를 위반한 것이라고 판단하여, 벌금을 부과하면서 이와 함께 WMP가 제거된 윈도즈 버전을 제공하거나 윈도즈와 함께 경쟁 미디어 플레이어를 제공하도록 하는 내용의 명령을 내렸다. MS는 불복, 유럽일반법원에 소를 제기하였다.

유럽일반법원은 EU기능조약 제102조 (d)호의 위법한 끼워팔기가 성립하기 위하여서는 ① 주된 상품과 종된 상품이 별개의 상품일 것, ② 주된 상품 시장에서 당해 기업이 시장지배적 지위에 있을 것, ③ 종된 상품 없이 주된 상품을 구입할 수 있는 기회를 제공하지 않았을 것, ④ 경쟁을 제한할 것이라는 네 가지 요건이 충족되어야 한다고 보았다. 이 중 ②의 요건에 관하여는 Microsoft에서 다투지 않으므로 이를 인정하고 나머지 요건 충족 여부에 대하여 판단하였다.

### 3. 우리나라의 경우

#### - SKT 멜론 사건

이동통신시장에서 시장지배적 사업자인 SKT는 2004년 11월부터 이동통신서비스와는 별도로 멜론이라는 음악 사이트를 운영하였다. SKT는 동 사이트에서 판매하는 음악파일(MP3파일)과 MP3폰

에 자체개발한 DRM[47]을 탑재하여, SKT MP3폰을 사용하고 있는
가입자의 경우 SKT의 멜론사이트에서 다운로드 받은 MP3음악파
일만 재생할 수 있도록 하고, 타 사이트에서 구매(유료 다운로드)한
음악파일은 SKT의 MP3폰으로 재생하여 들을 수 없도록 하였다.
다만, 별도의 DRM이 장착되지 않은 음악파일(주로 불법적으로 유통
되는 무료 음악파일)은 SKT의 멜론사이트에서 회원 가입 후에 컨버
팅 과정을 거쳐 청취할 수 있도록 하였다.

공정거래위원회는 SKT의 위와 같은 거래강제행위가 시장지배적
지위 남용행위 중 다른 사업자의 사업활동을 방해한 행위(공정거래
법 제3조의2 제1항 제3호), 부당하게 소비자의 이익을 현저히 저해할
우려가 있는 행위(공정거래법 제3조의2 제1항 제5호 후단) 및 불공정
거래행위 중 기타의 거래강제(공정거래법 제23조 제1항 제3호)에 해
당한다고 판단하여 시정명령과 과징금을 부과하였다.[48] SKT는 이
에 불복, 행정소송을 제기하였다.

대법원은 고등법원의 입장을 대체로 유지하여 공정거래위원회
의 상고를 기각하였다.

---

47) DRM(Digital Rights Management: 디지털저작권관리장치)이란, 디지털
콘텐츠 제공자의 권리와 이익을 보호하기 위하여 적법한 사용자에게 허
용된 사용 권한에 따라 콘텐츠를 사용하도록 함으로써 콘텐츠의 생성에
서 유통관리를 지원하는 일종의 보안장치로, 음악파일과 디바이스(MP3
폰, MP3플레이어 등)에 탑재되어 상호 호환성이 있는 경우에만 음악을
들을 수 있도록 하는 기능을 말한다.
48) 공정거래위원회의 처분에 대하여는 공정거래위원회의 보도자료(2006
년 12월 21일자)를 참고하였다. 동 보도자료에는 불공정거래행위로서
'기타의 거래거절'이 적용법조 중 하나로 적시되어 있으나, 이후 서울고등
법원과 대법원의 판결문에 나타난 공정거래위원회의 처분에서는 시장지
배적 지위의 남용행위에 대하여서만 다루고 있다.

## III. 그랜트백(grant back) 조항

### 1. 미국의 경우

- TransWrap 사건[49]

Transparent-Wrap은 상품밀봉기계에 관한 특허를 보유하고 있었고 "TransWrap"이라는 상표를 사용하고 있었다. Transparent-Wrap은 Stokes & Smith에 대하여 영업양도를 하면서 해당 특허의 실시를 허락하였는데, 계약서에는 "Transparent-Wrap는 당해 기계와 관련된 개량특허를 Stokes & Smith에게 양도한다. 그 경우 개량특허는 계약대상 특허에 포함되며 Transparent-Wrap는 무상으로 그 개량특허를 사용할 수 있다"는 조항을 두었다. 이 후 Stokes & Smith가 개량발명을 양도 거부하자 Transparent-Wrap는 계약 해지를 통보하였고, 이에 Stokes & Smith는 위 계약조항의 위법·무효의 선언과 계약해지의 금지를 구하는 소를 제기하였다.

이에 대하여 미국 연방대법원은 우선 개량특허의 양도를 규정한 위 조항이 '당연 위법인 것은 아니다'라고 판단하였다. 법원은 개량특허의 양도대가를 기본특허의 실시허락으로 하는 것은 가능하며, 이때 실시자와 특허권자가 받는 가치와 부담은 동등하다고 보았다. 또한 기본특허의 독점력을 이용하여 개량특허의 독점력을 획득하더라도 특허의 독점력을 타 상품에 확장한 것으로 취급할 수는 없다고 보았다. 따라서 Transparent-Wrap는 개량특허를 바로 추가 로열티 없이 사용할 수 있다고 보았다. 다만 위와 같은 조항이 공정거래법에 위반하는 목적, 효과로 이용되는 경우에는 위법무효

---

49) Transparent-Wrap Machine Corp. v. Stokes & Smith Co., 329 U.S. 637 (1947).

라고 판시하였다. 즉 개량특허의 집적을 통해 업계를 지배하고자 하거나 기본특허가 소멸된 후에도 영속적으로 지배력을 행사하고 자 하는 경우에는 그랜트 백 조항이 공정거래법에 위반하여 위 법·무효라고 판단하였다.

## 2. 우리나라의 경우

우리나라의 심사지침에서도 그랜트 백 조항에 대하여 다루고 있 다. '기술개량과 연구 활동의 제한'이라는 제목 아래 ① 계약상품 또는 계약기술의 개량, 이와 관련된 연구 활동을 부당하게 제한하 는 행위, ② 계약상품 또는 계약기술과 관련하여 실시권자가 독자 적으로 취득한 지식과 경험, 기술적 성과를 부당하게 특허권자에게 제공하도록 하는 행위는 불공정거래행위에 해당할 가능성이 크다 고 규정하고 있다.[50] 그랜트 백 조항의 경우 불공정거래행위 유형 중 '거래상 지위남용'으로서 '이익제공'에 해당할 가능성이 높다고 생각된다. 다만 당해 그랜트 백 조항의 효력 여부의 문제가 있을 수 있는데 이는 앞서 부쟁 조항에서 논의한 바와 같이 불공정거래행 위로서 공정거래법 위반인 계약의 효력 문제로 귀결될 것이다.

---

[50] 다만 심사지침은 이 경우 "계약기술 등과 관련하여 실시권자가 이룩한 성과를 특허권자가 상호 대등한 조건으로 교환하거나 정당한 대가를 지 불하고 취득하는 경우, 계약상품 또는 계약기술의 성능 보증이나 특허권 자의 영업비밀 보호를 위하여 불가피하게 기술개량을 제한하는 경우에는 제외될 수 있다"고 규정하고 있다.

# 제2절  특허풀

## Ⅰ. 특허풀의 실시형태

특허풀 관련 기술의 일괄실시만 허용하고, 각 기술의 독립적인 실시를 금지하는 경우 해당 특허풀과 관련된 권리행사를 부당한 것으로 판단할 가능성이 크다. 이러한 특허풀은 실시권자의 선택권을 제한하고 비용을 증가시킬 뿐만 아니라, 특허풀에 속하지 않고 단독으로 실시되는 혁신적 기술의 시장가치를 부당하게 하락시켜 관련 시장에서 경쟁기술을 배제할 위험이 있다. 또한 특허풀 구성에 참여한 사업자에 한해 배타적으로 실시를 허용하는 경우 해당 특허풀과 관련된 권리행사를 부당한 것으로 판단할 가능성이 크다. 이러한 특허풀은 기술이용을 과도하게 제한하여 특허풀에 속하지 않은 경쟁사업자를 배제할 수 있다.

## Ⅱ. 위법 행위 유형

특허풀에 관한 일정한 행위가 법 제19조【부당한 공동행위 금지】, 제26조【사업자단체의 금지행위】, 상호실시허락에 관한 행위51)가 법 제19조【부당한 공동행위 금지】 등에 위반되는지는 각 조항에 규정된 별도의 위법성 성립요건을 종합적으로 고려하여 결정한다.

---

(1) 특허풀 운영과정에 이와 관련된 거래가격, 수량, 지역, 상대방, 기술개량의 제한 등의 조건에 부당하게 합의하는 행위

(2) 부당하게 특허풀에 참여하지 않은 다른 사업자에 대한 실시를 거절하거나, 차별적인 조건으로 실시계약을 체결하는 행위

(3) 특허풀 운영과정에 다른 사업자가 독자적으로 취득한 지식과 경험, 기술적 성과 등을 부당하게 공유하도록 하는 행위

[참고] 특히 특허풀에 포함된 기술을 대체할 수 있는 다른 기술에 대한 지식 등을 공유하도록 하는 경우, 특허풀과 직접 관련되지 않는 기술에 대한 지식 등을 공유하도록 하는 경우, 이러한 지식 등의 공유가 특허풀 외부의 사업자에게 배타적인 경우에는 부당한 행위로 판단할 가능성이 크다.

(4) 부당하게 특허풀에 무효인 특허 또는 공동실시에 필수적이지 않은 특허를 포함시켜 일괄실시를 강제하는 행위

(5) 특허풀에 포함된 각 특허의 실시료를 합산한 금액보다 현저히 높은 일괄실시료를 부과하여 실시권자에게 과도한 불이익을 제공하는 행위

---

51) 특허풀과 관련된 (1), (2), (3) 등의 규정은 상호실시허락을 통해 관련시장의 공정한 거래를 저해할 우려가 있는 행위인지를 판단할 때에도 준용할 수 있다. 심사지침 III. 4. 가.

## Ⅲ. 외국의 원칙 및 판례

### 1. 미국의 경우

#### (1) 적용법률

Sherman법 제1조[52]와 제2조,[53] 연방거래위원회법 제5조[54]가 적용된다.[55] 미국 법무부와 연방거래위원회는 「지식재산권의 실시허락에 관한 독점금지 지침(Antitrust Guidelines for the Licensing of Intellectual Property)」을 공표하였고, 2007년 공동으로 「독점규제와 지식재산권: 혁신과 경쟁의 증진(Antitrust Enforcement and Intellectual Property Rights: Promoting Innovation and Competition)」이라는 보고서를 발간하였다.

#### (2) 판결례

1) Standard Oil Co. v. United States 사건[56]

1910년 Indiana사는 석유를 열분해(cracking)하여 휘발유를 정제하는 기술을 개발하고, 이에 대한 특허를 출원하였다. 이 후에 다른

---

52) Sherman법 제1조 "주간 또는 외국과의 거래 또는 통상을 제한하는 모든 계약, 트러스트 또는 기타 형태의 결합 또는 공모는 위법이다."

53) Sherman법 제2조 "주간 또는 외국과의 거래 또는 통상의 어떠한 부분이라도 독점하거나, 독점을 기도하거나, 또는 그러한 목적으로 다른 1인 또는 수인과 결합 또는 공모하는 자는 중죄를 범한 것이 된다"

54) 연방거래위원회법 제5조 "거래에 있어서 불공정한 경쟁방법이나 불공정하거나 기만적인 행위는 위법이다."

55) American Bar Association(이하 'ABA'라고 한다) Section of Antitrust Law, Intellectual Property and Antitrust Handbook (이하 'Handbook'이라고 한다), American Bar Association, 2007. p.237.

56) Standard Oil Co. v. United States, 283 U.S. 163 (1931).

기업들에 의하여 그 공정에 대한 다른 특허들이 출원되었는데, 그 특허권들이 서로 충돌하게 되면서 그 특허권자들에 의하여 일련의 특허침해소송이 제기되었다. 이 특허침해소송을 해결하기 위하여 Indiana 회사와 Texas 회사, New Jersey 회사 등 다른 세 특허권자들은 상호간에 이미 발생한 특허권 침해에 대하여서는 묵과하며, 각자가 서로의 특허를 이용하기로 하는 일련의 양자계약들을 체결하였고, 그 양자 계약들이 모여 특허풀을 이루게 되었다. 계약들 중 일부는 그 특허풀에 속한 특허들을 실시허락함에 있어 최소실시료를 강제하는 내용을 담고 있었으며, 실시료는 일정한 공식에 의하여 특허풀의 구성원들에게 배분되었다. 특허풀은 46개의 정유사들에게 특허풀에 속한 특허들을 실시허락하였다.

　정부는 석유를 열분해하여 휘발유를 정제하는 공정에 대한 특허를 특허풀의 구성원들이 서로 실시허락함으로써 Sherman법 제1조를 위반하였다고 주장하였다. 그러나 연방대법원은 그 계약들에 대하여 합리의 원칙을 적용하여 정부의 주장을 배척하면서, 만약 합리적인 조건으로 참여를 원하는 모든 제조업자들에게 유용하다면, 그러한 상호교환은 경쟁을 제한하기보다는 촉진할 것이라고 판시하였다. 또한 연방대법원은 그 특허풀의 구성원인 정유사들의 미국 내 전체 휘발유 시장점유율은 시장지배력을 가질 만큼 충분하였지만, 미국 내 전체 휘발유 판매량의 26%만이 특허풀에 속한 열분해 공정에 의하여 생산될 뿐만 아니라, 열분해 공정에 의하여 생산되는 전체 휘발유의 55%만이 그 특허풀의 구성원들에 의하여 생산되기 때문에, 그 특허풀이 미국 내 휘발유 시장의 경쟁을 저해할 가능성이 낮다고 판단하였다.

## 2) 3C DVD Pool[57]

210개의 특허를 실시허락하는 3개의 기업이 3C DVD 특허풀을 만들었다. 독립적인 관리자의 자리에서 특허권자의 하나인 Philips 사가 권리자들과의 쌍방의 협정을 통하여 특허풀의 다른 구성원을 대신해 공동특허권자의 역할을 맡았다. 특허풀의 구성원은 필수적인 특허를 비배타적으로 특허풀에 실시허락하는 것을 승인하였다. 특허의 필수성은 특허권자에 의하여 유지되는 특허전문가가 결정하였고, 실시료는 특허풀에 기여한 특허의 숫자를 조건으로 하는 것이 아니라 협상에 따라 분배되었다. 특허풀은 특허권자들과 다른 실시권자들에게, 실시허락의 기간 동안 그들이 가졌거나 조정할 수 있었던 필수적인 DVD 특허를 합리적이고 비차별적인 조건으로 역실시허락할 것을 실시권자에게 요구하였다.

법무부는 실시권자들에 대하여 '합리적이고 비차별적인 조건(RAND)'을 제시하고, 실시권자에게 역실시허락의무를 강요하지 않았으며, 특허풀 구성원들의 독립적인 실시허락이 보장된다는 점 등을 근거로 3C DVD 특허풀을 승인하였다.[58]

## 2. EU의 경우

### (1) 적용법률

EC조약 제101조와 제102조가 적용된다. 또한 2004년 4월 유럽집행위원회(EC)는 「기술이전합의에 관한 일괄면제규칙(Technology Transfer Block Exemption Regulation: TTBER)」을 발표하면서, 「기술이전계약 가이드라인(Guidelines on the application of Article 81 of

---

57) U.S. DOJ, "Pilips-Sony-Pioneer DVD Business Review Letter," December 16,1998.

58) 권영관, 특허풀의 경제적 효과 및 핵심성공요인, 2008, 195쪽.

the EC Treaty to technology transfer agreements)」도 제정하였다. EU 경쟁당국은 특허풀 형성을 위한 협정 및 운영관리에 대하여서는 「기술이전계약 가이드라인」, 특허풀과 실시권자 사이에 체결되는 라이선싱 계약을 구분하여, 전자의 경우에는 위의 규정을 적용하고, 후자의 경우에는 TTBER의 규정을 적용하고 있다.[59)]

### (2) 기술이전계약 가이드라인

특허풀이 경쟁 촉진적 효과와 경쟁 제한적 효과를 동시에 가질 수 있다는 것을 명백히 하고 있으며, 특허풀 협정의 반독점법 위반 여부 판단에 있어서 원칙적으로 합리의 원칙을 채택하고 있다. 특허풀과 제3의 실시권자 사이에 체결되는 라이선싱 계약을 일반적인 양자 간 라이선싱 계약과 동일하게 취급한다는 점을 명시하고 있다. 또한 특허풀의 평가 원칙으로 ① 특허풀의 시장지배적 지위가 강할수록 경쟁제한효과는 더 높아지며, ② 시장지배적 지위가 강한 특허풀은 공개적이고 비차별적이어야 하며, ③ 특허풀이 제3자의 기술을 차단하거나 대체 특허풀 형성을 제한해서는 아니 된다고 규정하고 있다.

---

59) 권영관, 앞의 글, 199쪽.

# 제3절 표준필수특허

## Ⅰ. 표준필수특허에 따른 권리 행사

표준 필수 특허에 따른 권리행사와 관련하여 문제가 되는 것은 우선, 특허권자와 기술(발명)의 이용자 사이에서는 실시 행위의 계속에 대하여 기본 합의(권리자 측이 특허 발명의 실시를 허락할 의사)가 있지만, 실시료 등의 조건 등 실시 허락 계약의 내용에 대하여 합의에 이르지 못했고 결국 라이선스를 거절하고 침해 소송의 제기 금지를 요구한 경우이다. 이러한 경우 분쟁의 본질은 거래처를 선택할 수 있는 자유를 보장할지 여부는 문제가 아니라 오히려 실시료를 어떻게 설정할 것인가 하는 문제이다. 예를 들어, FRAND 선언을 한 표준필수특허권자는 합리적인 조건이라면 상대가 누구이든 상관없이 라이선싱할 의사가 있다고 생각할 수 있지만, 특허권의 경제적 가치 평가에 관하여 특허권자와 이용자의 인식에 차이가 존재하기 때문에 실시 허락의 협상이 실패하고 있는 셈이다.

그래서 기술 이용자가 자신의 실시가 타인의 특허권을 침해하고 있을 가능성을 인식한 후 일정 기간 동안 특허권자에게 합리적인 조건으로 라이선스 계약의 체결을 희망하는 의사가 있고, 이용자가 합리적이라고 생각하는 구체적인 라이선스 조건(라이선스 조건에 대하여서는 구체적으로 제시하지 않고 중재 등 중립적인 기구에 의한 결정에 구속될 의사가 있다는 경우에는 이에 해당한다)을 기재하여 서면으로 신청한 것을 전제로 특허권자가 FRAND 선언을 했고, 결국 기술 이용자 측이 점거된 후 특허권 침해로 금지를 요구하는 행위는 권리 남용에 해당되어, 금지의 행사를 제한해야 한다.

또한 경쟁법에 의한 규제의 한계는 권리 남용의 법리와 유사하며, FRAND 선언을 했음에도 불구하고, 합리적인 이유 없이 허가를 거절하는 경우 불공정한 거래방법에 해당할 수 있지만, 이른바 외부인에 의한 금지의 행사는 공정거래법 위반이 아니다. 특허 기술이 표준으로 채택됐다고 하여 즉시 라이선싱할 의무가 생긴다고 하여 라이선스를 거절하는 것이 공정거래법 위반은 아니기 때문이다.

또한 배제형 사적 독점의 성립 요건이 불명확함에도 불구하고 배제형 사적 독점으로 인정되면 막대한 과징금이 부과되게 되므로, 독점금지법 위반의 범위를 안이하게 확대하면 오히려 특허권 행사를 위축시키고 특허권의 가치에 큰 영향을 줄 수도 있다. 그래서 특허권 행사에 대한 경쟁법 규제, 특히 라이선스의 거절은 기본적으로 자유로운 사업 활동이 존중되어야 하며 특허권자의 독점적 라이선스 거절 및 불법 배제 행위에 해당하는지 여부를 신중하게 판단할 필요가 있다.

한편, 일반적으로 권리 남용이라고 인정되지 않는 경우(예를 들어, 아웃사이더 또는 특허권을 승계한 자에 의한 권리 행사의 경우)에서도 또한 특허권자의 보호보다 공익적인 이유로 침해행위를 계속시키는 것이 사회적으로 바람직하다고 판단되는 경우에는 법원이 아닌 특허청 장관(또는 경제산업 장관)이 판결 실시 제도를 활용하여 특허권의 행사를 제한할 수 있다. 왜냐하면 특허권자의 보호(연구 개발 투자에 대한 인센티브 확보)과 표준 액세스(공중에 의한 자유로운 이용)와 트레이드 오프의 관계에 있어 어느 쪽을 우선할 것인가는 정책적 가치 판단의 문제이기 때문에, 그것을 결정할 수 있는 것은 법원이 아닌 행정기관의 몫이 되기 때문이다.

따라서 필자는 특허권자 측에 특히 권리 남용이라고 인정되는 것과 같은 잘못이 아니지만 침해 행위를 계속하는 것이 사회적으로 바람직하다고 하여 금지를 제한하고자 하는 경우에는 재정 실시 제도를 보다 적극적으로 활용해야 한다.

구체적으로 표준필수특허에 따른 권리 행사의 경우 즉시 특허법 제93조 재정 실시권의 발동을 위한 요구 사항 '공공의 이익을 위하여 특히 필요한'을 충족한다고 말할 수는 없다. 한편, 해당 표준이 사회적 인프라가 될 수 있는 기반 기술로 인정되는 경우에 한하여 공익성을 인정하는 것이 좋다고 생각된다. 예를 들어, ITU와 같은 국제기구가 정한 전기 통신 표준은 개별 국가와 사기업이 안이하게 전환할 수 없고, 개별 업체가 해당 표준을 회피하면 제품 등의 호환성이 손실될 수 있다는 점에서 회피가 불가능하다. 이러한 해결 불가능의 표준을 준수하는 데 필요한 특허 발명의 실시 행위가 금지되면 국민의 생활이 대혼란이 되는 사태를 초래할 수도 있는 것으로 보인다. 이러한 경우에는 표준필수특허 발명의 실시는 공익성을 인정할 수 있는 것으로 보인다. 한편, 특정 표준 자체를 이용하지 않는 것은 공공의 이익에 반한다고 인정하고도 구체적인 사안에 있어서 당해 특허 발명을 실시하지 않는 것은 바로 공공의 이익에 반한다고 할 수 없다는 지적도 있다. 그러나 특정 제품에 대한 금지가 표준의 보급을 방해하는 경우도 생각할 수 있고, 경쟁정책의 관점에서 소비자의 선택을 잃고 다른 사업자 간의 경쟁을 방해하여 표준 설정의 본래의 목적이 손상되는 경우에는 공공의 이익에 근거한 재정 실시권을 인정하고 있다고 보인다.

무엇보다, 현재의 재정 실시 제도는 실제로 운용된 사례가 없고, 관련 절차가 불명확하기 때문에 공익성 요구 사항을 넓게 해석하면 행정기관의 자의적인 판단이 이루어질 위험이 있는 것이 아닌지, 또한 행정기관은 상당 대가를 산정할 능력이 없는 것이 아닌가라고 지적할 수도 있다. 따라서 재정 실시 제도를 활용하기 위하여 재정 청구에 관한 절차 및 대가 설정 방법을 보다 명확히 할 필요가 있는 것으로 보인다.

　재정 실시 제도의 대가의 설정 내용은 제도 설계로 행정기관이 스스로 구체적인 액수를 산정하기보다는 당사자가 합의에 이를 것을 촉구하는 것이 바람직하다.

　예를 들어, 대가 결정 구조 또는 프로세스를 설정하는 방법을 통해 당사자의 합의에 맡기는 것을 원칙으로 하면서, 합의에 이르지 않는 경우에는 별도의 감정기구 또는 중립적인 중재인에 의해 결정하는 구조의 설계가 가능할 것이다. 그러나 현행법의 규정 아래에서는 이러한 운용이 인정되지 않을 가능성이 높고, 입법적 보완이 필요하게 될 것이다.

## II. PAE에 의한 권리 행사

　다음으로 PAE에 의한 권리행사와 관련하여 문제가 되는 것은, 발명 실시 행위를 계속할지 여부를 기본적으로 당사자 간의 협상에 맡기되 특허권자의 금지를 무조건 인정하게 되면, 특허권자 측을 협상에 매우 유리한 입장에 놓고 불합리하게 높아지는 고액의 실시료이다. 이 경우 당사자의 자유롭고 자주적인 교섭이 침해될 우려가 있기 때문에, 법원은 특허권자 측을 일방적으로 유리한 입장에 두는 것을 피하기 위하여 특허권에 기초한 금지 청구를 거부할 필요가 있다. 예를 들어, 전형적인 PAE에 의한 권리 행사는 이 유형에 속하는 것으로 보인다.

　이러한 경우는 표준필수특허의 경우와는 달리, 특히 침해 행위를 계속할 필요가 없기 때문에 특허권의 재정 실시 등에 따라 침해 행위의 계속을 강제로 수용하는 것은 잘못된 것이다. 또한 단순히 비즈니스 모델로 특허권의 중개를 전문으로 하고 있는 것을 가지고 그 금지의 청구를 반독점법 위반으로 규제하는 것은 곤란하기 때문에 경쟁법의 개입에도 한계가 있다.

원래, PAE에 의한 권리 행사 문제는 사후 거래에서 발생한 당사자의 협상에서 입장의 비대칭성에 기인하는 것이다. 여기에 법이 개입하는 것은 말하자면 분쟁을 강제적으로 조정·해결하기 위한 것이다. 이러한 문제의 성격에서 볼 때, 분쟁을 조정·해결하는 역할은 특허청과 공정거래위원회보다 법원이 맡는 것이 더 어울리는 것으로 보인다. 따라서 법원이 어떤 법적 근거에 따라 규제할 수 있는지에 관하여 검토해 보면, 현행법 하에서 법원이 원용할 수 있는 법적 근거로 가장 유력한 것은 권리 남용의 법리이다.

그러나 일반적으로 강제 조정으로 작용하는 권리 남용 법리의 적용은 신중하게 해야 한다고 해석되어 결국 권리의 남용으로 평가될 수 있는 것은 상당히 극단적인 사례에 한정된다고 생각된다.

따라서 사안에 따라 권리 남용이라고 평가할 수 없을지도 모르지만, 당사자의 자유롭고 자주적인 교섭을 촉진하기 위하여 특허권자와 이용자의 이익의 균형을 고려하여 금지를 제한해야 하는 경우도 있을 수 있다.

또한 권리 남용의 법리를 적용하는 경우 개별 판사의 심증에 따라 각각 다른 결과가 될 수 있기 때문에 법적 안정성과 예측 가능성을 침해할 우려도 있다.

특허법은 연구 개발의 촉진과 산업의 발달이라는 정책적 목적을 달성하기 위하여 특허권의 효력 및 특허권 침해에 대한 구제 조치의 명확성에 대한 요청이 강하고, 법적 안정성과 예측 가능성이 중시되는 분야이다. 이러한 특허권의 효력 및 구제 조치의 명확성의 요청에 부응하기 위하여 입법을 통해 특허법 금지 제한 규정을 마련하는 것이 판단 기준을 명확히 하고 법적 안정성과 예측 가능성을 향상시키는 데 일조가 될 것이다.

## Ⅲ. 의약품 특허 분쟁의 역지불

그리고 특허권 행사를 둘러싼 분쟁 당사자 간의 협상에 의해 합의에 도달했지만, 그 합의의 내용에 특허 제도의 취지와 경쟁정책 기타 공익적 관점에서 문제가 있는 경우에는 법적 규제의 개입이 필요하다. 의약품 특허 분쟁의 역지불 문제는 이 유형에 속한다.

이러한 유형은 당사자가 특허 발명의 실시 행위의 지속 또는 중단에 대하여 합의에 이르지 못할 경우 발생하는 문제에 대한 해결방법을 고찰하는 것에 대한 것으로, 실시 행위의 중지에 대하여 당사자는 합의에 도달했지만, 그 합의의 내용이 특허 제도의 취지 또는 는 경쟁정책 등의 관점에서 인정되지 않는 경우에 대한 법적 규제의 기본 원칙이 문제된다.

이러한 경우에는 특허청과 경쟁당국이 각각 다른 측면에서 각각의 규제를 할 수 있을 것이다.

## Ⅳ. 특허권의 행사

기술표준은 관련 시장에서 막대한 영향력을 행사할 수 있게 되고, 일단 표준으로 선정된 기술을 다른 기술로 대체하는 데는 상당한 전환비용이 소요되어 이러한 영향력은 장기간 지속될 수 있다. 특히 기술표준이 배타적 · 독점적 특성을 갖는 특허권으로 보호받는 경우에는 관련 시장에 심각한 공정거래저해효과를 초래할 수도 있다. 이러한 문제를 해결하기 위하여 많은 표준화 기구들은 기술표준 선정에 앞서 관련된 특허 정보를 미리 공개하도록 하고, 기술표준으로 선정될 기술이 특허권으로 보호받는 경우에는 공정하고, 합리적이며, 비차별적인(FRAND: Fair, Reasonable, And Non-Discriminatory) 조건으로 실시허락할 것을 사전에 협의하도록 하고 있다. 이와 같은 특허 정보 공개와 실시조건 협의 절차는 기술표준으로 선정된 특허권의 남용을 방지한다는 측면에서 그 필요성이 강조되며, 해당 절차의 이행 여부는 기술표준과 관련된 특허권 행사의 부당성을 판단할 때 중요한 고려사항이 된다.

일반적으로 기술표준 선정을 위한 협의와 기술표준과 관련된 특허권의 행사는 관련 기술의 이용을 촉진하고, 효율성 창출을 통해 소비자 후생증대에 기여할 수 있다는 점에서 친(親)경쟁적인 효과를 발생시킬 수 있다. 그러나 표준화 절차를 악용하거나, 기술표준으로 채택된 이후 부당한 조건을 제시하는 등 관련시장의 공정한 거래를 저해할 우려가 있는 행위는 특허권의 정당한 권리범위를 벗어난 것으로 판단할 수 있다.


## Ⅴ. 위법 행위 유형[60]

일정한 행위가 공정거래법 제3조의2(시장지배적지위 남용금지), 제19조(부당한 공동행위 금지), 제23조(불공정거래행위의 금지), 제26조(사업자단체의 금지행위) 등에 위반되는지는 각 조항에 규정된 별도의 위법성 성립요건을 종합적으로 고려하여 결정한다.

---

(1) 표준 기술 선정을 위한 협의과정에서 이와 관련된 거래가격·수량, 거래지역, 거래상대방, 기술개량의 제한 등의 조건에 부당하게 합의하는 행위

(2) 표준 기술로 선정될 가능성을 높이거나 실시조건의 사전 협상을 회

---

60) 심사지침 Ⅲ. 5. 가.

피할 목적 등으로 부당하게 자신이 출원 또는 등록한 관련 특허 정
보를 공개하지 않는 행위

(3) 관련시장에서의 독점력을 강화하거나 경쟁사업자를 배제하기 위
하여 FRAND 조건으로의 실시허락을 부당하게 회피·우회하는
행위

(4) 부당하게 표준필수특허의 실시허락을 거절하는 행위

(5) 부당하게 표준필수특허의 실시조건을 차별하거나, 비합리적인 수
준의 실시료를 부과하는 행위

(6) 표준필수특허의 실시허락을 하면서 실시권자가 보유한 관련 특허
권의 행사를 부당하게 제한하는 조건을 부과하거나 부당하게 실시
권자가 보유한 비표준필수특허에 대한 상호실시허락의 조건을 부
과하는 행위

## VI. 표준설정과 공정거래법[61]

### 1. 쟁 점

특정 특허기술을 표준으로 설정하는 경우 특허보유자가 선택의
여지가 없는 사용자를 상대로 특허침해소송을 제기하면서 기술사
용 제한, 새로운 특허등록 저지, 고액의 실시료를 요구하는 현상
(Patent hold-up)이 발생하게 되는데. 표준설정에 관하여는 ① 특허
공개의무에 따라 자신의 특허를 공개하지 않고 표준으로 설정된
다음 고액의 실시료를 요구하는 경우와 ② 특허권자가 표준화기구

---

61) 이하 내용은 윤기호, 이황, 안일태, 신일순, 김경욱, "표준 특허 선정 관
련 공정경쟁 확보 및 합리적 라이선싱 방안에 대한 연구"(2010.12.19.)
57~101쪽을 정리한 것이다.

의 논의에 참여하여 FRAND확약을 한 다음, 나중에 당초의 약속과 달리 고액의 실시료를 요구하는 경우가 문제된다.[62] 대부분의 표준화기구들은 특허공개의무 조항을 채택하고 있으나, 현실적으로 표준화기구의 특허조사 요청은 법적인 구속력이 없고, 출원 중인 특허의 권리범위가 불확실하며, 조사의 비용과 인력의 한계가 있고, 표준안이 구체화될 때까지 특허의 필수성을 판단하는 데에는 어려움이 있다. 또한 특허권자가 자신이 필수적인 특허를 가지고 있는지 여부를 몰랐거나, 알았더라도 공개의무 대상 특허가 무엇인지 확실하지 않았거나, 필수특허의 조사가 완벽하지 않았거나, 또는 의도적으로 특허보유사실을 알리지 않아 표준 채택 후 특허권이 알려지는 경우가 있다.

## 2. FRAND 선언

위의 문제를 해결하기 위하여 많은 표준 설정 단체는 특허 정책을 제정하고 표준 설정 활동에 참여하는 사업자에 ① 잠재적 필수특허 공개 및 ② FRAND 조건에 따른 라이선스의 제공을 요구하고 있는 것은 앞에서 설명한 바와 같다.

### (1) FRAND 선언의 목적

FRAND 선언의 목적은 합리적인 로열티를 지불할 수 있으면 표준필수특허에 대한 액세스가 거부되지 않는 것을 보장함으로써 표준의 보급을 촉진하는 동시에 기술 개발자에게 합리적인 보상을 보장하는 두 가지 측면을 가지고 있다고 해석되고 있다. 따라서 FRAND 선언

---

[62] 표준기술의 특허권 행사는 거래거절, 차별취급 등 시장지배적 지위 남용행위와 불공정거래행위, 표준화기구를 통한 부당공동행위, 사업자단체 금지행위에 포함될 수 있다.

을 해석·운용할 때 이 둘의 균형을 고려할 필요가 있다.

### (2) FRAND 선언의 의미

그러나 FRAND 조건에서 제공하는 선언의 실질적 내용, 예를 들면 '합리적'이고 '비차별적'이라는 것이 구체적으로 무엇을 의미하는지는 밝혀지지 않았으며 특히 '합리적인 로열티'가 도대체 어떤 것인가의 판단 기준은 반드시 자명하지는 않기 때문에 FRAND 선언의 실효성에 의문을 제기하는 견해가 많은 것으로 보인다. 한편, FRAND 선언의 의미는 라이선스를 원하는 사용자와 라이선스 계약 체결을 위하여 성실히 교섭할(negotiate in good faith) 의무를 부과하는 데 그치는 것이므로 FRAND 선언에 따른 라이선스 계약 조항의 구체적 내용은 라이선서와 라이선시가 일반 비즈니스 협상에 따라 결정해야 할 것이다.

### (3) FRAND 선언의 법적 성격

#### 1) 제3자를 위한 계약설

FRAND 조항이 수익자에 대하여 FRAND에 따른 라이선스 비용 지불에 대한 대가로 통상 실시권을 부여하는 것을 특허권자에게 의무화하는 것인지 아니면 FRAND 조건에 따른 라이선스 계약 체결을 위하여 수혜자와 성실히 교섭할 의무를 특허권자에게 부담시키는 데 그치는 것인지, 두 가지 해석 가능성이 있다.

#### 2) 계약 부정설

표준화 단체와 특허권자 사이의 채권적 계약이 성립한 것을 의문시하는 설이다. 이 설은 특허권자가 이 지침에 따라 참가 사업자에게 공정하고 합리적이고 비차별적인 조건으로 허락할 용의가 있음을 표준화 단체에 통보하는 사실상의 행위라고 볼 수 있으며, 부채 부담에 의한 의사 표시로 표준화 단체 사이에 계약 관계가 성립하고 있는지에 대한 의문의 여지는 없다.

### 3) 계약 체결 준비 단계에서의 신의칙상의 의무로 보는 설

FRAND 선언을 한 자와 FRAND 조건으로 라이선스를 받을 것을 희망하는 취지를 전달한 사람 양자에 대하여 계약 체결 준비 단계에서의 신의칙상의 의무로 보는 견해가 있다. 이 견해에 대하여서는 일본 민법상 계약 체결 준비 단계에서 당사자의 의무를 명시한 규정은 아니며 또한 계약 체결상의 과실 책임 법리상 채권자가 계약이 유효하다고 믿어 지출한 비용(신뢰 이익)의 배상 책임을 채무자가 부담하는 것으로 보고, 그 의무 위반을 이유로 특허권을 행사하는 경우 권리 남용보다 더 한층 설득력 있는 설명이 필요하다고 지적하는 비판이 있다.

미국의 판례는 제3자를 위하여 하는 계약설에 가깝다. Microsoft 대 Motorola 사건 판결에서는 IEEE(미국 전기전자 학회)와 ITU(국제 전기통신 연합)가 각각 책정한 표준에 대하여 Motorola 사가 두 표준설정 단체 간 FRAND 선언은 FRAND 조건에 필수특허를 라이선싱할 것을 약속하는 계약상의 채무이며, 표준 기술의 이용자인 Microsoft는 이 부채에 대한 제3자 수혜자임을 인정하고 있다. 그 후, Apple 대 Motorola 사건 판결은 이전 판결을 인용, Motorola 사가 IEEE 및 ETSI(유럽 전기 통신 표준화기구) 간 FRAND 선언은 FRAND 조건에 필수특허를 라이선싱할 것을 약속하는 계약 의무이며, Apple사는 이 부채에 대한 제3자 수혜자라고 판시하는 판결이 나타나고 있다. 또한 미국의 저명한 연방 제7 순회항소법원 Posner 판사는 FRAND 선언을 행한 특허권자는 FRAND 조건으로 라이선스를 약속하여 FRAND 조건에 맞는 로열티를 지불할 의사가 있는 자라면, 그 사람에 대하여 특허를 라이선싱하기로 약속한 것이며, 로열티가 특허에 대한 라이선스에 대한 적절한 보상임을 묵시적으로 인정하고 있다고 판시하였다.

이상과 같이, FRAND 선언의 의미와 법적 성격에 대하여 서로 다른 견해가 제기되고 있으며, 지금까지 정설이 없다.

또한 표준설정 과정에서 특허권자가 할 노력은 다양하고, FRAND 선언은 그중 한 가지에 불과하며, 동일한 FRAND 선언이라 해도 그 자세한 내용은 표준설정 단체, 특허 정책, 기타 구체적인 사정에 따라 달라지는 것이다.

결국 FRAND 선언을 한 특허권자는 표준 설정 단체에 대하여 FRAND 조건에 맞는 로열티를 지불할 수 있는 자라면 그자가 누구이든 관계없이 라이선싱할 의사가 있다는 것을 약속하였다고 해석하고 그 의미에서 FRAND 선언은 특허권자와 표준 설정 단체 사이의 채권적 계약을 성립시키는 것으로 본다.

## VII. 특허공개의무 위반 사례

### 1. Dell Computer(1996) 사건[63]

Dell사는 사실상 모든 미국 내 컴퓨터 하드웨어와 소프트웨어 제조사로 구성된 비영리 표준설정기구인 비디오전자표준협회(VESA: Video Electronics Standards Association)의 회원이었다. VESA는 컴퓨터의 CPU와 주변기기 간에 정보나 명령어를 전달하는 컴퓨터 부품인 "VL-bus"에 대한 설계 표준을 설정하는 과정에 있었다. VESA는 참여회원사들이 보유하고 있는 지식재산권을 확인하였는데, 이 과정에서 Dell사는 "표준안이 Dell사의 어떠한 지식재산권도 침해하지 않는다."라는 확인서에 서명하였다. 그 위원회에 출석하고 있던 Dell사의 엔지니어는 Dell이 해당 규격에 관련하는 특허를 가지고 있지 않다는 내용의 선언을 하였다. 그러나 약 1년 전인 1991년 7월에 Dell은 이미 VESA가 승인한 표준과 관련된 특허를 받은 상태

---

63) Dell Computer Corp., 121 F.T.C. 616(1996).

였다. Dell사의 기술이 표준안으로 승인되어 큰 성공을 거두자,
Dell사는 표준제정 전과 태도를 바꾸어 "VL-bus 규격은 자사의 특
허(1991년 성립)를 침해하고 있다"라고 발표하고, VESA 회원사들에
게 표준을 실시하면 자사 특허를 침해한다고 경고하였다. FTC는
Dell에 의하여 채택된 "유인상술 전략(bait-and-sandwich tactics)"으
로 몇몇 컴퓨터 생산자들은 당해 특허관련 문제가 해결될 때까지
디자인 표준의 사용을 연기하였고, 이 때문에 VL-bus디자인 표준
을 이용하는 시스템을 회피하도록 하였다고 보았다. FTC는 그에
따라 VL-bus 디자인 표준이 불확실해짐으로써 이와 대체할 수 있
는 컴퓨터 버스 디자인 비용뿐만 아니라 VL-bus 디자인 표준을 실
행하는 비용도 증가하게 되었으며, 장래의 효율적인 표준설정 노력
을 단념하도록 위협받았다고 주장하였다.[64] 그 후 동의명령(consent
decree)이 성립하였는데, Dell사는 ① 향후 10년 동안 표준설정과정
에 참여할 때는 소정의 절차를 따를 것이며, ② 만약 표준 설정기구
가 서면으로 문의하였음에도 불구하고 표준에 포함된 자사의 특허
를 고의로 밝히지 않는다면 그 표준을 실시하는 어떤 사람에 대하
여서도 특허권 행사를 하지 않겠다고 하였다.

## 2. Rambus(2008) 사건[65]

Rambus는 the Joint Electron Device Engineering Council(이하
"JEDEC")에 참여하면서 기술표준으로 논의되고 있는 메모리 기술에
대하여 자신이 특허를 출원하여 특허권을 획득하는 절차를 진행 중

---

64) 표준설정기구에 자신의 특허권을 올바르게 밝히지 아니함으로써 표준
기구가 자신의 특허권을 침해할 수도 있는 특정 표준을 채택하도록 유도
한 경우에는 그러한 표준으로부터 얻어지는 시장지배력을 활용하고자 하
는 노력은 불공정경쟁의 금지를 규정한 FTC법 제5조의 위반이 된다.
65) FTC, In the Matter of Rambus, Inc(Docket No.9302).

에 있음을 숨기고 자신의 기술이 SDRAM 및 DDR DRAM의 표준으로 결정되는 것을 기다렸다가 자신의 기술이 표준화되자, 이를 사용하는 JEDEC의 멤버인 다른 사업자들에 대하여 자신의 특허권을 침해하였다는 이유로 소송을 제기하였다. 나아가 램버스는 JEDEC으로부터 얻은 정보를 이용하여 자신이 출원중인 기술명세가 JEDEC의 SDRAM의 표준이 되는 기술들을 모두 포함할 수 있도록 변경해 나갔다. 램버스는 이와 같은 행위를 통해 SDRAM, DDR SDRAM, DDR2 SDRAM 등 3세대에 걸친 DRAM에 적용되는 Latency 기술, Burst Length 기술, Data Acceleration 기술, Clock Synchronization 기술에 관하여 자신의 기술이 표준화되도록 하였다.

FTC는 Rambus가 기만적 행위를 함으로써 관련시장에서 90%를 넘는 시장점유율을 획득하여 독점력이 추정되고, 이러한 독점력의 획득이 제품의 우월성 등에 의해서가 아닌 의도적인 독점력의 확장 또는 유지에 의한 것이라고 보고 셔면법 제2조와 연방거래위원회법 제5조에 위반된다고 판단하였다. Rambus가 기술표준을 정하는 과정에서 기술과 관련된 자신의 특허 출원 정보 등을 숨긴 것은 이러한 기만을 통한 배제적 행위라고 하면서 이러한 기만을 통한 배제적인 행위로서 기술표준을 선택하는 데 왜곡을 가져오고, JEDEC가 독점력의 남용을 제어하기 위하여 고안한 보호장치를 교묘하게 빠져나갔다고 보았다. 따라서 Rambus의 기만적인 행위에 대하여 경쟁사업자들은 재빨리 대응할 수 없었으며, 일단 기술표준화가 이루어진 이상 산업은 그 기술에 고착될 수밖에 없었다. 그 결과 기술표준화를 통하여 획득되는 효율성이 감소하고 로열티 수준이 상승하였으며, 메모리 표준제품의 가격인상, 다른 표준제품을 개발한 인센티브 감소 등을 낳아 결국은 표준화기구 활동에 대한 참여의욕을 저해하였다는 것이다. FTC는 Rambus의 로열티 범위를 적극적으로 제한하는 조치를 내렸다. 그러나 DC연방항소법원[66]은 Trinko 사건[67]과 Microsoft 사건[68]을 언급하면서 Sherman

법 2조 위반이 되기 위하여서는 당해 기업이 관련시장에서 독점력 (monopoly power)을 가지고 있다는 점뿐만 아니라 배제적인 행위 (exclusionary conduct)를 통해 불법적으로 관련시장에서 독점력을 얻거나 유지하였음을 FTC가 입증해야 하는데, 이 사건의 경우 그러한 배제적인 행위가 있었는지를 FTC가 입증하지 못하였다고 판시하였다. 이를 위하여 Microsoft 사건에서의 2가지 원칙을 인용하면서 첫째, 배제적 행위로 위법하다고 하기 위하여서는 독점자의 행위가 반경쟁적 효과가 있어야 하고, 둘째, 이러한 반경쟁적 효과에 대하여서는 원고에게 입증책임이 있다고 하였다.[69] 즉 Rambus 가 JEDEC의 공시의무를 위반하지 않았더라도 표준설정에서 배제되지 않을 수도 있었다는 점에서 관련시장에서 위법한 배제적 행위를 통한 반경쟁적인 효과(anticompetitive effect)를 인정할 수 없다는 것이다. 따라서 단순히 기만적인 행위로 특허권이 있거나 출원 중이라는 사실을 숨겼다는 사실만으로 반경쟁적이라고 할 수는 없으며, Rambus의 기만적 행위가 없었다면 JEDEC이 Rambus 기술을 표준으로 채택하지 않았을 것이라는 점을 FTC가 입증해야 하는데 FTC가 이러한 입증을 하는 데 실패하였다는 것이다. 또한 법원은 JEDEC의 공시의무 규정의 모호함을 지적하면서 출원특허와 출원 중인 특허뿐만 아니라 아직 출원하지 않은 잠재적 개선특허에 대하여서까지 공시의무를 부과하는 것인지는 불분명하다고 하였다. 이에 대하여 FTC가 상고하였으나 기각되어 원심이 그대로 확정되었다.

미국의 Rambus사건은 EC경쟁당국에서도 문제되었다. EC조약

---

66) FTC v. Rambus, 522 F.3d 456(2008).

67) Verizon Commc'ns, Inc. v. Law Offices of Curtis V. Trinko, LLP, 540 U.S. 398, 407, 124 S.Ct. 872, 157 L.Ed.2d 823(2004).

68) United States v. Microsoft Corp., 253 F.3d 34, 58(D.C. Cir 2001).

69) FTC v. Rambus, 522 F.3d 456(2008), at 463.

제82조에 따른 시장지배적 지위 남용 행위로 규율되기 위하여서는 먼저 시장지배력이 입증되어야 한다. EC는 Rambus가 JEDEC 회원이었던 1992-1996년까지는 규모가 매우 작았으므로 보유 특허가 표준에 포함된 후 독점적 지위가 나타났다는 이론을 구성하였다. 즉, Rambus의 남용행위는 JEDEC 회원 당시 특허출원을 공개하지 않은 행위가 아니라, 그와 같은 행위 이후에 과도한 로열티를 부과한 행위라는 것이다. 이에 대하여 Rambus는 EC조약 제82조의 시장지배적 사업자의 범위를 확장해서는 아니 되며, 로열티가 과도하다는 점에 대하여 EC는 어떤 분석을 제시하지 못한다고 항변하였다. Rambus는 경쟁법위반 혐의를 부인하면서도 DRAM생산에 필요한 기술을 일괄적으로 포함된 Bundled License를 앞으로 5년간 제공, 실시료 상한선을 설정하는 내용의 시정방안을 제시하였고, EC가 위 제안을 수락하여 조사가 종결되었다.

## VIII. FRAND 조건 위반 사례 — Qualcomm 사건[70]

Broadcom은 2005년 7월 1일에 Qualcomm사가 이동전화시스템 표준으로 UMTS(Universal Mobile Telephone System)방식을 사용하는 3세대(3G), 광대역 코드분할다중 접속(WCDMA: Wideband Code Division Multiple Access) 휴대폰의 작동을 위한 '칩셋'과 '기술'관련 시장에서 반경쟁적 행위를 하였다고 제소하였다. 이 사건에서는 셔먼법 제2조 제1항의 독점화 행위와 제2항의 독점화 시도행위가 동시에 문제되었다.

3세대(3G) 휴대폰 관련 기술인 WCDMA와 UMTS 표준화과정에서 Qualcomm이 특허기술을 공정하고 합리적이며 비차별적(FRAND)

---

70) Broadcom Corp. v. Qualcomm Inc., 501 F.3d 297 (3d Cir.2007).

인 조건에 따라 라이선스하겠다고 확약하여 이를 신뢰한 표준화기구가 Qualcomm의 기술을 표준화하기로 정하였는데, Qualcomm은 이를 위반하여 자신이 생산하지 않는 칩셋을 쓰는 소비자나 경쟁자(Broadcom)에게 차별적으로 높은 실시료를 요구하였다. 그렇게 함으로서 CDMA 칩셋 시장에서 90%의 시장 점유율을 가지고 있는 Qualcomm은 보다 낮은 시장가격을 어렵도록 하였고, 그를 이용하여 휴대폰 제조업체들이 Qualcomm이 생산한 칩셋만 구매하도록 강요하였다는 것이다.

1심법원은 Qualcomm의 행위가 서먼법 제2조에 위반되려면, 행위자의 독점적 지위와 경쟁 제한적 행위가 필요한데, Qualcomm은 특허권에 의하여 보호되는 기술에 대하여 합법적으로 독점적 지위를 가진 것을 강조하면서 위 전제요건을 충족하지 못한다고 하였다. 또한 Qualcomm이 FRAND조건을 위반한 사실을 인정하지만, 이는 계약법상 책임을 야기할 수 있을지언정 공정거래법 위반은 아니라고 하였다.

항소법원은 관련시장을 UMTS 수행에 필수적인 Qualcomm 소유의 WCDMA 기술시장으로 획정한 후 Qualcomm이 허위진술을 함으로써 표준화과정을 교란시키며 특허실시료를 증가시키고 결국 소비자에도 피해를 끼치는 결과를 초래하였다고 하였다. Qualcomm이 표준 기술에 유일한 후보일지라도 FRAND약정 없이는 표준으로 선택되지 않았을 것이라고 하면서 원심을 파기 하였다.

EC에서는 Qualcomm이 자신의 특허기술이 유럽 3G이동통신의 표준이 된 다음 FRAND 확약을 위반하여 필수특허 실시료를 불합리하게 높게 받음으로써 경쟁법을 위반하였다는 내용으로 신고되었다. EC는 표준설정 이후 특허기술의 가격책정에 관한 조사를 하였으나, 신고하였던 기업들이 모두 신고를 철회하여 조사를 종결하였다.

제3장

# 지식재산권 남용행위의 위법성 판단

# 제1절  기본 원칙

심사지침은 그 위법성판단의 기본 원칙을 제시하고 있다. 그 내용은 다음과 같다. ① 지식재산권에 의한 정당한 권리 행사에 해당하는지는 해당 지식재산권 행사가 종래 i) 새로운 발명 등을 보호·장려하고 관련 기술의 이용을 도모함으로써 산업발전을 촉진하고자 한 '지식재산권 제도 본래의 취지에 부합하는지' 여부, ii) '관련 시장의 경쟁상황과 공정한 거래질서에 미치는 영향'을 중심으로 판단한다. 단, 해당 지식재산권 행사가 공정거래법에 위반되는지는 관련 규정별 위법성 성립요건을 별도로 검토하여 판단하였으나 현행 지침에 의하면 특허법 등 관련 법령의 목적과 취지, 당해 지식재산권의 내용, 당해 행위가 관련시장의 경쟁에 미치는 영향 등 제반 사정을 종합적으로 고려하여 판단한다.

② 지식재산권 행사가 공정거래저해효과와 효율성 증대효과를 동시에 발생시키는 경우에는 양 효과의 비교형량을 통해 법 위반 여부를 심사함을 원칙으로 한다. 해당 행위로 인한 효율성 증대효과가 공정거래저해효과를 상회하는 경우에는 위법하지 않은 행위로 판단할 수 있다.

이러한 기본 원칙은 2010년 개정에서 새로 규정한 것인데, 특히 ②에서 규정한 바와 같이 지식재산권 행사에 공정거래법 적용 시 효율성 증대효과와 공정거래효과를 비교형량하여 위법성을 심사하는 '합리의 원칙'이 기본적으로 적용된다는 점을 분명하게 밝혔

다는 점에서 그 의의가 있다.[1][2]

---

1) 김준범·고인혜, "지식재산권 남용행위에 대한 공정거래법 적용의 주요 쟁점:「지식재산권의 부당한 행사에 대한 심사 지침」의 개정 내용을 중심으로", 경쟁저널 제150호, 한국공정경쟁연합회, 2010.5, 7쪽.

2) 개정 전 심사지침은 제3조(산업재산실시허락계약상의 불공정거래행위 등)에서 "산업 재산실시허락계약에 있어서 불공정거래행위 등에 해당하는 사항은 다음 각호의 1과 같다. 불공정한 경우에 해당하는가의 여부는 그 내용뿐만 아니라 경쟁에 미치는 효과, 계약기간, 관련시장의 상황 등을 종합적으로 고려하여 결정한다."라고 한 다음 행위유형을 예시하는 데 불과하였다.

# 제2절 위법성 판단의 기초

## Ⅰ. 관련시장의 획정

### 1. 상품시장

지식재산권 행사와 관련된 상품시장을 획정할 때는 해당 지식재산권과 관련된 기술을 바탕으로 생산된 상품이 거래되는 시장, 해당 상품 생산에 필요한 원재료, 부품, 생산설비 등이 거래되는 시장, 해당 상품을 투입요소로 하여 생산된 상품이 거래되는 시장, 그 밖에 해당 지식재산권의 행사로 인해 영향 받을 수 있는 상품 시장을 폭넓게 고려한다.

### 2. 기술시장

지식재산권 관련 기술이 실시허락 등의 형태로 거래되는 기술시장 또한 관련 시장으로 고려할 수 있다. 관련 기술시장을 획정할 때는 일반적인 시장획정 방법과 마찬가지로 경쟁관계에 있거나 경쟁관계가 성립될 수 있는 일정한 거래분야를 판단하되, 다음과 같은 기술시장의 특수성을 충분히 고려한다.

일반적으로 상품·용역 거래에 비해 기술의 거래는 운송면의 제약이 적어 관련 시장의 지리적 범위가 확대될 가능성이 크다. 또한 기술의 전용 가능성이 있는 경우, 특정 시점에 해당 기술이 거래되지 않지만 향후 거래될 가능성이 있는 분야 또한 관련 시장에 포함할 수 있다. 반면 표준화에 따른 기술호환 문제 등으로 인해 대체기술로의 전환이 곤란한 경우에는 한정된 범위의 거래 분야만을 관련 시장으로 획정할 수 있다.

## 3. 혁신시장

지식재산권의 행사가 새로운 또는 개량된 상품이나 공정을 개발하는 경쟁에 영향을 미치는 경우에는 상품시장 및 기술시장과는 별도로 혁신시장을 고려할 수 있다. 지식재산권의 행사가 초래할 수 있는 혁신에 대한 경쟁효과가 때로는 상품시장 및 기술시장에 대한 분석만으로는 충분히 고려되기 어려울 수 있기 때문이다. 관련 혁신시장은, 일반적인 시장획정 방법과 마찬가지로, 당해 지식재산권 행사로 인해 영향을 받는 연구개발 및 이와 경쟁관계에 있거나 경쟁관계가 성립할 수 있는 새로운 또는 개량된 상품이나 기술·공정의 창출을 위한 연구개발로 획정될 수 있다.

이때 혁신시장의 특성상 매출액 중심의 시장점유율은 그 산정이 어렵거나 혁신시장의 경쟁상황을 적절히 나타내지 못할 수 있으므로 혁신과 관련된 특정 자산, 연구개발 비용, 관련 상품 등을 통해 산정한 시장점유율이 시장참여자들의 경쟁상 중요성을 적절하게 반영하는 경우 이를 활용할 수 있다.

## II. 경쟁제한효과

종래 심사지침은 합리의 원칙에 의한 판단 시 고려해야 할 공정거래저해효과의 분석에 대하여, 우선 기본적 고려사항으로서 경쟁

제한성, 불공정성의 개념을 제시하면서 '공정거래효과가 큰 경우'에 대하여 '경쟁제한성의 측면'과 '불공정성의 측면'으로 나누어 규정하고 있었는데 현행지침의 주요내용은 다음과 같다.

## 1. 기초사항

일반적으로 지식재산권을 행사하는 사업자의 시장지배력이 강한 경우, 해당 지식재산권이 필수 생산요소와 같은 유력한 기술로 인정되는 경우, 지식재산권 행사와 관련된 사업자들이 경쟁관계에 있는 경우, 지식재산권의 행사로 공동행위의 가능성이 증대하는 경우 또는 다른 사업자의 시장 진입가능성이 감소하는 경우 등에 관련 시장의 경쟁을 제한하여 공정한 거래질서를 저해할 가능성이 크다.

① 이에 현행지침은 지식재산권 행사가 관련시장에 미치는 경쟁제한 효과는 관련시장의 가격상승 또는 산출량 감소, 상품·용역의 다양성 제한, 혁신 저해, 봉쇄효과, 경쟁사업자의 비용 상승 효과 등을 발생시키거나 발생시킬 우려가 있는지를 종합적으로 고려하여 판단한다. 이러한 고려요소는 경쟁제한 효과 판단의 중요한 기준을 예시하는 것이므로, 이에 포함되어 있지 않다는 이유로 경쟁제한 효과 판단 시 고려될 수 없는 것은 아니다.

## 2. 경쟁제한성

종래 일반적으로 지식재산권을 행사하는 사업자가 거래상 우월적 지위에 있는 경우, 거래조건의 설정 및 변경이 일방적으로 이루어지는 경우, 행위의 예측가능성이 불충분한 경우, 통상적인 거래관행에 비추어 볼 때 거래상대방에게 발생하는 불이익이 과도한 경우, 지식재산권 취득 및 행사 과정에 기만적 행위가 존재하는 경우 등에 경쟁수단 또는 거래내용의 불공정성으로 인해 관련 시장의 공정한 거래질서를 저해할 가능성이 크다.

이에 현행지침은 일반적으로 지식재산권을 행사하는 사업자의 시장지배력이 강한 경우, 해당 지식재산권이 필수 생산요소와 같은 유력한 기술로 인정되는 경우, 지식재산권 행사와 관련된 사업자들이 경쟁관계에 있는 경우, 지식재산권의 행사로 공동행위의 가능성이 증대하는 경우 또는 다른 사업자의 시장 진입가능성이 감소하는 등의 경우에는 관련 시장의 경쟁을 제한할 가능성이 크다고 보아 규제의 대상으로 하고 있다.

## Ⅲ. 효율성 증대효과

심사지침은 합리의 원칙의 적용 시 경쟁제한 효과와 더불어 비교형량의 대상으로서 '효율성 증대효과'를 고려하도록 규정하였다. 즉, 해당 행위로 인한 효율성 증대효과가 경쟁제한 효과를 상회하는 경우에는 위법하지 않은 행위로 판단할 수 있다. 단, 위법성 판단 시 고려대상이 되는 효율성 증대효과는 해당 지식재산권 행사보다 경쟁제한 효과가 더 적은 다른 방법으로는 달성할 수 없는 것이어야 하며, 사업자의 내부 비용 절감에 그치지 않고 소비자 후생 증대와 국민경제 전반의 효율성 증대에 기여할 수 있는 것이어야 한다.[3]

2016년 개정 심사지침은 위법성 판단 시 고려되는 효율성 증대효과가 특정 시점의 정태적 분석을 토대로 한 것에 국한되지 않고, 향후 관련 시장의 동태적 효율성을 증대시키는 부분을 포함하도록 하고 있다.

---

3) 심사지침 Ⅱ. 3. 다.

그러나 이러한 효율성 증대효과는 지식재산권 행사 시점에 즉시 발생하는 효과에 한정되지는 않으며, 기술혁신의 촉진을 통한 상품 가격의 하락, 품질의 제고, 소비자 선택권의 확대 등을 통해 향후 관련 시장의 효율성 제고에 기여할 수 있는 부분을 포함한다. 단, 이러한 효과의 발생이 막연하게 기대되는 수준에 그쳐서는 안 되며, 해당 효과가 발생할 것이라는 고도의 개연성이 분명하게 입증되어야 한다.

지식재산권 행사와 관련된 동태적 효율성을 고려하는 것은 혁신적 기술에 대한 배타적 독점권을 부여함으로써 기술개발의 유인을 제공하고, 산업 발전을 도모하고자 한 지식재산권의 제도적 취지를 직접적으로 고려한 부분이다. 동태적 효율성은 상충관계로 비춰지기 쉬운 공정거래법과 지식재산권법의 접점을 형성한다. 제도적 장치를 통하여 단기적으로 경쟁을 제한한 결과, 경쟁 촉진의 궁극적 목표인 사회적 후생 증대를 달성하게 된다는 특허제도의 기본 논리는 정당한 지식재산권의 행사에 공정거래법 적용을 제외시켜야 하는 근본적 이유이다. 같은 맥락에서 이는 지식재산권 행사의 기술혁신효과를 공정거래법 적용 시 고려하여야 하는 근거가 된다.[4]

다만, 지식재산권의 제도적 취지를 반영한 정당화 사유가 부당하게 확대되어 공정거래법 집행 근거를 잠식시키지 못하도록, 개정된 심사지침에는 동태적 효율성 증대효과의 입증수준이 함께 규정되었다. 그러나 이러한 효율성 증대효과는 지식재산권 행사 시점에 즉시 발생하는 효과에 한정되지는 않으며, 기술혁신의 촉진을 통한 상품 가격의 하락, 품질의 제고, 소비자 선택권의 확대 등을 통해 향후 관련 시장의 효율성 제고에 기여할 수 있는 부분을 포함하며 이러한 동태적 효율성이 존재할 것이라는 점이 단순하게 기

---

4) 김준범·고인혜, 앞의 논문, 7~8쪽.

대되는 것으로는 충분하지 않고, 해당 효과가 발생할 것이라는 '고도의 개연성'이 분명하게 입증될 수 있어야 한다.

## IV. 권리남용

### 1. 각국의 접근

대부분의 법률 체계에서 권리 남용에 대한 인식은 신의 성실의 보다 일반적인 인식에 뿌리를 두고 있다. 관습법 체계에서 이것은 평등과 관련되어 있다. 우리는 권리 남용에 대한 고전적이고 좁은 의미의 원칙에 집중한다. 벨기에의 법률 체계와 l'abus social의 인식이 주어진 권리에 반하는 사례들로 비추어 볼 때 특히 흥미로운 것으로 나타나는 프랑스의 법률 체계, 그리고 강력한 실증주의적인 법률 체계를 갖춘 독일의 법률 체계와 권리 남용 문제에 대한 명확하고 구체적인 조항을 갖춘 스위스의 법률 체계에 대하여 고찰한다.

#### (1) 벨기에의 접근

##### 1) 벨기에의 인식

벨기에 민법에서 권리의 남용에 관한 인식(Rechtsmisbruik)은 일반적인 신의성실의 원칙에 근거한다: Alle overeenkomsten, …, moeten te goeder trouw worden ten uitvoer gebracht.[5] 이것은 대부분의 사법관할 구역들에서의 판례이다. 그러나, 권리남용에 관한 인식은 벨기에에서 특히 긴 역사를 가지고 있다. 비록 그것이 20세기 초에 처음으로 나타났을지라도 '현대적' 의미의 권리의 남

---

5) Article 1134 § 3 of the Belgian Civil Code.

용6)은 1980년대에 들어서 비로소 정립되었다.7) 그럼에도 불구하고 이것은 오늘날 법률의 일반적 원칙으로 간주된다.8)

　권리의 남용은 벨기에의 최고 법원9)에 의해 해석되고 있다. 그것은 대부분 최근에 일반적인 권리 행사를 넘어서 명백하게 한 사람의 권리의 행사로서 규정되고 있다. 이러한 이론에 기초하여 권리 남용에 대한 수많은 적용과 응용이 이루어진다. 제3자들에게 손해를 끼치려는 목적만을 가진 채 권리를 행사하는 것은 이러한 권리 남용의 전형적인 예이다. 이와 유사하게 권리남용은 권리 소유자가 그에게 동등한 편익을 가져다 주는 옵션들 중에서 타인에게 가장 불이익을 주는 옵션을 선택하는 권리의 행사를 포함한다. 더욱이 합리적이고 충분한 관심 없이 권리를 행사하는 경우 특히 타인에게 가해진 불이익이 권리 소유자가 얻는 이익과 불균형할 때 권리남용이 적용된다.10) 결국 제3자와 관련하여 권리자가 그의 권리 행사에 있어서 합리적 기대를 불러일으킬 때 권리 남용의 개념이 사용된다. 그 인식은 또한 그 권리가 권리의 원칙에 반하거나 혹은 사회 경제적 목적에 반하여 사용되는 경우에 적용된다.11) 이것

---

6) Meaning it was decoupled from extra-contractual liability ("haftplicht" or "onrechtmatige daad" – Article 1382 BW); Michelangelo Temmerman, The Legal Notion of Abuse of Patent Rights, 2011, p.7.

7) Hof Van Cassatie/Cour de Cassation, 19 september 1983 (A.C., 1983-1984).

8) T. Strubbe, *Rechtsmisbruik in contractuele aangelegenheden,* Universiteit Gent, 2009, at p.4.

9) "La Cour de Cassation" (French); "Hof van Cassatie" (Dutch).

10) Hof Van Cassatie/Cour de Cassation, 18 June 1987 (A. C., 1986-1987, 1441); Hof Van Cassatie/Cour de Cassation, 19 September 1983 (A.C., 1983-1984, 53-54).

11) M. Van De Putte and G. Van Malderen, "Contracten of Verbintenissen uit overeenkomsten in het algemeen", in Van De Putte, M., and Van Malderen, G., Verbintenissenrecht, Brugge, Die Keure, 1996, at p.20.

은 'intention de nuire' 즉 손해를 끼치려는 의도에 국한되는 것은
아니다.

권리남용에 대한 분석에서 벨기에 판사들은 사건의 모든 배경들
을 고려해야 한다. 권리가 법률 그 자체에서 발생하는 사건들의 경
우에도 마찬가지이다.[12] 중요한 것은 소유권 남용과 같은 민사 사
건들에서의 제재는 권리의 상실이 아니라는 것이다. 권리의 남용
은 권리의 '일반적' 행사를 강제하거나 발생한 손해를 배상하도록
강제함으로써 제재된다.[13]

### 2) 벨기에의 권리 남용 판단 기준

벨기에 판례법상 동일한 조건에 있는 정상적인 사람에 의한 일
반적인 주관적 권리 행사의 한계가 명백하게 일반적 기준을 넘어
설 때 권리 남용이 인정된다. 명백하게 불합리한 권리의 행사의 조
건에 대한 결정을 함에 있어서 판사를 지원하기 위하여, 여러 가지
대안적 기준들이 발전되어 왔다.

첫 번째 기준은 주관적 요소와 관계되어 있다. 남용은 권리 소유
자의 목적이 제3자에게 손해를 끼치려는 경우에 발생되는 것으로
간주될 것이다. 때때로 대부분의 기준을 포함하고 있는 것으로 인
식되는 두 번째 기준은 비례의 원칙(과잉조치 금지의 원칙)이다. 권
리행사 방식의 선택을 두고 권리 소유자가 제3자에게 가해진 불이
익과 비교하여 그 자신에게 비례하지 아니하는 이익을 발생시키는

---

12) Hof Van Cassatie/Cour de Cassation, 22 September 2008, Rechtskundig
Weekblad, 2010-2011, at p.1345: "7. Misbruik van recht kan
voorhanden zijn, ook al raakt het bedoelde recht de openbare orde of is
het van dwingend recht". Also: Hof Van Cassatie/Cour de Cassation, 10
June 2004 (AR C.02.0039.N, A.C., 2004, N° 315); whereas it can be an
acceptable legal ground even in case where the right finds its origin in
the law itself.

13) Hof Van Cassatie/Cour de Cassation, 5 March 1984 (A.C. 1983-84, nr.
374).

방식을 선택할 때 남용이 발생한다. 그러한 경우에 판사들은 이익 균형 원리를 추구한다. 한편으로는 특허권 소유자의 권리 행사의 이익 그리고 다른 한편으로는 제3자에 의해 가해진 손해이다. 세 번째 기준은 권리 소유자의 이익과 관련 있다. 남용은 권리 소유자가 합법적 혹은 합리적 이익에 관계없이 그의 권리를 행사하는 경우에 발생한다. 네 번째 기준은 권리 행사 방식들과 관련 있다. 남용은 선택 옵션들이 모두 동등하게 권리 소유자에게 편익을 가져다 줄 때 그리고 소유자가 제3자에게 가장 큰 불이익을 가져다주거나 혹은 일반적 이익(다수의 이익 혹은 사회적 이익)을 무시하는 옵션을 선택할 때 발생한다. 결국 권리의 행사가 권리의 목적에 반하여 행사될 때마다 남용이 존재하게 될 것이다. 이 기준에 따르면 입법부가 의도한 목적 이외의 다른 목적을 위하여 행사되는 것은 수용될 수 없다. 그리고 남용에 관한 인식은 주관적 권리의 사회적 기능이 존재한다는 주장과 본질적으로 관련된다.

### (2) 프랑스의 접근

#### 1) 프랑스의 인식

프랑스에서 권리 남용의 개념(Abus de droit)은 벨기에와 유사한 것으로 드러난다. 신의 성실의 원칙보다 오히려 그것은 프랑스 민법 제1382조에 근원을 두고 있다. 이는 불법적 계약 책임에 관한 일반적 조항(Tout fait quelconque de l'homme, qui cause à autrui un dommage, oblige celui par la faute duquel il est arrivé à le réparer)이다.

프랑스에서 권리의 남용은 두 개의 설정(l'abus-social, l'abus-intention-de-nuire)[14]을 다루는 법학에서 발전되어 왔다. 후자는 한 사람이 타인에게 손해를 끼치는 유일한 이익을 가지면서 그의 권리를 행사하는 고전적인 경우이다. 이것은 또한 권리 소유자에게

---

14) Cass. req., 3 August 1915, pourvoi no 00-02378.

동일한 이익을 주면서 타인에게는 가장 손해를 많이 끼치는 방식으로 권리를 행사하는 것을 포함한다. 그러나 이것은 고의적으로 손해를 끼치는 일에 국한된다. 전자(l'abus social)는 권리가 그 원칙 혹은 목적에 반하는 방식으로 행사되는 경우를 포함한다.[15] 예를 들어서 이것은 관습상 파업권이 더 나은 근무 환경을 요구할 목적이 아닌 정치적 변화를 촉발하기 위하여 행사되는 경우에 적용된다.

### 2) 프랑스의 권리 남용 판단 기준

프랑스 판례법 상에는 벨기에서와 같이 일반적인 기준이 존재하지 않는다, 그러나 남용은 특정한 특징을 가지고 있어야만 한다. 권리 소유자가 합리적이고 신중하게 권리를 행사하지 않을 때 특징지어진 남용이 존재한다고 인식된다.

프랑스 법원에서는 일반적으로 3가지 기준에 의해 권리 남용 여부를 판단한다. 고의적 손실을 발생시켰는지의 여부, 비례 원칙, 권리-기능적 기준(Right-function criterion). 이러한 기준들은 벨기에 판례법과 동일한 방식으로 정의될 수 있다. 프랑스에서는 권리-기능적 기준이 더 중요시되고 있다. 이 기준에 따르면 입법자는 특정한 사회적 목적을 가진 개인들에게 권리를 부여하고 이러한 목적들은 권리 소유자에 의해 존중되어야만 한다. 법에 의해 부여되는 모든 권리들은 상대적인 것이다. 권리들은 모두 특정한 사회적 목적을 달성하기 위한 수단들이다. 권리의 행사에 대한 지시는 그러한 사회적 기능과 맞물려 존재할 필요성이 있다. 만약 법률적 기능으로부터 벗어나거나 다른 목적을 위하여 권리를 행사한다면, 그 권리는 결코 보호되지 아니한다.

---

15) L. Josserand, De l'esprit des droits et de leur relativité: Théorie dite de l'abus des droits, 2nd edition, Paris, 1939.

### (3) 벨기에와 프랑스의 권리 남용에 대한 규제 방법

두 나라(벨기에와 프랑스)에서 남용에 대한 규제는 남용된 권리의 박탈이 아니다. 오히려 규제는 권리 행사를 적절하게 사용하도록 제한하는 데 있다. AoR의 규제는 칼이라기보다는 방패로 간주된다. 권리 소유자가 판사에 의해 부적절하나고 판단되는 방식으로 권리를 행사하지 못하도록 하는 것이 제재이다. 제재의 목적은 권리 남용의 희생자가 마치 남용이 발생하지 아니했던 상황에 있는 것 같이 되도록 하는 데 있다. 피해 보상을 위하여 남용의 피해자들은 민법 제1382조에 나오는 조건을 충족함을 입증해야만 한다. 이에 따라 피해자는 권리 소유자가 그 권리를 남용했고 이에 피해를 입었으며, 권리 남용과 그 피해 사이에 관련성이 존재함을 입증해야만 한다. 남용의 피해자가 그러한 피해를 계량화하는 일은 일반적으로 매우 어려운 일이므로 법원은 대부분의 경우에 ex aequo et bono 평가를 이용하여, 피해 보상금 일시불 지급을 승인한다.

### (4) 독일의 접근

벨기에의 사례에서 보는 바와 같이 권리의 남용(Rechtsmissbrauch)에 대한 인식은 독일에서 신의성실의 원칙으로부터 추론된다. 이는 독일 민법(Bürgerliches Gesetzbuch) 제242조에서 실행된다: Der Schuldner ist verpflichtet, die Leistung so zu bewirken, wie Treu und Glauben mit Rücksicht auf die Verkehrssitte es erfordern. 이 독일 민법 제242조는 관습을 고려하여 신의성실의 원칙에 의해 요구되는 방식으로 한 사람의 의무를 다해야만 한다고 기술하고 있다. 가장 잘 알려진 권리 남용의 적용은 독일 민법 제226조(Die Ausübung eines Rechts ist unzulässig, wenn sie den Umständen nach nur den Zweck haben kann, einem anderen Schaden zuzufügen)에 구체화된 소위 Schikaneverbot[16]이다. 이 조항은 타인에게 손해를 끼치려는 목적만을 가지는 경우 그 권리가 행사될 수 없다는 내용

이다.[17] 이것은 고전적인 의미의 'intention de nuire'이다. 독일에서는 권리가 그 원칙 혹은 그 사회적 기능에 반하여 사용되는 사건들을 충분히 망라할 정도로 권리 남용에 대한 인식이 넓은 편이다. 결국 그러한 소유권에 대한 제한은 권리 남용의 맥락 밖에서도 인식된다. 예를 들어서 한 흥미로운 추론은 Clinical Trials I(흥미롭게 특허 문제를 다루고 있는)에서 독일 헌법 재판소의 결정에서 찾아 볼 수 있다. 여기서 특허법상 연구 과제(면제)의 성패가 달려 있는 것이다.[18] 이 과제는 제3자들로 하여금 특허권자에게 보상하거나 허가를 요청하지 않고 연구 목적으로 특허받은 발명품을 사용하도록

---

16) On the matter: K. Huber, Ueber den Rechtsmißbrauch, Bern, 1910; E. Betti, "Der Grundsatz von Treu und Glauben in rechtsgeschichtlicher und vergleichender Betrachtung", in: Loehlein, R., (Eds.), Studien zum kausalen Rechtsdenken. Eine Festgabe zum 80. Geburtstag von Rudolf für Müller-Erzbach, Rudolf, München, 1954; K. Ballerstedt, "Zur Systematik des Mißbrauchsbegriffs im GWB", in: Festschrift für Wolfgang Hefermehl zum 70. Geburtstag, 1976, pp.37-68; E. Zeller, Treu und Glauben und Mißbrauchsverbot, Zürich, 1981; P. Mader, Rechtsmißbrauch und unzulässige Rechtsausübung, Wien, 1994.

17) Other examples are Paragraph 320.2 of the BGB: "Ist von der einen Seite teilweise geleistet worden, so kann die Gegenleistung insoweit nicht verweigert werden, als die Verweigerung nach den Umständen, insbesondere wegen verhältnismäßiger Geringfügigkeit des rückständigen Teils, gegen Treu und Glauben verstoßen würde"; or Paragraph 1020 of the BGB: "Bei der Ausübung einer Grunddienstbarkeit hat der Berechtigte das Interesse des Eigentümers des belasteten Grundstücks tunlichst zu schonen. Hält er zur Ausübung der Dienstbarkeit auf dem belasteten Grundstück eine Anlage, so hat er sie in ordnungsmäßigem Zustand zu erhalten, soweit das Interesse des Eigentümers es erfordert".

18) Cottier et al, Patents and the Research Exemption: Regulatory Competition or Harmonization in International Law, forthcoming 2011 – on file with author.

허가하는 것이다. 그러나 이것이 특허권자의 무형의 소유권을 제한할 수 있기 때문에 연구면제가 독일 헌법 제14조 1항에 보장된 재산권을 위반한다고 주장하기도 한다.[19] 법원은 제14조 1항에 명시된 재산권은 공공복지를 고려하여 평가되어야만 하기 때문에 재산권은 전체적으로 사회적 편익에 제한될 수 있다고 결정하였다. 법원은 계속하여 연구 면제는 재산권의 합법적 제한으로 간주된다고 판결하였다. 특히 연구의 자유를 고려할 때 무제한적인 특허 보호는 정당화되지 않는다.[20]

끝으로 권리 남용의 맥락에서 흥미로운 나라는 스위스이다. 스위스 연방은 위에서 논의된 두 나라와는 약간 다른 개념을 사용한다. 스위스 민법에서는 신의성실의 개념에 대한 인식을 명확하게 포함하고 있는 구체적인 '권리 남용' 조항이 있다. 스위스 민법 제2조 2항(신의 성실)은 다음과 같이 명시하고 있다: "Der offenbare Missbrauch eines Rechts findet keinen Rechtsschutz". 이것은 명백한 권리 남용은 어떠한 법적 보호도 받지 않는다는 내용이다. 이 조항은 예를 들어 프랑스의 경우[21]보다 권리 남용에 관한 보다 더 지배적인 인식을 가져온다. 이에 기초하여 몇몇 구체적인 사건들은 위에서 언급된 다른 나라들과 유사한 것으로 나타났다. 또한 스위스에서는 권리가 그 원칙에 반하여 사용되는 많은 사례들을 다룰 정도로 충분히 권리 남용에 대한 인식이 넓다.[22]

---

19) Patent rights had been ruled as part of Article 14 § 1 and hence a form of personal property in a prior decision by the Constitutional Court (Bundesverfassungsgericht, Akteneinsicht in Patentuteilungsverfahren, BGHZ 18, 81.

20) Federal Court of Justice (Bundesgerichtshof), 10th Civil Senate, Clinical Trials I, 11 July 1995, X ZR 99/92, GRUR 1996, 109.

21) P. Ancel, G. Aubert, and C. Chappuis, L'abus de droit: comparaisons franco-suisses: actes du séminaire de Genève de Mai 1998, Saint Etienne: Publications de L'université de Saint Etienne, 2001, at p.26.

### (5) 유럽의 일반적 인식

TFEU 102조는 강제 없는 조항이다. Compagnie Maritime Blege에서 CJEU는 TFEU 102조에 포함된 남용적 관습들에 관한 목록이 그 조약에 의해 금지된 지배적 지위의 남용을 완벽하게 열거하고 있는 것은 아니라고 하였다. TFEU 102조의 조건을 충족시키는 어떠한 행동들은 그 조항에 명시된 목록에 포함되든지 안 되든지 간에 남용에 해당된다고 간주될 수 있다. TFEU 102조에 나오는 남용행위와 더불어 유럽 위원회와 유럽연합 법원들, 그리고 최근에는 Autorita Garante per la Concorenza e il Mercato(이하 AGCM이라 한다; 이탈리아 경쟁당국), 이탈리아 법원은 몇몇 또 다른 형태의 남용을 확인한 바 있다.

유럽연합과 이탈리아에서 공통적으로 발견되는 거의 모든 새로운 형태의 남용은 특정한 일반적 특징을 공유한다. 이러한 관행들은 소송 혹은 규제적 절차와 연계되어 시장 밖에서 발생하고 권리의 행사, 보호이익 또는 특정 분야 규제에 의해 허용되는 행위로 구성되어 있다.

TFEU 102조에 명시된 관습의 불법성은 다른 법률적 규칙들과 관련이 없다는 것이 기존의 법률적 해석이다. 대부분의 경우에 지배 남용은 그렇지 않다면 다른 법률들의 테두리에서는 합법인 행동으로 구성된다. 그러나 EU 경쟁법이 국내법 하의 권리가 존재하지 않는다면 TFEU 345조 위반에 해당될지도 모르는, 그 권리를 부정할 수 없다는 공통된 원칙이 존재한다. 그러므로 새로운 형태의 남용은 권리 행사 이전과 권리가 발생한 이후 모두 그 행사와 연관되어 발생하는 모든 관행들로 구성된다.

---

22) E. Zeller, Treu und Glauben und Rechtsmissbrauchsverbot Prinzipiengehalt und Konkretisierung von Art 2 ZGB, Zürich: Schulthess, 1981.

이러한 배경과는 반대로 이탈리아 경쟁당국과 법원들은 최근에 TFEU 102조에 명시된 지배의 남용을 법률의 남용의 일반적 개념과 결부시켰다. 그리고 지배 남용 여부 판단에 방향을 결정하는 요소로서 지배적 기업의 배제 의도를 고려하였다.

제14조―불공정하게 고가의 가격에 지식재산권 라이선스를 허가하는 행위[23]

제14조는 "지배적 위치에 있는 기업들이 경쟁을 제한하거나 배제하면서 자신들의 지배적 지위를 남용하고 불공정하게 고가의 가격에 지식재산권 라이선스를 허가하려 할지도 모른다."고 언급하고 있다. 다음과 같은 이유 때문에 이 조항이 전부 삭제되어야 한다는 주장이 있다.

특히 지식재산권에 대하여 가격을 규제하는 행위는 매우 위험하다. 예를 들어서 법률에 의해 가격들이 공정하고 합리적이도록 요구하거나 한 회사가 불공정하게 고가의 가격을 청구하는 일을 금지시키는 일은 활발한 경쟁을 제한하는 위험을 가지고 있다. 일반적으로 경쟁정책은 독점자가 지식재산권을 포함하여 그 상품의 가격을 얼마든지 자신들의 마음대로 청구하는 행위를 금지시켜서는 아니 된다. 그리고 이는 기업의 이익을 극대화시킬 것이다. 독점가격 설정이 우선 비즈니스 수완을 이끌어 낸다는 점은 경제학과 반독점법에서 자명하다. 이는 특히 지식재산권 사례에서 중요하

---

다. 국가들이 지식재산권을 형성하고 이를 보호하는 목적은 바로 위험 요소를 가진 투자, 비용이 많이 소요되는 연구 개발을 유도하기 위함이다. 혁신과 경쟁 보호 사이의 균형을 맞추기 위하여서 경쟁당국들은 일반적으로 특히 지식재산권 측면에서 불공정하게 높은 가격을 책정하는 행위에 대하여 금지하지 말아야만 한다. 대신에 독점 가격은 단지 그들이 독립 경쟁법 위반의 결과인 경우에만 고려되어야 한다.

게다가 경제학은 실제 시장 거래에 관한 정보의 부재가 특히 공정 가격을 판단하는 것이 어렵게 할 수 있음을 시사한다. 실제로 지식재산권의 라이선스를 허가하는 데 있어서 가격의 공정성을 측정하는 것은 매우 어렵다. 왜냐하면 공정 가격과 비교할 어떤 이익 비용도 존재하지 않고 지식재산권 그 자체는 가능하다면 가격 비교를 어렵게 하는 고도로 차별화된 상품이기 때문이다. 지식재산권의 가격에 대하여 과도한 제한을 두는 위험은 혁신적 행위들이 감소될 수 있다는 점, 그리고 소비자들이 이로부터 손해를 입을 수 있다는 점이다. 이러한 제한을 두어 문제를 악화시키는 경우 지식재산권 소유자들은 그들의 라이선싱 관행이 경쟁법을 위반하는지의 여부에 관해 결정하는 데 있어서 불확실성에 직면하게 될 것이고 법률적 불확실성은 투자에 악영향을 끼친다.

결국 어떤 특정한 가격이 과도한 것인지를 결정하기 위하여서 경쟁당국은 과도하다고 주장되는 가격과 비교할 기준 가격을 계산할 필요가 있다. 종래의 경험으로 비추어 볼 때 경쟁당국들은 일반적으로 시장 가격, 특히 창안품에 대한 로열티 비율을 결정하기 위하여 필요한 정보를 충분히 가지고 있지 못하다. 양측이 합의에 도달할 수 없는 경우 그러한 제한된 상황에서 최후의 수단으로서 시장과 법원에 이 문제를 맡겨야 한다.

그러나 주 위원회가 이 조항을 유지해야 한다고 결정하였다. 따라서 특허의 시장 가치를 평가하기에 최적인 비교 가능한 라이선

스들의 가격에 주로 주목하면서 다음과 같은 개정이 이루어져야
한다.

다음 요소들은 한 기업이 시장지배적 위치를 남용하는지의 여부
에 관해 분석하고 결정하는 데 고려될 수 있다.

(i) 로열티와 지식재산권이 관련 상품들의 가치에 기여하는 정도에 대
하여 계산하는 방법

(ii) 지식재산권 혹은 비교 가능한 라이선스 허가 비용에 대한 역사(배
경)

한 기업이 불공정하게 높은 가격에 SEP 라이선스를 허가하는지
의 여부를 분석함에 있어서 관련 표준을 만족하는 상품들에 의한
실질적인 라이선싱 비용은 누적 로열티 비용이 적어도 생산을 극
도로 감소시키거나 상품 시장을 어지럽힐 정도로 매우 높은 경우
에 고려될 수 있다.

2번째 요소와 관련하여, 비교 가능한 라이선스들이 특허의 시장
가치 평가를 위한 최선의 근거가 될 수도 있다. 비교 가능한 라이선
스를 고려할 때 환경, 시기, 라이선스에 대한 당사자들의 상대적 입
장과 같은 요소들을 고려하는 일은 매우 중요하다. 예를 들어서 기
술의 상업적 실행 가능성이 불확실할 때 일반적으로 라이선스는
기술의 상업적 실행 가능성이 증가하거나 확실한 경우보다 더 낮
은 로열티 설정을 초래할 것이다.

무효 특허에 기초하여 로열티를 청구하는 것과 관련하여 라이선
스 허가자와 라이선스 사용자는 라이선스를 협상할 때 양측 모두
포트폴리오에서 수백 혹은 수천의 특허들 중 일부는 무효일지도
모른다는 점을 인지한다. 양측은 과도하게 가격을 높게 만드는, 무
효 특허를 알아내는 데 대규모 자금과 시간을 투자하지 않는다. 대
신에 양측은 이러한 거래 비용을 회피하고 일반적으로 라이선스를

받은 포트폴리오의 가치를 측정하고 일부 특허가 무효일 가능성에 대하여 고려하여 로열티를 결정한다.

　로열티 누적과 관련하여 총 로열티는 가능하면 상품 시장에 극도로 불리한 영향을 끼치거나 혹은 적어도 상품 생산을 제한할 수 있다는 근거가 명확한 경우에만 고려되어야 한다. 혹자는 수천 개의 특허가 필요한 휴대폰과 같은 장치들과 관련하여 로열티 누적 문제가 제기된다고 주장한다. 그러나 그 근거는 이러한 추측에 근거한 주장과 일치하지 않는다. 예를 들어서 최근의 실증적인 연구는 로열티 누적 이론의 예측과는 반대로 1994년과 2013년 사이에 품질 이외의 요소가 모바일 기기 평균 판매 가격을 연평균 8.1% 하락하도록 조정하였다고 보여 준다. 매년 판매된 모바일 기기 수는 연평균 20.1%, 총 62배 증가하였다. 기기 제조업체 수는 1994년 1개에서 2003년 43개로 성장하였다. 그리고 2001년 이후로 시장 집중도는 지속적으로 하락하였고 SEP 소유주들의 평균 마진은 일정하였다.

　특정한 총 누적 로열티가 과도한지를 판단하기 위하여서는 특정한 라이선스 사용자에 의해 지불된 실질적 누적 로열티 금액에 관한 증거를 수집해야만 한다. Ericsson v. D-Link 사건에서 미 연방순회항소법원은 모든 SEP 소유자들이 동일하거나 비슷한 비용을 청구하였다고 추정되는 경우 총 누적 로열티가 적용될 수 있다고 한 미국 지방법원들의 접근법을 부정하였다. 이러한 지방법원들의 접근 방식의 문제점은 모든 특허들이 동일하게 인가된 것이 아니며 FRAND 조건에 따른 비용이 논쟁의 대상이 되는 특정 SEP들의 가치를 반영해야만 한다는 것이다. 따라서 모든 SEP 소유자들이 동일하거나 유사한 가격을 부과해야 한다고 주장하는 것은 비논리적이다. 게다가 많은 라이선시들은 모든 SEP에 대하여 현금으로 로열티를 지불하지 않는다. 대신에 몇몇 SEP들에 로열티없이 사용하도록 허가하는 비즈니스 관계 혹은 교차 라이선스가 존재한다.

SEP의 수와 SEP 소유자들의 수를 구별하는 것 또한 중요하다. 포르톨리오 라이선싱의 보편화를 고려하면 관련된 것은 SEP의 수가 아니라 SEP 소유자의 수이다. 비록 1000개의 SEP에 대한 하나의 라이선스가 하나의 주어진 표준을 완성하기 위하여 요구된다 할지라도 만약 포트폴리오에 기초하여 라이선스를 허가하는 하나의 법인이 그 SEP 모두를 소유하고 있다면 로열티 누적은 절대 있어서는 아니 된다. 더욱이 다양한 이유로 모든 SEP 소유자들이 라이선스 비용을 청구하는 것은 아니다. 미 연방 순회항소법원은 Ericsson v. D-Link 사건 판결에서 다음과 같이 밝혔다. "수천 개의 특허들이 한 표준에 필수적인 것으로 인가되었다는 사실 그 자체만으로 표준 호환 회사가 반드시 각각의 SEP 소유자들에게 로열티를 지불할 의무가 있음을 의미하는 것은 아니다."

끝으로, 로열티 누적 이론의 근거가 되는 꾸르노 보완문제에 내재된 가정들 중 하나는 각각의 생산 부품 공급자가 다른 요구되는 부품들에 청구된 가격과 관계없이 그 부품 가격을 청구한다는 점이다. 그러나 표준 설정의 맥락에서 반드시 균형 생산량이 존재할 것이라고 추정할 만한 어떠한 이유도 없다. 예를 들어서 SEP 소유자들은 표준을 발전시키는 데 서로 협력할 것이고 그들은 어떤 특허들이 누구의 것인지를 알 가능성이 매우 높다. 결과적으로 SEP 소유자들이 알려진 SEP들을 전적으로 보완하는 측면과 관련 없이 로열티 비율을 결정할 것이라고 추정할 만한 어떠한 이유도 없다. 게다가 각각의 SEP 소유주들은 잠정적인 로열티 누적 이슈를 해결하기 위하여 협력할 강력한 동기를 가질 것이다.

더욱이 그러한 협력이 로열티 누적 문제를 해결하는 정도로 그 효과는 생산량을 늘리고 가격을 하락시키면서 수익을 증가시킬 것이다.

### 제15조—지식재산권 라이선스 인가 거부 행위[24]

제15조는 라이선스 인가 거부에 대하여 다룬다. 라이선스 인가 거부가 기업에 의한 지식재산권 행사의 하나의 형태임을 주위원회가 인식해야 한다. 또한 라이선스 인가 거부가 지식재산권의 합법적 행사이고 일반적으로 AML에 따라 허용되도록 개정이 이루어져야 한다. 이는 단순한 일방적이고 무조건적인 라이선스 인가 거부에 대한 반독점 책임이 그다지 중요한 역할을 수행하지 못한다고 주장한 미국 반독점 당국에 의한 접근 방식 및 지식재산권의 경제학적 논리와 일치한다. 이 접근법은 라이선스 인가 거부에 대한 반독점 책임이 지식재산권 소유자의 핵심 권리를 손상시켜 결과적으로 혁신 동기를 감소시킬 수 있다고 인식하고 있다. 게다가 경쟁자들에게 라이선스 인가를 거부하는 행위에 대한 법적 책임은 회사들로 하여금 그들의 라이벌에 연락을 취하고 도와주도록 강제하는 꼴이 된다. 결과적으로 반독점법의 내재 목적과 다소 상충될 수 있다.

## 2. 국제법적 접근[25]

공법적 생활관계[26]에서 권리의 남용은 배타적으로 신의성실의

---

24) Ibid., pp.12-13.

25) The Legal Notion of Abuse of Patent Rights, pp.10~12. 이하 구체적 인용표시를 생략한다.

26) In the private actors' relationship, one may wonder to what extent provisions such as Article 17 of the European Convention on Human Rights in fact establish abuse of rights as a principle in international law - "Nothing in this Convention may be interpreted as implying for any State, group or person any right to engage in any activity or perform any act aimed at the destruction on any of the rights and freedoms set forth herein or at their limitation to a greater extent than

원칙에 바탕을 두고 있다. 신의성실은 국제법의 가장 중요한 원칙들 중 하나이다. 국제법상 조약들은 신의성실에 따라 집행되고 해석되어야만 한다. 조약법에 관한 비엔나 컨벤션에서 이를 찾아볼 수 있다.

"모든 유효한 조약은 당사자들을 구속하며 신의성실에 따라 준수(수행)되어야 한다."

"조약은 신의성실에 따라 해석되어야 한다."

O'Connor에 의하면 신의성실에 대한 인식의 필수불가결한 기능은 다음과 같다.

(a) pacta sunt servanda 원칙의 필수적인 부분으로서 신의 성실(정직성, 공정성, 합리성)은 조약들(협상, 형성, 수행)과 관련된 모든 의무들에 있어서 준수되어야 한다.
(b) 신의성실은 합법적 권리의 행사에서 준수되어야 한다.
(c) 동등한 권리 간의 갈등은 신의성실의 원칙에 따라 해결되어야만 한다.
(d) 분쟁의 여지가 있는 의무 혹은 정확하게 법률적 용어로 특징하기 어려운 의무에 대한 정의를 내리기 위하여 신의성실을 적용한다. 이 기능은 법률적 맥락에서 신의성실의 도덕적 내용이 명확한 표현을 요구하는 새로운 법률 원칙을 만들게 한다.[27]

결과적으로 국제법에서 신의성실은 다음과 같이 정의된다.

"pacta sunt servanda 원칙과 다른 법률 원칙들이 직접적이고 차별적으로 정직성, 공정성, 합리성과 관련 있는 한 기본적인 원칙이

---

is provided for in the Convention". Opinions vary.
27) J.F. Connor, Good Faith in International Law, Aldershot, Dartmouth Publishing, 1991, at p.124.

도출되고 당대의 국제 사회에 편재하는 정직성, 공정성, 합리성을 강제함으로써 특별한 경우에 결정되는 이러한 원칙들을 적용하는 것이다."[28]

신의성실은 국제거래법의 맥락에서 해석된다. 구체적으로 TRIPs 협정을 포함하는 WTO 분쟁 해결 기구[29]에 의해서이다. Panizzon 에 의하면 WTO법은 신의성실과 함께 합법적 기대와 권리 남용의 당연한 귀결이다.[30] 그러나 Pannizon은 상소기구가 원문 그대로 의 해석을 선호하는 경향이 있음을 보여 주고 있다.

요컨대 권리의 남용은 신의성실의 구체적 적용이다. 신의성실이 보통 법적 조항의 해석에서 사용되는 반면에 권리의 남용은 권리 의 행사와 관련하여 사용된다. 보다 명확하게 말하자면 신의성실 은 사건 해결의 실질적 해석적 도구가 될 수 있고 권리의 남용은 사 건 해결의 실질적 도구의 한 사례이다. 또한 국제법상 권리의 남용 은 남용적 방식의 권리 혹은 권한 그리고 그 권리의 행사라는 조건 이 충족되어야 성립된다. 예를 들어서 권리의 행사는 한 국가가 다 른 국가의 권리 행사를 방해하는 방식으로 그들의 권리를 행사하 는 경우에 나타난다. 혹은 한 권리가 의도적으로 그 권리의 목적에 반하여 행사되는 경우가 있다.[31]

---

28) Id.

29) For instance in WTO Panel, United States – Continued Dumping and Subsidy Offset Act of 2000, 16 September 2002, WT/DS217, at 4.624: "it is clear that an obligation of good faith pervades over the manner in which Members must conduct their affairs".

30) M. Panizzon, Good Faith in the Jurisprudence of the WTO - The Protection of Legitimate Expectations, Good Faith Interpretation and Fair Dispute Settlement, Zürich, Schulthess, 2006.

31) M. Panizzon, Good Faith in the Jurisprudence of the WTO - The Protection of Legitimate Expectations, Good Faith Interpretation and Fair Dispute Settlement, Zürich, Schulthess, 2006, at pp.30-31. She also describes the third case of 'abus de pouvoir'.

사인 간의 관계에서 그리고 지식재산권의 맥락에서 지식재산권 혹은 특허권의 남용은 무역관련 지식재산권 협정(TRIPs Agreement) 및 파리 협약에서 언급되었다. 때때로 여기서 남용은 단순한 하나의 개념이라기보다는 실질적으로 하나의 단어로서 사용된다.

파리 협약의 구체적인 조항은 지식재산권의 남용을 언급하고 있다. 5조(A)는 "예를 들어 특허에 의해 부여된 독점적 권리의 행사 그리고 특허 불실시로 인해 야기되는 권리 남용을 방지하기 위하여" 각 국가들이 특허 강제 실시권을 가지도록 허용하고 있다.[32] 이 조항은 국가들이 특허 강제 실시로 특허 남용을 제재하고 해결하도록 허용하고 있으며 가능한 경우로서 명확하게 특허 불실시의 문제를 언급하고 있다. 특허 강제 실시가 남용을 방지하거나 해결하기에 충분하지 않는 경우에 특허 박탈(몰수, 취소) 또한 허용된다.[33] 특허 강제 실시에 관한 TRIPs 조항과 이 조항 사이의 관계는 여전히 논의 중에 있으며[34] 특허 강제 실시는 오직 제한된 경우에만 적용된다. 그럼에도 불구하고 이는 적어도 여전히 특허권 남용

---

32) Article 5 A 2: "Each country of the Union shall have the right to take legislative measures providing for the grant of compulsory licenses to prevent the abuses which might result from the exercise of the exclusive rights conferred by the patent, for example, failure to work".

33) Article 5 A (3): "Forfeiture of the patent shall not be provided for except in cases where the grant of compulsory licenses would not have been sufficient to prevent the said abuses".

34) B. Mercurio, and M. Tyagi, "Treaty Interpretation in WTO Dispute Settlement: The Outstanding Question of the Legality of Local Working Requirements"; Minnesota Journal of International law 19 (2010), pp. 275-326; and G. Van Overwalle, "Regulating Protection, Preservation and Technology Transfer of Biodiversity Based Drugs" in I. Govaere; and H. Ullrich (eds), IntellectualProperty, Public Policy and International Trade (Brussels: P.I.E. Peter Lang, College of Europe Studies, 2007).

이 국내법 하에서 다루어질 수 있는 문제이고 만약 특허 강제 실시가 충분하지 않다면 오히려 권리의 박탈이 하나의 제재 수단으로서 이용될 수 있음을 시사하고 있다.

TRIPs 협정은 몇몇 사례에서 남용을 언급하고 있다. 첫째, 협정 회원국이 권리 소유자에 의한 지식재산권의 남용을 방지하기 위하여 모호하지만 협정의 내용과 일치하는 적절한 수단을 취할 수 있다.[35] 이것은 각 국가들이 권리 남용의 개념을 적용하도록 허가하는 것으로 해석될 수 있지만 그렇다면 또한 그것에 제한을 두는 것으로 해석될 수도 있다. 둘째, 회원국들은 지식재산권의 남용을 구성하는 라이선싱 관행 혹은 조건들을 구체화할 수 있다. 여기서 남용은 경쟁에 지대한 영향을 끼치는 라이선싱에 한하여 적용된다. 이는 미국의 특허 오용 개념과 유사하다. 그러나 그 조항은 넓게 사용될 수 있다. 이는 단지 모범적인 배타적 그랜트백(미 특허법에서 특허를 인가받은 자가 특허 허가자에게 그 특허에 대한 향상을 조건으로 라이선스를 허가하는 데 동의하는 조건으로 일방 당사자가 다른 당사자에게 특허를 사용할 권리를 부여하는 것) 조건들, 특허 유효성 분쟁 방지 조건 그리고 이러한 맥락에서 강제적 패키지 라이선싱을 언급하고 있다.[36] 나아가 TRIPs 41조에서 특허의 집행 절차가 특허권

---

35) Article 8 TRIPs Agreement: "1. Members may, in formulating or amending their laws and regulations, adopt measures necessary to protect public health and nutrition, and to promote the public interest in sectors of vital importance to their socio-economic and technological development, provided that such measures are consistent with the provisions of this Agreement. 2. Appropriate measures, provided that they are consistent with the provisions of this Agreement, may be needed to prevent the abuse of intellectual property rights by right holders or the resort to practices which unreasonably restrain trade or adversely affect the international transfer of technology".

36) Article 40 § 2 TRIPs Agreement: "Nothing in this Agreement shall

남용에 대한 보호37)를 제공하는 방식으로 적용되어야만 한다고 명시하고 있으며 남용된 특허 집행 절차의 희생자들인 피고들에 대하여 적절한 보상이 허용되어야만 한다.38)

## 3. 학 설

학설상 권리남용 법리의 남용에 의한 폐해를 경계하기 위하여 다양한 법 해석에 대한 제언을 정리해 보면 다음의 세 종류로 나눌

---

prevent Members from specifying in their legislation licensing practices or conditions that may in particular cases constitute an abuse of intellectual property rights having an adverse effect on competition in the relevant market. As provided above, a Member may adopt, consistently with the other provisions of this Agreement, appropriate measures to prevent or control such practices, which may include for example exclusive grantback conditions, conditions preventing challenges to validity and coercive package licensing, in the light of the relevant laws and regulations of that Member".

37) Article 41 § 1 TRIPs Agreement: "Members shall ensure that enforcement procedures as specified in this Part are available under their law so as to permit effective action against any act of infringement of intellectual property rights covered by this Agreement, including expeditious remedies to prevent infringements and remedies which constitute a deterrent to further infringements. These procedures shall be applied in such a manner as to avoid the creation of barriers to legitimate trade and to provide for safeguards against their abuse".

38) Article 48 § 1 TRIPs Agreement: "The judicial authorities shall have the authority to order a party at whose request measures were taken and who has abused enforcement procedures to provide to a party wrongfully enjoined or restrained adequate compensation for the injury suffered because of such abuse. The judicial authorities shall also have the authority to order the applicant to pay the defendant expenses, which may include appropriate attorney's fees".

수 있다. 첫째, 권리남용의 적용 요건을 검토하고 엄격하게 해석하는 것으로, 적용에 조리개를 걸 것이다. 둘째, 권리남용 법리가 적용된 여러 사례를 몇 가지 기능 유형으로 구분하여 그 유형마다 적용의 당부를 검토하고 안이한 적용을 방지하고자 하는 것이다. 셋째, 권리남용 법리에 의해 권리 행사를 제한하는 사례를 쌓으면서 이와 동시에 이러한 종류의 사안에 적용해야 할 개별적인 법 원칙의 형성을 위하여 노력해서 그 영역에서는 권리남용 법리를 직접 적용하지 않도록 해야 한다는 것이다.

이러한 학설은 권리남용 법리의 적용을 일률적으로 배척하는 것은 아니다. 오히려 권리남용 법리의 기능과 한계를 명확히 함으로써 법적 안정성과 구체적 타당성의 균형을 도모한다고 해석된다. 즉, 권리남용 법리가 적용되는 문제의 해결이 도모된 여러 사례를 권리남용 법리의 기능이라는 측면에서 분류·정리하고 각 유형에서 권리남용 법리를 적용할 어떠한 의미를 가지고 있는지, 법체계상 어떠한 기능을 하고 있는지를 검토한다. 이러한 검토하에 권리남용 법리의 자리 매김과 적용의 한계를 보다 명확하게 하는 것이 목적이다.

예를 들어, 이러한 권리 남용 법리의 기능면에 주목한 유형적 고찰의 대표적인 연구로 평가되는 스즈키 禄彌 교수의 논문에 따르면, 권리남용 법리의 기능은 다음의 3 가지 경우로 분류된다. 첫째, "권리남용 이론"이 실은 단순히 불법 행위에 적용되는 사례. 이 경우는 단순히 행위가 불법 행위임을 설득력을 갖게 하기 위하여, 말하자면 수사로 "권리남용"라는 말이 사용되고 있는 것이다. 이런 경우에, 권리남용 이론을 적용하는 것은 논리적으로 정확하다고 해석된다. 둘째, 권리의 새로운 한계의 성립 과정에서 "권리남용"이론이 이용되는 사례. 이것은 권리가 시대의 요구에 따라 성문에서 정한 범위보다 축소해 나가는 도중의 과도현상으로 사용되는 경우이다. 이러한 과도 자체에 권리남용 이론을 이용하는 것은 권리 남용 법리의 목적에 부합하는 이용이며, "권리남용의 남용"이라는 폐해가 적고, 일정 한도 내에서 필요한 것으로서 긍정적으로 해석된다. 셋째, 일종의 강제 조정 기능을 가진 것으로 "권리 남용"이론이 이용되는 경우. 이것은 전혀 권원이 없는 자에 대한 본래 정당한 권리 행사가 당해 사안의 사정을 감안하여 개별적으로 권리를 남용하게 되는 경우이며, 이러한 판결이 얼마나 쌓여도 두 번째 경우와 달리, 권리의 한계가 이동한다는 것은 아니다. 또한 이 경우에 있어서 권리 남용 법리의 적용은 구체적 형평을 얻기 위한 일종의 강제 중재 역할을 담당하고 있는 것이며, 그 적용에 있어서는 다음 사항에 유의할 필요가 있다고 지적된다. ( i ) 침해자 측에 구체적으로 타당한 보호를 요구하는 자격이 있는 것이 필요하다. ( ii ) 권리자의 측면에서 어느 정도 권리의 침해를 수인해야 한다면 괴상한 사정이 존재하는 경우는 권리남용 법리를 적용할 가능성은 커진다. (iii) 침해의 철거에 따른 손해가 과대인 것이 일반적 권리남용 성립의 요건으로 되어 있다.

한편, 신의칙과 권리 남용 법리의 관계를 살펴보면, 제1조 제2항의 신의칙과 제1조 제3항의 권리 남용 법리의 관계를 어떻게 잡으면 되는지가 논의되어 왔다. 이에 대하여 현재 비교적 지지가 많은 것은 다음의 두 가지 개념이다. 즉 첫째 양자는 모두 권리자와 상대방의 이해를 조정하는 기준으로 동질적인 것이라고 하는 견해, 둘째, 오히려 양자는 이질적인 것이며, 적용 영역을 구분하는 견해이다.

다수의 학설은 두 번째 설을 지지하지만, 적용 분야의 구분에 대하여 사실상의 곤란성이 지적되어 실제 판례를 보면, 법적 가치 판단의 정당성을 논증 즉 설득의 수단으로 양자가 용법에 엇갈린 또는 동시에 원용되는 경우도 적지 않다고 지적되어 반드시 위 같은 엄격한 적용 영역의 구분을 하는 것은 아니라고 이해되고 있다. 실제로 표준필수특허에 관한 권리 행사를 다룬 애플 대 삼성사건 도쿄 지방 법원 판결에서는 계약 체결 준비 단계에서의 신의칙상 성실 교섭 의무 위반을 가지고 (필수특허 공개 지연 등 다른 사정도 감안하여) 특허권에 기한 손해 배상 청구권을 행사하는 것은 권리 남용에 해당하는 것으로서 허용되지 않는다고 판시하고 있다.

한편, 신의칙 위반 또는 권리 남용의 판단 기준에 대하여 살펴보면, 민법은 신의칙 또는 권리의 남용에 대한 판단 요소를 명기하지 않고 실제 판례에 의한 운용에 맡기고 있다. 그래서 어떤 권리 행사가 합법적 범위를 넘어서 남용하게 되는 것인지, 그 판단 기준 여부가 문제된다. 이 문제에 관하여 권리 남용이 문제가 되는 사례는 다양하며 각 권리의 종류, 권리가 행사될 때의 제 관계, 권리 남용 규정의 적용이 있는 구체적인 기능 중 무엇이 문제되는 사안인지에 따라 결정 요인 및 법률 효과가 다르다.

일반적으로 고려해야 할 요인으로 ① 권리를 행사할 때 가해 목적(害意) 등 권리자의 주관적 사정에 착안하여 판단하거나 아니면 ② 권리의 행사에 의해 발생하는 권리자 개인의 이익과 상대방 또는 사회 전체에 미치는 해악과의 비교 형량이라는 객관적 사정에 착안하여 판단하는지에 대한, 주관적 요인과 객관적 요인을 들 수 있다.

### (1) 주관적 요인

권리 행사의 주관적인 악질성이 크게 고려된 사례로 유명한 우나즈키 온천 사건이 있다. 본건은 도야마 현 쿠로베 협곡의 우나즈키 온천을 경영하는 쿠로베 철도 주식회사(이하 '쿠로베 철도'라 한다)가 상류에 있는 온천의 원천으로부터 하류의 우나즈키까지 길이 약 7.5 킬로미터에 이르는 인탕관(물을 끌어올리는 기계)을 부설할 때 약 2평의 토지에 대하여서는 적법한 이용권 설정을 받지 않는 상태로 인탕관을 통과시켰는데, 그것을 알면서도 분쟁의 대상이 되는 토지를 양수한 원고가 그와 인접한 약 3000평의 땅을 맞춰 쿠로베 철도에 대하여 총 2만엔(시가 수십 배)에 매입할 것을 요구하였으나, 쿠로베 철도가 이를 거절하면서 원고는 토지 소유권에 기초한 방해 및 배제로 인탕관 철거 및 출입 금지를 쿠로베 철도에 대하여 청구한 사안이다.

判旨은 당사자의 이익 상황이라는 객관적 요소와 권리 행사의 가해 의도·목적(독점적으로 부당한 이익 획득을 목적으로 하는 것)이라는 주관적 요소를 모두 고려하여, 분쟁의 방해 및 배제 청구는 사회 관념상 위 소유권의 목적에 위배되는 기능으로 보아, 그 범위를 초탈하는 것으로서 권리의 남용이라고 하였다. 이 판결은 객관적 요소와 주관적 요소를 둘 다 고려한 점에 특색이 있고, 이에 따라 권리남용 이론이 확립되었다고 평가된다.

### (2) 객관적 요인

그런데 판례에서는 객관적인 이익의 비교형량만 기준으로 되어 왔다. 그 대표적인 판례는 이타즈케 공항 사건 판결이다. 본건은 미군기지 부지를 제공 한 X가 계약 기간 만료 후 국가에 토지 반환을 요구했는데, 판결에서는 국가가 특별조치법에 따라 토지의 사용 또는 수용 절차를 취하지 않은 점에 잘못이 있다고 하였다. 본건에서 재판부는 토지 소유권을 침해당하여 이에 불법 행위 또는 부당이득에 관한 법규에 의한 구제를 요구한다면 원상회복 요청 등 본소와 같은 청구는 사권의 본질이나, 본건의 경우 사회성, 공공성을 무시하고 과낭 청구를 한 것으로서 인용하기 어렵다고 인정하며, 토지의 소유권에 근거한 방해·배제 청구권의 행사가 권리 남용이라고 한 원심 판단을 인정하고 "이 판단에 관하여 원판결 중 상고인들의 가해 의도에 관하여 판시하지 않은 것은 특별히 문제가 되는 것은 아니다."고 주 요인의 필요성을 명시적으로 언급하였다.

그러나 이러한 객관적 요인만을 중시하여 일단 기정사실로 만들어 버리면, 그것을 뒤집는 데 많은 비용을 필요로 하는 권리자는 현실적으로 권리가 침해된 경우에도 적어도 그 방해의 제거를 청구할 수 없으며 기정사실로 만든 경제적 강자(국가 또는 기업)의 이익을 옹호하는 결과를 초래할 위험이 있다. 이러한 상황은 특히 침해자 측이 공익적 성격이 강한 이익이 있는 경우에 일어날 수 있다. 그런데 아무리 방해를 제거하는 데 엄청난 비용을 필요로 한다고 해도, 원래 권리 침해를 해야 좋았던 경우 침해자에게 그런 부담을 부과해도 어쩔 수 없는 것이었다. 이러한 경우, 또한 권리자의 방해 배제 청구를 부정하기 위하여 권리자 측이 가해자가 부당한 목적을 추구하는 데 방해의 제거를 청구하는 경우 등 주관 요인을 가미하여 종합적으로 판단하는 것이 필요하게 된다.

따라서 현재의 학설은 주관적 요인 객관적 요인의 두 관점을 모두 고려하여 판단해야 한다는 견해가 유력하다.

### (3) 특허권 침해 금지 청구와 권리 남용 법리

그렇다면 과연 특허권 침해 금지 청구가 신의칙에 반하거나 권리 남용 평가될 수 있는가라는 문제가 발생한다. 종래 재판 실무상 특허권 행사에 대하여 신의칙 또는 권리 남용 법리가 적용되는 사례는 극히 드문 것으로 지적되고 있는 가운데 애플 대 삼성 사건 도쿄 지방 법원 판결에서 실제 권리 남용 법리를 적용한 것 자체는 큰 의미가 있다고 생각된다. 본건은 FRAND 조건에 따른 라이선스의 내용을 접하지 않고 오로지 당사자 간의 협상 상황에 착안하여 피고의 협상에 대한 태도가 소극적임과 동시에 가처분 신청이 이루어지고 있는지와 필수특허의 개시 지연 등 본건 사안의 특유 사정을 근거로 계약 체결 준비 단계에서 성실하게 협상을 해야 한다는 신의칙상의 의무를 인정한데다가, 그 의무를 위반하였다고 하여서 해당 특허의 기술적 범위에 속하는 것을 인정 제품에 대한 손해 배상 청구권을 행사하는 것은 권리 남용에 해당한다고 인정한 것이다.

이 판결은 일반론으로서 표준필수특허에 근거한 금지 운동의 본

연의 자세에 대하여 시사하는 바가 적다고 할 수 있을지도 모른다. 또한 이 판결의 논리에는 몇 가지 문제점이 있고, 결론적으로 손해 배상 청구권의 행사를 완전히 부정하는 점에도 동의하기 어렵지만 그래도 표준필수특허에 따른 권리 행사 제한 여부 문제에 대하여 권리 남용 법리를 처음 실제로 적용하였다는 점에서 본건 판결은 중요하다. 또한 본건은 현재 공소되어 있기 때문에, 향후의 동향을 계속 주목할 필요가 있다.

한편, 일반론으로서 특허권 침해 금지 청구가 권리 남용에 해당하는 것은 상당히 제한적인 사례에 그칠 것으로 보인다. 만일 특허권 침해 금지 청구가 권리 남용에 해당한다고 인정되는 경우 금지 대신에 미래의 침해에 대한 배상을 어떠한 제도로 실현하는가 하는 과제가 남아 있어 권리 남용 법리만으로는 특허권의 금지 운동 제한의 문제를 해결하는 데는 한계가 있다고 생각된다. 또한 계속 거래 등 특별한 경우에는 신의칙 위반 등을 근거로 지나친 권리 행사의 문제를 해결할 수 있는 것으로 알려졌다. 예를 들어, 日之出水道機器 특허 침해 사건에서 오사카 지방 법원은 '합리적인 이유가 없는 경우에는 실시 허락을 거절할 권리가 신의칙상 허용되지 않는다.'는 일반적인 관점을 보여 주었다.

### (4) 헌법재판소 결정례

헌재 2013.5.30. 선고 2012헌바335 결정은 민법 제2조 제2항이 청구인의 재산권을 침해하였는지 여부에 관해서 우리 헌법상의 재산권에 관한 규정은 다른 기본권 규정과는 달리 그 내용과 한계가 법률에 의해 구체적으로 형성되는 기본권 형성적 법률유보의 형태를 띠고 있다 … 따라서 재산권의 내용과 한계를 구체적으로 형성함에 있어서 입법자는 일반적으로 광범위한 입법형성권을 가진다 … 민법 제2조 제2항이 … 규정함으로써 재산권의 사회적 기속성을 선언한 것을 보다 구체화한 것으로 볼 수 있으므로 입법목적의 정당성이 인정된다. 한편, 권리남용금지에 관한 규정은 … 일반조항에 해당하므로 구체적인 사건을 개별 법조항에 의해 적정하게 해결할 수 없는 경우에 한하여 적용되고, 이에 따라 법관에게는 최후의 비상수단으로서 당사자 사이의 이익을 조정하는 기능을 수행한다. 또한 법원은 권리의 행사가 주관적으로 오직 상대방에게 고통을 주고 손해를 입히려는 데 있을 뿐 이를 행사하는 사람에게는 아무런 이익이 없고, 객관적으로 사회질서에 위반된다고 볼 수 있어야 권리남용에 해당된다고 판시하였다.[39] 지식재산권을 재산권으로 인정하는 입장에서 볼 때 지식재산권 남용론의 성문법적 근거는 결국 민법 제2조에 의한 것일 수밖에 없을 것이다.[40]

무릇, 지식재산권이란 지식재산에 대하여 법률상 부여된 배타적 독점적 권리를 말한다. 「독점규제 및 공정거래에 관한 법률」(이하 공정거래법) 제1조에 의하면 "이 법은 사업자의 시장지배적지위의 남용과 과도한 경제력의 집중을 방지하고, 부당한 공동행위 및 불공정거래행위를 규제하여 공정하고 자유로운 경쟁을 촉진함으로써 창의적인 기업 활동을 조장하고 소비자를 보호함과 아울러 국민경제의 균형 있는 발전을 도모함을 목적으로 한다."고 규정하고 있다. 따라서 지식재산권의 행사는 실질적 경쟁을 제한하는 공정거래법의 목적에 배치되고, 지식재산권법과 공정거래법은 대립적이고 충돌적이다. 그러나 지식재산권자가 실시료를 책정할 수 있는 '독점적' 권한이란 경쟁법에서 말하는 '독점'의 의미와 같지 않으며, 두 법체제가 추구하는 '혁신'에 대한 이해에 있어서도 경쟁법과 지식재산권의 이론적 근거 및 인식에 있어서 상당한 차이가 있다.[41] 지식재산권의 행사에 대하여는 지식재산권법에서 광범위하

39) 이규홍, "지식재산권의 부당행사 규제에 관한 연구(상)", 저스티스 통권 제139호, 54~55쪽 참조.

40) Ibid. p.57.

41) 최난설헌, "경쟁법과 지식재산권법의 긴장관계에 대한 이해", 254쪽.

게 규율하고 있으나, 지식재산권에 의하여 인정되는 권리의 배타적 향유가 카르텔이나 시장분할, 또는 경쟁사업자의 사업활동 및 신규 사업자의 시장진입을 어렵게 하는 독과점적 행위와 결부된 권리의 '남용'에 해당하는지는 별개의 차원이다.[42]

1990년 미국의 경쟁당국과 몇몇 법원들은 지식재산권과 반트러스트법 간의 관계를 명확한 대립관계로 보지 않고, 두 제도를 "혁신 및 산업발전과 경쟁을 촉진하기 위하여 상호 보완관계에 있는 두 개의 독자적인 법 영역"으로 파악하기 시작하였다. 그러나 두 법제도 간의 관계는 법규 그 자체에 대한 해석이나 법원의 해석에 있어서 불협화음을 이루고 있다고 보는 시각도 여전히 공존하고 있었다. 1995년 미국 법무부 독점국과 연방거래위원회는 「지식재산의 라이선스에 관한 반독점지침(Antitrust Guidelines for the Licensing of Intellectual Property)」을 제정하고 2003년 연방거래위원회는 경쟁과 특허법 및 특허정책 간의 균형에 관한 보고서를 통하여 "특허가 독점의 형성에 기여하였다는 사실만으로 반트러스트법 위반에 해당하지 않으며, 반트러스트법은 이러한 특허에 의한 독점현상이 장기적으로는 소비자의 후생을 위하여 필요할 것"이라고 설시하였다.

미국 연방대법원은 2013년, 오리지널약 제약회사와 복제약 제약회사 간의 역지급합의가 쟁점이 된 Actavis 판결을 통하여 특허법과 반트러스트법 간의 관계에 대한 법원의 의견을 피력하였다. 동 사건에서 연방대법원은 역지급합의의 경쟁제한효과가 특허권의 배타적 범위 내에서 발생하는 경우에도 반독점 심사가 면제되지 않는다고 보면서도 역지급합의의 위법 여부에 대한 판단은 연방거래위원회가 주장하는 'quick-look원칙'이 아닌 '합리의 원칙(rule of reason)'에 의하여 이루어져야 한다고 판시하였다.[43]

---

42) 최난설헌, 앞의 논문, 255쪽.
43) 최난설헌, 앞의 논문, 258~259쪽.

유럽학계는 지식재산권법 내지 지식재산권의 기능을 해석함에
있어 경쟁우위적 기능을 지식재산권의 본원적 기능으로 보기보다
는 부수적 기능으로 보고 있다. 유럽 Court of First Instance(CFI)는
PC운영체계의 표준을 장악하고 있는 Microsoft사의 행위가 지식재
산권에 기초한 행위라고 할지라도 효율적 경쟁구조를 저해하는 것
으로서 사회의 혁신 또는 발전을 방해하는 것일 뿐만 아니라 수요
자의 이익에 반하는 것으로 보았다. 즉, 지식재산권의 정당한 권리
행사라기보다는 권리남용행위라고 본 것이다. 다만 유럽법원은
Microsoft 사건에는 지식재산권 권리행사의 남용에 해당하기 위하
여서는 3가지 조건을 충족해야 하는 것으로 보았는데, 첫째 사용거
절행위가 관련시장에서 해당 활동을 수행하기 위하여서 필수불가
결한 상품 또는 서비스에 대한 것일 것, 둘째 사용거절행위가 관련
시장의 효율적 경쟁을 배제하는 성질의 것일 것, 셋째 사용거정행
위가 수요자의 잠재적인 요구에 부응하는 신상품의 출현을 가로막
는 것일 것을 요구하고 있다. 다만 이러한 3가지 요건이 충족되었다
고 해서 곧바로 지식재산권 남용행위에 해당하지는 않는다. 특허권
등의 지식재산권자의 행위가 객관적으로 정당화될 수도 있기 때문
이다. 그러나 이러한 정당화의 입증책임이 권리자에게 있다.[44]

---

44) 양대승, "특허권행가와 공정거래행위간의 합리적 이익균형", 법학연구,
제23권 제2호, 395쪽.

제4장

---

# 지식재산권 남용행위의 규제

# 제1절 규제의 필요성

최근 지식재산권 남용행위를 규율할 수 있는 정책수단으로서 공정거래법 집행의 중요성이 강조되고 있다. 표준기술을 토대로 한 특허권자의 강력한 시장지배력, 표준화 과정에 발생하는 특허매복행위(Patent Ambush), 기술 융합 추세로 인한 시장지배력 전이문제, 특허분쟁 가속화와 함께 발생하는 소송 남용 전략 등, 새로운 부의 원천으로 주목받는 지식재산의 중요성이 강조되면서 시장의 균형회복을 위한 지식재산권 남용행위 규율의 필요성도 함께 증대된 것이다.[1]

또한 특허권을 예로 들자면, 독점권으로서의 특허가 본래의 취지를 벗어나 관련 기술의 이용이나 새로운 기술혁신을 억압하는 수단으로 부당히 사용되면, 지속적인 기술혁신의 유도를 통해 사회복리를 증진한다는 특허법 본연의 목적을 달성할 수 없게 되므로 이를 규제하는 수단이 반드시 필요하다.[2]

지식재산권법과 공정거래법의 궁극적인 목표는 '소비자 복지의 극대화'와 '창조적 활동 및 공정한 경쟁의 촉진'으로 서로 동일하다. 경쟁 질서를 해치고 나아가 기술혁신을 저해하는 지식재산권의 남용행위는 결국 위의 궁극적인 목표에 배치되는 것이므로 규제할

---

[1] 김준범 · 고인혜, 앞의 논문, 6쪽.
[2] 조영선, 특허법, 박영사, 514쪽.

필요성이 있고, 더욱이 지식재산권 남용행위에 대한 실질적인 제재 수단이 별로 없다는 점을 고려한다면,[3] 이를 공정거래법으로 규제할 필요성은 충분하다고 할 것이다.

최근 주요국은 4차 산업혁명을 맞아 혁신과 지식재산 정책을 병행 추진하면서 4차 산업혁명을 저성장의 돌파구로 삼아 산업경쟁력을 제고하기 위해 혁신정책을 강구하고 있다. 왜냐하면 4차 산업혁명은 혁신적 아이디어 등 소프트 파워가 경쟁력의 원천이 되기 때문이다. 나아가 혁신적 아이디어 보호를 위한 지식재산의 중요성이 증대하고 4차 산업혁명 승자의 요건으로서 지식재산권이 크게 클로즈업되고 있지만 지식재산권은 공정거래법의 적용제외로서만 그치는 것이 아니라 적용제외의 예외로서 한계가 있고 자유로울 수 없다.

최근의 중국 제조2025의 발표도 이 점을 고려하는 것으로 보이며 지식재산권의 단순한 구조 중시기반을 극복하고 지식재산권남용 규제의 새 지평을 제시한 것으로 평가할 수 있다.

---

3) 예컨대 특허괴물(Patent troll)에 대한 제재수단으로 ① 공정거래법의 개별 규정에 의해 규율하는 방법, ② 민법상 권리남용의 원칙을 적용하여 권리행사 자체를 제한하는 방법, ③ 금지청구권의 행사를 제한하고 오로지 손해배상청구만 가능하도록 하는 방법, ④ 일정한 요건 아래 침해자에게 강제실시권을 인정하는 방법, ⑤ 특허권 남용의 정도가 심한 경우 이를 이유로 특허를 취소할 수 있도록 하는 방법 등이 논의되고 있으나, ②의 방법은 '권리남용'의 개념의 불명확성이 문제되고, ③ · ④ · ⑤의 방법은 특허법 명문의 규정에 반하거나 법적 근거가 없다는 한계가 있다(조영선, 앞의 책, 511~512쪽).

# 제2절 비교법적 고찰

## Ⅰ. 미 국[4]

### 1. 연 혁

미국에서는 셔먼법을 비롯한 경쟁법이 지식재산권의 행사에 적용될 수 있다는 전제하에 「지식재산권 라이선스에 대한 독점규제 가이드라인(US Department of Justice and Federal Trade Commission, Antitrust Guidelines for Licensing of Intellectual Property, 1995)」을 두어 이를 규율하고 있다. 본 가이드라인은 공정거래법 적용 시 지식재산권도 다른 재산권들과 동일한 취급을 하고, 지식재산권 자체로 반독점법상 시장지배력을 갖는다고 추정하지 않고, 지식재산권 라이선스 계약은 일반적으로 경쟁 친화적이라는 3가지 원칙을 규정한다.[5] 미국 법무부와 연방거래위원회는 지식재산권의 라이선스

---

4) 미국에서는 지식재산권의 남용행위가 합리의 원칙이라는 경쟁법의 기본 원칙에는 반하지 않지만 경쟁법과 지식재산권법의 근저를 이루는 공공정책의 관점에서 위법하다면 형평법에 의해 지식재산권 남용(Misuse)의 항변을 받아들임으로써, 경쟁법과 형평법을 상호보완적으로 적용하여 규제하고 있다(손호진, 앞의 논문, 12~13쪽).

5) US DOJ & FTC, Antitrust Guidelines for Licensing of Intellectual Property(1995), 2.0.

를 제한하는 행위에 대하여 합리성의 원칙(the rule of reason)을 적용하여 해결하고자 하는데, 행위유형에 따른 구체적 기준에 대하여서는 동 가이드라인에서 규정하고 있다.

우리나라의 경우 특허권 남용의 문제는 주로 무효가 명백한 특허권을 근거로 침해소송이 제기된 경우 특허권의 행사를 저지하는 항변의 하나로 논의되어 왔다. 특허권도 그 행사가 권리남용에 해당된다면 민법 제2조에 의해 제한될 수 있다.[6] 무효가 명백한 특허권의 행사는 권리남용이다.[7]

미연방 대법원은 공공 이익 또는 공공정책에 기반하여 특허권 행사를 제한할 수 있는 근거로 삼았고, 이를 토대로 특허권 남용의 법리가 형성되었다. 이는 특허침해소송에서의 항변으로 이용됨으로써 특허권자의 부당한 권리행사를 제한하는 역할을 하였다. 그러나 대법원이 특허권 남용의 법리를 확대하여 적용하자, 의회는 두 차례의 입법을 통해 이를 제한하였다. 한편 Federal Circuit은 특허권 남용의 법리를 적용함에 있어 공정거래의 원칙들을 적용하였다.[8]

## 2. 남용 독트린의 범위

미국 헌법 제8조 제8항 1에서는 저자와 발명가에게 가치 있는 저서와 발명을 할 수 있는 권리와 기회를 줌으로써 과학발달과 유용한 문학작품을 증진시킬 수 있는 권한을 국회에 부여한다. 상법조항이나 각 주의 다른 조항들도 이러한 권한부여를 제한하고 있지는 않다. 그러므로 국회에 특허와 저작권에 관한 권한을 전적으로

---

6) 조원희, "미국특허법상 특허권 남용(Patent Misuse)의 법리─공정거래법 위반과의 관계를 중심으로", 저스티스, 통권 제104호, 2006, 100쪽.
7) 대법원 2004.10.28. 선고 2000다69194 판결.
8) 조원희, 앞의 논문, 115쪽.

부여하고 있다.

특허 면허를 규제하는 독점금지 정책은 "남용"이라는 특허법 독 트린과 밀접한 관계를 맺어 왔다. 특허 남용이라는 개념은 광범위 하며, 면허계약에서뿐만 아니라 면허를 받지 않은 사람에 대한 특 허권소유자의 침해행위소송에서 남용이 있을 수 있다. 특허권 소 유자가 다른 상대방에 대하여 소송하거나 면허계약서에 명시한 특 허권 또는 계약권이 파기되었을 경우 남용이 발생할 수 있다.

특허가 남용되었을 때 방어가 필요하다. 특허권 소유자가 특허 권을 사용한 방식이 특허법, 반독점법이나 명확하지 않은 법적 정 책을 위반하는 경우에는 방어가 인정된다는 것이다. 남용에 대한 방어가 유력하다면, 특허권은 법적으로 집행할 수 없는 것이다.

법원에서 보건대, 어떤 면에서 특허권이 경쟁 억제적으로 사용 되기 때문에, 전형적으로 남용이 발생한다. 특허가 반독점법 하에 경쟁 억제적으로 사용된다는 주장이나 특허정책에서 발견되는 또 다른 원리, 그 원리들이 특허조항에 명시되어 있지 않더라도, 그와 같은 의문점이 생기는 까닭에 이와 같은 사실은 중요하다.

모든 특허남용의 경우는 아니지만, 대부분의 경우가 비합법적인 계약과 유사하다. Claton Act 제2조는, 특허화되었거나 그렇지 않 든지 간에 모든 물품에 대한 처벌을 적용하고 있다.

판매자에게 물건을 묶어 파는 상권이 있는 경우나 그러한 요구 로 인해 경쟁억지적인 효력이 발생한다면, 일반적으로 두 물품을 묶는 것 또는 따로 판매하는 것을 거절함은 비합법적이다.

간접적으로 다양한 방어를 허용함으로써, 대다수의 법정에서는 이런 두 가지 요구를 다 효율적으로 평가하고 있다. 대조적으로 끼 워팔기는 특허 남용으로 종종 여겨져 왔다. Motion Picture Patent 사건에서는, 면허제한을 무효로 한 법원은 특허 소유자로부터 임차 한 영화들만이 상연될 수 있다고 영화제작자에게 서면 통지하였 다. 특허권 소유자는 그로부터 임차한 영화가 저작권 침해를 초래하였다고 주장하였다. 이러한 제한을 무효화함에 있어, 법원은 반독점법에 의존하지 않았다.

마찬가지로 Morton Salt 사건에서 특허권 소유자는 기계를 도입한 특허 소금 임차를 특허화하지 않은 소금주입과 함께 끼워팔기하였다. 법원은 이러한 끼워팔기 계약이 특허남용에 관한 법을 제정하게 하였으며, 추가 침해자에 대한 특허법 집행을 배척하게 하였다고 판결하였다.

Mercoid 사건에서 대법원의 두 가지 결정이 있었다. 특허권 소유자가 다른 회사로 하여금 특허화 조합에서 사용된 비특허 스위치를 막아서 못 만들게 할 수 없다고 판결하였다. 그러한 스위치 사용으로 인하여 특허권 소유자의 특허를 무효화한다 할지라도, 법원은 이와 같은 일을 유추해서 비특허 스위치의 끼워팔기를 인정하였다. 하지만 방어자의 상권 또는 생산물 시장에서의 경쟁축소에 관하여는 언급하지 않았다.

Dawson은 독점금지 침해가 없었다 할지라도 특허남용은 있을 수 있다는 근본적 제안을 침해하지는 않았다. 그럼에도 불구하고 몇몇 하급법원은 특허남용방어는 독점금지 원리에 의해 규정지어야 한다고 주장하였다. 다시 말해서 진위가 의심스러운 침해자가 특허 소유자의 집행정책이나 면허계약이 경쟁정지적이라고 주장할 경우를 뜻하는 것이다. 그 정책이나 면허계약이 Sherman 혹은 Clayton Acts를 파기할 경우에만 항변이 유력할 것이라는 것을 의미한다.

Windsurfing 사건에서 법원은 남용항변을 특허 소유자에 의한 실행과 동일한 것으로 간주해야만 한다거나 아니면 그 밖의 남용이 특허 면허 협정의 전반적인 효과가 관련 시장에서 불법적으로 경쟁을 제한하려고 하는 경향이 있다는 것을 보여 주어야만 한다고 판시해 왔다.

법률이 1988 addresses에서 통과되었으나, 독점금지파기가 없을 경우 특허가 남용될 수 있는지의 문제점은 해결되지 않고 있다. Patent Misuse Reform Act는, 단지 특허 소유권자가 특허화된 물품과 비특허 물품을 묶었다는 것 때문에 특허 침해에 관한 주장이 영향받지 않을 수 없다는 것을 명시하고 있다.

Morton Salt 사건에서 역사적으로 언급한 관계로, 특허남용 독트린은 엄밀히 말해 잘못된 것 같다. 특허 라이선싱은 효율적이며 장려되어야 한다. 특허권 소유자가 그 권한을 특허화되지 못한 상품을 관리하는 요소와 결합시킴으로써 추가 독점 이익을 레버리지 할 수 있다는 관심이 기발하다고 보거나 꽤 과장되었다고 볼 수 있다.

경쟁억제적인 특허남용에 관한 요구가 반독점법에 의해 가장 잘 실험되고 있다고 본다. 경쟁억제적인 조항을 규정하는 데 두 가지 기준이 있는데, 하나는 반독점법에서 구체화되었으며, 또 다른 하나는 특허 조항에서 구체화되었다.[9]

## 3. 반독점현대화위원회

반독점 현대화위원회는 다음과 같은 건의를 제정하고 동의한다.

1. 기술혁신, 지식재산권 그리고 기술적 변화가 주요특징인 산업에 대하여 다른 규정을 적용할 반독점법을 개정할 필요가 없다.
2. 기술 혁신, 지식 재산권 그리고 기술변화가 주요 특징인 산업에서는, 다른 산업에서도 마찬가지지만, 독점 금지 집행자는 경쟁적 효력을 평가하는 데 있어서 시장 원동력을 신중히 고려해야 한다. 또한 독점금지 분석과 중요한 관련이 있을지도 모르는 특정산업의 경제적인 그리고 다른 특정에 적절한 관심을 기울어야 한다.

---

9) Herbert Hovenkamp, Federal Antitrust Policy, 2005, § 5.5.

　　반독점법에 이르게 하는 경제적 원리는, 기술혁신, 지식재산권 그리고 기술변화가 주요특징인 산업의 독점금지 분석과 관련성이 있으며 적법하다. 독점금지분석은 그와 같은 산업에 있어 건전한 경쟁적 평가를 충분히 유연성 있게 할 수 있다. 독점금지 분석은 기술혁신, 지식재산권, 그리고 기술 변화로 특성화된 산업을 포함한 모든 산업에 대하여 건전하게 경쟁적 평가를 하는 잠재력을 증진시켜 왔다.

　　물론 다른 산업에서도 마찬가지로, 새로운 경제 산업들에 대하여 사업 행위를 평가하는 독점금지 집행자들은 경쟁적 효력을 결정하는 데 있어 유사하게 역할을 할지도 모르는 경제 특성과 특별한 시장 원동력에 적절한 관심을 가져야만 한다. 몇몇 다른 산업에서 보다 기술혁신, 지식재산권 그리고 기술변화가 핵심요소가 되고 있는 시장에서 다음과 같은 특성이 빈번하게 나타날 수 있다. 그 특성은 다음과 같다.

- · 급속한 기술 혁신의 높은 비율
- · 생산물을 광범위하게 평균가를 인하하는 것
- · 관련성 있게 절도 있는 자본금 요구
- · 신속하고 빈번한 점유와 퇴출
- · 수요 중시의 경제학
- · 비용 변경
- · 발기인의 이익

　　반독점법은 많은 변화를 해 왔다. 1950년대부터 1970년대 초에 이르기까지, 반독점법은 확대하여 받아들여졌고 광범위하게 집행되었다. 원고가 빈번하게 승소하였으며, 다양한 사업 수단이 불법화되었다. 사업수단은 급속하게 비난받을지도 모른다. 좀 더 효율적으로 이익을 최대화하려고 하고 있다.

이러한 확대된 반독점법은 큰 변화를 초래하였고, 그 당시 집행되었던 반독점법의 기본사항을 문제화한 비평가에 의해 주도되었다. 1960년대에서 1980년대에 이르기까지 시카고학파는 대다수의 시장 구조와 수단으로 인하여, 적대시되었던 독점금지로 이득을 취할 수 있다는 것을 주장하였다.

이러한 모든 학파의 사고는 독점금지 규정을 형성함에 있어 경제 이론에 의하여야 된다는 점을 강조하였다. 경제 학습에 근거한 독점금지 독트린의 재평가는 지난 30년에 걸쳐 반독점법의 개선을 끝내게 하였다. 가장 중요한 발달은 아래와 같다. 첫째, 독점금지 사례는 독점금지가 경쟁자가 아닌 경쟁을 방어한다는 원리와 관련이 있었다. 그리고 소비자 복지를 보장하기 위한 것이었다. 둘째, 새로운 경제 학습이 경쟁억제적인 체하는 까닭에 법원은 불법에 관한 본질적 규정에서 벗어나, 원인 분석에 관한 좀 더 유연한 규정을 향하여 움직였다. 결국 독점금지 집행자들은 지식재산권의 중요성을 기술 혁신에 대한 동기로서 인지해 왔으며, 기술 혁신을 위한 동기를 보호할 필요가 있다는 것을 반영하는 정책을 채택해왔다.

독점금지분석은, 어떻게 지식재산권이 경쟁과 소비자 복지에 이득을 줄 수 있는가에 대한 좀 더 복잡한 이해를 구체화해 왔다.

20세기 대부분 기간 동안에 법원, 독점금지 집행자들 그리고 독점금지 실행자들은 지식재산권을 회의적으로 간주하였다. 특허나 다른 지식재산권이 자동적으로 독점금지를 자아냈다. 대법원 사례는 추정을 불러일으켰다. 독점금지 집행자는 경쟁을 보호하기 위하여 지식재산권 사용을 제한하려고 하였다. 특허 사용에 관한 독점금지 규정은, 1972년 DOJ가 소위 "Nine No-Nos"를 주장하였을 때에 절정에 이르렀다. DOJ가 일반적으로 당연위법으로 간주하였다.

지식재산권의 경쟁적 이득에 관한 경제 지식과 지식재산권 면허화와 다른 행위에 대한 잠재적 효율성의 영향으로 이러한 추세가 뒤집혔다. 1981년에 독점금지 부문의 지식재산권팀장은 연구와 발달로 인하여 특허가 늘어나고 있기 때문에 발명품이 생산되고 있다고 설명하였다. 1995년에는 DOJ와 FTC가 연합하여 지식재산권 사전 허가는 일반적으로 경쟁적이며 원인에 관한 규정하에 시험되어야 한다.

이러한 추세의 일부분으로, 1988년 국회는 특허법에 있어서 특허권자가 특허 남용행위에 있어 상권을 증여한다는 추정을 배제하도록 수정하였다.

최근 10년간에 걸쳐, 법원과 독점금지 기구는 지식재산권이 자동적으로 독점금지를 자아내고 지식재산권 협정이 경쟁을 해치는 듯하다는 추정에서 벗어났다. 법원과 독점금지 기구는 이제는 다음과 같이 주장하고 있다. 사실상 지식 재산권이 상권을 증여할지, 그리고 지식재산권을 포함한 사업 협정이 어떻게 소비자복지에 득을 줄 수 있는지에 대하여서 주장하고 있다.

기술 혁신, 지식 재산권 그리고 기술변화가 주요 특징이 되고 있는 산업에서는, 독점금지 집행자는 경쟁적 효력을 내세우는 데 주의 깊게 시장원동력을 고려해야 하고, 독점금지 분석과 중요한 관련이 있을지도 모르는 특별한 산업의 경제적 그리고 다른 특성에도 합당한 관심을 두어야 한다.

모든 산업에 있어 독점금지 분석은 각 산업의 시장원동력과 경제적 특성에 관한 평가를 요구한다. 적절한 양의 시장 원동력을 찾기 위하여서는, 독점금지 분석은 새로운 기술을 발달시키고 상업화할 것을 찾고 있는 회사들이 직면하게 될 격려와 장애에 대하여 신중하게 고려하여야 한다. 독점금지 집행자는 시장조건, 사업전략과 산업구조가 상당히 원동력이 될 수 있다는 사실을 인식하여야 한다.

기술혁신은 특히 가장 원동력이 되고 있는 산업에 있어서는 경쟁과 관련된 소비자 이득의 상당한 할당을 차지하고 있다. 새로운 사업 방법과 생산 과정뿐만 아니라 새롭게 개선된 생산물과 서비스는 기술혁신을 통해 이루어진다.

새로운 경제 산업에서 독점금지 적용을 개선하기 위하여서는 독점금지 집행자는 좀 더 신속하게 증가하는 기술혁신으로 이끄는 효율성에 대하여 좀 더 신중을 기해야 한다. 그러한 효율성으로 인하여 얻는 소비자 복지의 잠재적 이득은 상당하다. 그리하여 좀 더 신속하게 증가하는 기술혁신을 이루기 위한 사업행위에 관한 가능성에 대한 평가를 조심스레 보장한다.

새로운 경제 산업에서는 새로운 생산물을 개발해 내기 위하여서, 기술혁신을 통하여 기존 생산물을 대체하기 위하여서 경쟁이 계속된다.

산업에서는 지식재산권이 미래 기술혁신에 있어 중대하다. 그래서 연관성 있는 지식재산권의 소유권과 투자에 관하여 조사하는 것 또한 중요하다.


## II. EU

EU기능조약 제101조와 제102조는 지식재산권의 행사에도 적용된다. EU기능조약 제101조의 금지행위는 지식재산권의 실시허락 합의에 적용될 수 있고, EU기능조약 제102조는 시장지배적 사업자에 의한 지식재산권의 이용에 적용될 수 있다.[10) 동 조약 제101조의 적용과 관련하여 EU이사회규칙 772/2004(TTBER)에서는 제101조 제3항에 따른 일괄면제를 규정하고 있으며 이에 관해 가이드라인을 두고 있다(Commission Notice, Guidelines on the application of Article 81 of the EC Treaty to technology transfer agreements, 2004/

---

10) Sandra Marco Colino, Competition Law of the EU and UK (7th ed. OUP, 2011), 433~434쪽.

C101/02). 또한 동 조약 제102조는 "지식재산권의 존재가 당연히 시장지배적 지위를 부여하는 것은 아니며, 그 상품 또는 서비스는 여전히 경쟁에 직면하고 있을 수 있다"는 전제하에 예외적인 상황, 특히 지식재산권의 주된 대상이 제3자에게 필수적인 설비에 해당하는 경우에 시장지배적 사업자의 지식재산권의 행사를 규제하는 근거가 될 수 있다.[11] 한편 EU기능조약상 상품의 자유이동에 관한 조항은 역내시장을 분할하기 위한 지식재산권의 이용을 제한할 수 있다.[12]

## Ⅲ. 일 본

### 1. 현행법

현행 특허법의 금지 청구권은 특허법 제100조 제1항에서 "특허권자 또는 전용 실시권자는 자기의 특허권 또는 전용 실시권을 침해하는 자 또는 침해할 우려가 있는 자에 대하여 그 침해의 정지 또는 예방을 청구할 수 있다."고 규정하고 있다.

기존 특허권은 물권적 권리이며, 특허법의 금지 청구권은 민법상의 물권적 청구권과 유사한 것이라고 이해되어 왔다.

그러나, 무체물(발명)을 보호 대상으로 하는 특허권은 유체물을 보호 대상으로 하는 소유권과 비교하여 소비자의 비경쟁성 및 명확한 경계의 부족이라는 두 가지 특징이 있으므로 특허권의 배타적 효력은 본래 누구나 자유롭게 이들 행위를 법적으로 제한하는 것이라고 이해되어야한다.

---

11) Sandra Marco Colino, 앞의 책, 433~434쪽.
12) Sandra Marco Colino, 앞의 책, 433쪽.

**(1) 법적 규제 방법으로서의 "property rules 및 liability rules"**

원래 법적 규제 방법으로서 금지 청구권의 부여는 당연한 것이 아니다. 경제적 효율성의 관점에서의 법적 소유권(entitlement)의 위반 사항이 발생한 경우의 구제 방법으로 당해 침해 행위를 배제 또는 금지를 인정하거나 아니면 보상적 손해 배상에 의한 구제만을 인정하거나 중 바람직한 것인가 하는 논의가 존재한다.

### 1) property rules(재산권 규칙)

일반적으로 "property rules(재산권 규칙)"이라 함은 이 규칙에 의해 보호되는 소유권에 대한 취득을 원하는 사람은 해당 소유권을 가진 자 사이의 모든 거래에 의해 협상, 양자가 합의에 도달한 경우에만 해당 소유권의 취득이 인정되는 것이라고 정의되고 있다. 이 경우 소유권을 취득하는 대가는 당사자의 교섭에 의해 자유롭게 결정된다. 즉 시장에 의해 결정된 국가는 당사자 간의 거래에 개입하지 않으면 된다.

### 2) liability rules(책임의 원칙)

한편, 'liability rules'(책임의 원칙)이라 함은 이 규칙에 의해 보호되는 소유권의 취득을 희망하는 자는 당해 소유권을 가진 자에 대하여 객관적으로 평가된 대가(보상)를 지불함으로써 해당 소유권을 가진 자와 협상을 거치지 않고 해당 소유권을 취득할 수 있다고 하는 것이다. 이 경우, 소유권을 가지는 사람의 허가 없이 취득·사용하고 있기 때문에 그 대가에 대한 공동 평가(collective valuation)가 필요하다. 이 공동 평가 작업은 일반적으로 법원이나 배심원에 의해 결정한다.

### 3) 어떤 규칙을 채택할 것인가를 결정하는 요소

Calabresi와 Melamed가 제창한 판단 방법은 거래 비용만을 고려 요소로 하지만, 그 학설은 거래 비용 외에 국가가 갖는 정보(가해자의 이익이나 피해자의 손해액을 알기 위하여 필요한 정보), liability rules를 적용하는 경우의 소유권 평가의 정확성 및 이를 위한 비용,

법제도의 운영에 드는 비용(administrative costs), 거래 당사자 각각
이 갖는 비대칭 피해자 손해 경감 조치 권한 대상의 성질(유체물) 등
의 요소도 고려해야한다.

4) property rules와 liability rules 논란

property rules와 liability rules 각각의 장점과 단점에 대하여 지
금까지 많은 문헌이 논의를 하고 있다. 경제학의 일반적인 생각으
로는 거래 비용이 낮고, 정보의 비대칭성 문제가 없는 경우에는 당
사자 상호 이익이 되는 사적 합의가 가능하며, 독점적 권리를 인정
하고 사적 합의를 촉구하는 것이 바람직하며 정보 비대칭이 있는
경우에도 상호 이익이 되는 사적 합의에 이르지 않는 경우가 실제
로 많이 존재하므로 손해 배상 및 기타 방법을 이용하여 사적 합의
를 대체 해결책을 촉구하는 것이 바람직하다.

### (2) 특허법에서 "property rules와 liability rules"을 둘러싼 논쟁

1) property rules를 지지하는 학설

이 입장을 지지하는 학설에서는 주로 다음의 두 가지 이유에 근
거하여, property rules를 보호하는 것이 바람직하다고 한다.

**가. 이용 대가를 평가하기 위한 정보 수집 비용 및 제도 운영비용의 관점**

원래 소유권 이용 대가의 평가는 곤란하지만, 특허 침해 손해 배
상의 경우 단순히 일실 이익에 따라 산정하는 것이 아니라 침해행
위가 없으면 징수할 수 있는 이익이라는 가상의 협상에 따라 산정
하면 되고, 시장에서 사정 여하에 따라 변화해 나가기 때문에 문제
가 더욱 복잡해진다. 이와 같이 특허 발명이라는 권원의 사용 대가
를 평가하는 것 자체가 어려운 작업이며, 특히 기술 혁신·진화가
심한 산업 분야에서 평가 작업이 각별히 어렵다고 지적된다. 따라
서 소유권 이용 대가를 평가하는 데 필요한 정보(예를 들어, 시장에
서 대안적인 선택의 유무 등)를 수집하기 위하여 상당한 비용이 들고,
게다가 막연한 정보를 받을 수 없는 상황이 자주 있다. 어쨌든, 대

가의 평가에 필요한 정보를 당사자의 것이 적어도 법원 또는 다른 행정 관청에서 파악하고 있는 것이라고 예상되고 독점적 권한을 부여함으로써 당사자의 거래를 촉진할 수 있다고 한다.

덧붙여 property rules에서 법원이 행할 가치 평가는 과거 기간에 행해진 침해 행위를 대상으로 하는 반면, liability rules에서 미래의 침해 행위까지도 고려하여야 하기 때문에 property rules 쪽이 비교적 용이하다.

나. 대가의 과소평가 가능성

liability rules 아래에서는 발명의 이용 대가는 당사자의 합의를 거치지 않고 법원의 판단에 의해 결정되지만, 특허권의 경우 모든 특허는 신규성이 요구되고, 조밀 시장이 존재하지 않기 때문에 법원에 의한 손해액 산정의 실수가 자주 일어나는 것으로 예상된다. 게다가 법원에 의해 결정된 손해 배상액은 특허의 가치를 체계적으로 과소평가하는 경향이 있다(systematic under-compensation)고 지적되고 liability rules를 채용하면 연구 개발에 대한 인센티브를 확보할 수 없게 된다고 하는 설이 있다.

Merges에 따르면 금지하는 위협의 존재는 당사자 거래의 원동력이 되기 때문에 금지를 인정하는 property rules에서 구성하는 것이 거래의 성립을 촉진하고 가장 효율적인 결과를 얻을 수 있다고 한다. 또한 권리가 다수이고 다방면인 경우, 또는 반복적으로 정보를 이용하는 리피터의 경우 일일이 계약을 협상하는 것은 효율적이지 않기 때문에 특허풀과 권리 집중 관리 단체 등 다수의 권리를 이용 가능한 단위로 "묶는 것"을 용이하게 하는 제도적 메커니즘의 도입을 통해 거래 비용을 절감하고 자원의 효율적 배분을 가능하게 한다고 주장한다. 강제적 라이선싱에 비해 권리집중 관리 단체와 같은 메커니즘 쪽이 라이선스 조건은 해당 분야의 전문가가 설정한 시간이 지나면서 다양한 사정 변경에 해당 협정의 내용을 유연하게 변경 조정할 수 있다는 장점이 큰 것으로 알려져 있다. 또한

liability rules에서는 소유권 거래가 충분히 하지 않게 된다.

### 2) liability rules를 지지하는 학설

liability rules 의한 소유권 보호의 것이 일반적으로 거래를 활성화할 수 있는 경우도 있다. 또한 liability rules 보호 아래에서도 거래가 충분히 행해지는 것에 대하여 구체적인 예를 제시하고, 위의 Merges 이론에 정면으로 반박하는 것이 있다. 또한 홀드 업 문제 및 고액의 실시료에 대한 우려를 이유로 금지를 제한해야 한다고 주장하는 설이 존재한다. 홀드 업은 일단 거래 특수적 투자 수요, 또는 다른 사유로 다른 기술로 대체할 수 없는 "거래의 필요성"이 발생하여 특허권자의 다양한 요구(예를 들어 고액의 실시료의 요구, 그렇지 않으면 금지 청구)에 굴하지 않을 수 없는 상황을 말한다.

property rules에 의해 특허권을 보호하는 경우 특허권자는 금지 위협을 배경으로 피침해자가 그 소유권의 이용에서 얻어지는 모든 이익을 요구하고 있다고 할 수 있다. 특히 특허권의 보호 범위는 제품의 극히 일부만 포함하고 있음에도 불구하고 제품 전체에 대하여 금지를 청구할 수 있는 경우 특허권자는 금지 위협을 협상 도구로서, 해당 특허 기술 자체의 가치를 훨씬 초과하는 고액의 라이선스 비용을 요구한다. 이러한 경우 피의자 또는 침해자가 특허권자로부터 고액의 라이선스 비용 요구를 감내하지 않을 수 없는 것은 특허 기술 자체가 뛰어난 것은 아니고, 다른 기술로 대체할 수 있는 전환 비용이 너무 높기 때문이다. 또한 하나의 제품에 대하여 수백 수천 건의 특허가 존재하고 또한 그중 한 건에 불과한 특허도 그 제품 전체의 이용을 방해받을 경우 홀드 업 문제를 악화시킬 우려가 있다. 이러한 홀드 업 문제에 대한 우려는 property rules 보호에 반대하는 강력한 이유가 되고 있다.

### 3) 검토: 원칙은 금지를 긍정하면서 그 행사를 제한할 수 있다

특허 발명에 대하여 하나의 rule에 의한 법적 보호가 바람직한 것인가라는 문제에 대한 획일적인 답을 찾는 것은 매우 어려운 것이다. 특허 제도와 혁신과의 관계는 산업 분야마다 다르기 때문에 동일한 특허 발명이라고 해도 기술 분야에 따라 다양한 특징이 있으며, 각각의 분야에서 연구 개발 활동의 실태 및 특허를 가지고 영향이 다양하다. 이상 property rules 또는 liability rules 중 하나의 이론이 특허 제도에 있어서의 최적의 솔루션이라고 단정할 수 있는가 하는 의문이 있다.

물론 특허권의 가치 평가는 어려운 작업이며, 따라서 비용 및 가치 평가 결과가 과소 또는 과대평가되어 버릴 가능성을 감안하면 가급적 당사자 사이의 거래를 촉진하는 것이 가장 바람직한 방안이라고 생각된다.

Merges는 '독점적 권한 + 거래 = 해답(Rights + Transactions = The Solution)'이라는 도식을 제시하면서 독점적 권한을 부여하고 권원을 가지는 사람 사이의 거래가 활성화되고 결과적으로 바람직한 자원 배분 상태가 실현될 것이라고 주장하는 반면 Lemley는 liability rules 보호 아래에서도 거래가 충분히 행해진다고 반박한다.

원칙적으로 property rules에 의하면, 특허 발명의 보호가 당사자에 의한 거래를 촉진하고, 특허 가치 평가 및 제도 운영비용의 관점에서 사회 전체에 상대적으로 효율적인 자원 배분이 실현된다. 그러나 이 경우 사회 전체에 비효율을 초래한다는 문제도 무시할 수 없는 것이다. 요컨대, 특허 제도는 연구 개발을 촉진하기 위하여 마련된 제도이며, 특허권의 보호 자체가 목적이 아니라 수단 중 하나에 불과하다는 입장에서 생각하면, 금지를 인정하고 특허권자를 일방적으로 거래상 유리한 지위에 놓고 불합리하게 높은 실시료를 실현하게 되고, 그 결과 연구 개발 활동의 의욕이 저하되어 버리는 경우, 금지를 제한해야 한다.

특허의 대상이 되는 무체물의 특징 중 하나는 명확한 경계의 부족이다. 게다가 정보 통신 기술 분야와 같이 하나의 제품에 대하여 수백 수천 건의 특허가 존재하는 경우에는 특허 조사 등이 매우 곤란해진다. 이러한 특허제도의 권리공지 기능(notice function)이 잘 작동하지 않는 경우에는 기술 이용자 측이 점거 상태에 빠지는 것을 방지하기 위하여 매몰 비용을 투입하기 전에 미리 거래를 통해 이용 소유권을 취득하거나 회피 설계를 실시한다고 노력조차 할 수 없게 될 가능성이 매우 높다.

또한 특허권자가 특허권의 존재를 표준 개발 과정에서 의도적으로 사기 또는 기만적인 행위를 한 경우 이른바 특허 매복(patent ambush)의 경우 또는 의도는 아니지만, 특허 발명이 표준에 포함되어 보급되고 그 표준을 준수하는 제품을 생산하기 위하여 필요한 시설의 정비 등으로 이미 많은 투자를 한 시점에서 이용자에 금지를 배경으로 한 고액의 실시료를 요청할 수 있고 이용자의 이익뿐만 아니라 일반 소비자의 이익 및 기술의 표준화에 의한 보급 촉진 등 사회 전체의 공익에도 영향을 줄 것이다

무엇보다 일본의 현행 특허법은 법정 실시권이나 재정 실시권 권리 제한 규정 등 특허권자의 허가 없이 특허 발명의 실시를 가능하게 하는 제도가 마련되어 있기 때문에, 완전한 property rules에 의한 보호가 철저하게 이루어지는 것은 아니다. 따라서 위와 같은 주장은 특허권자의 보호를 근본적으로 뒤집는 주장이 아니라 오히려 산업·기술 발전 및 시장 상황의 변화에 따라 새로운 상황에 대응할 수 있는 특허권 행사의 한계를 재확인하는 과정에 불과하다고 이해할 수 있을 것이다.

요컨대, 특허 제도의 취지에서 특허권 침해에 대한 금지 청구권의 행사를 제한할 수 있다. 이것은 특허권 침해를 금지하는 구제 조치를 근본적으로 부정하는 것을 주장하는 것은 아니지만, 권리 행사의 목적이나 형태, 권리 주체의 사업 형태 등의 다양화에 대응할 수 있기 때문에 현재의 "특허권 침해가 긍정적인 경우 거의 자동으로 금지를 인정한다."는 운용을 보다 유연하게 조정할 필요가 있다.

이와 관련하여 특허법 제100조 제1항의 규정은 "특허권자 또는

전용 실시권자는 자기의 특허권 또는 전용 실시권을 침해하는 자 또는 침해할 우려가 있는 자에 대하여 이처럼 현행 특허법 제100조 제1항의 해석론으로 금지 청구권의 제한을 지도하는 것은 불가능하다."고 해석된다. 결국 특허권 침해에 대한 금지 청구권의 행사를 제한하는 것은 민법의 권리 남용 법리와 경쟁법에 의한 규제이다.

## 2. 일본 지식재산권의 이용에 관한 독점금지법상의 지침 (2007년 9월 28일 개정 2010년 1월 1일, 2016년 1월 21일 일본공정거래위원회)

### 제1 소개

#### (1) 경쟁정책과 지식재산권 제도

기술에 관한 지식재산권 제도[13]는 사업자의 연구 개발 의욕을 자극하고 새로운 기술과 그 기술을 이용한 제품을 만들어내는 원동력이 될 수 있는 것이며 경쟁을 촉진하는 효과가 생길 것으로 예상된다. 또한 기술 거래를 함으로써 다른 기술과 결합하여 기술의 더욱 효율적인 이용을 도모하고, 새로운 기술과 그 기술을 이용한 제품의 시장이 형성되거나 경쟁의 증가를 도모할 것이며, 기술 거래를 통해 경쟁을 촉진하는 효과가 발생할 것으로 기대된다. 따라

---

13) 일본의 지식재산기본법에서 지식재산권은 '발명, 고안, 식물의 신품종, 의장, 작품, 기타 인간의 창조적 활동에 의해 만들어지는 것(발견 또는 해명이 된 자연의 법칙 또는 현상, 산업상 이용 가능성이 있는 것을 포함, 상표, 상호 등), 사업 활동에 이용되는 상품 또는 용역을 표시하는 것 및 영업 비밀 등 기타 사업 활동에 유용한 기술상 또는 영업상의 정보(제2조 제1항)로 되어 있으며, 일반적으로 지식재산권은 기술에 관한 것에 한정되지 아니하지만 일본의 심사 지침에서는 지식재산 중 기술에 관한 것만을 다루고 있다.

서 지식재산권 제도는 자유 경제 체제하에서 사업자의 창의를 발휘하고 국민 경제의 발전에 이바지하기 위한 것이며, 그 취지를 존중하는 동시에 원활한 기술 거래가 이루어지도록 하는 것이 중요하다. 한편, 기술의 이용에 관한 제한 행위에 대한 독점금지법의 운용에 있어서는 지식재산권 제도에 기대되는 경쟁 촉진 효과를 살리면서 지식재산권 제도의 취지를 일탈한 행위에 의해 기술 및 제품을 둘러싼 경쟁에 부정적인 영향이 없도록 하는 것이 경쟁정책상 중요하다.

### (2) 적용 대상

1) 이 지침에서 기술은 특허법, 실용신안법, 반도체 집적 회로의 회로 배치에 관한 법률, 저작권법 및 의장법에 의해 보호되는 기술[14] 및 노하우로 보호하는 기술[15]을 말한다. 이러한 기술의 사용은 법적으로는 해당 기술에 관한 지식재산권의 이용과 다름없기 때문에, 본 지침에서는 기술의 이용과 지식재산권의 이용을 동의어로 사용한다.

2) 이 지침에서 대상으로 하는 기술의 이용에 관한 제한 행위에는 어떤 기술의 권리를 가진 자가

ⅰ. 다른 사람에게 해당 기술을 이용하지 못하게 하는 행위

ⅱ. 다른 사람에게 해당 기술을 사용할 수 있는 범위를 한정하여

---

14) 저작권법은 프로그램 저작물, 의장법은 물품의 형상에 관한 의장으로서 보호되는 기술이 이에 해당된다.

15) 본 지침에서 노하우로 보호하는 기술은 공지하지 않은 기술 지식과 경험 또는 그 집적으로서 그 경제 가치를 사업자 스스로가 보호·관리하는 것을 말하며, 대체로 부정 경쟁 방지법상 영업 비밀 중 기술에 관한 것이 이에 해당한다. 노하우는 특정 법률에서 독점, 배타적 권리가 부여되는 것은 아니므로 특허권에 의해 보호되는 것에 비해 보호되는 기술의 범위가 불확실하고 보호의 배타성이 미약하며, 보호 기간이 불확정인 것 등의 특징을 가진다.

허가하는 행위

iii. 다른 사람에게 해당 기술의 이용을 허여할 때 상대방의 활동에 제한을 부과하는 행위가 있다. 기술의 이용에 관한 제한 행위에는 기술을 가진 자가 스스로 혼자 제한하는 경우도 있고, 다른 사업자와 공동으로 할 수도 있고 기술을 이용하고자 하는 자에 대하여 직접 제한을 부과하는 경우도 있으며 제3자를 통해 제한을 부과할 수도 있다. 또한 이러한 제한은 계약의 제한 조항으로 규정된 것 외에 사실상의 제한도 있다. 이 지침은 그 형태나 형식에 관계없이 실질적으로 기술의 이용에 관한 제한 행위에 해당하는 것은 모두 그 대상으로 하고 있다.[16]

3) 이 지침은 사업자의 사업 활동을 행하는 장소가 일본 국내외를 불문하고 일본 시장에 영향을 미치는 범위까지 적용된다. 그리고 이 지침의 책정에 따라 특허 · 노하우 라이선스 계약에 관한 반독점법상의 지침(1999년 7월 30일 공표)은 폐지한다.

### 제2 독점 금지법의 적용에 관한 기본 원칙

#### (1) 독점금지법과 지식재산권법

일본 독점금지법 제21조는 "이 법의 규정은 저작권법, 특허법, 실용신안법, 의장법 또는 상표법에 의한 권리의 행사라고 인정되는 행위에는 이를 적용하지 아니한다."라고 규정하고 있다.[17] 따라서

---

16) 기술의 이용을 타인에게 허락하는 것을 라이선스(프로그램 저작물의 사용을 허가하는 행위를 포함하여 해당 라이선스를 허가하는 자를 라이선서라 한다)를 받는 자를 라이선시라 한다. 또한 허가된 기술을 라이선스 기술이라고 할 수 있다. 라이선서가 라이선시에 대하여 제3자에게 다시 라이선싱 할 권리를 부여하는 경우가 있는데 이 경우 라이선시가 해당 제3자(서브라이선스)에 대하여 부과하고 있는 제한 사항은 기본적으로는 라이선서가 라이선시에게 부과하는 제한과 마찬가지로 취급한다.

17) 독점금지법 제21조의 규정은 동조에 규정된 법률 이외의 법률에 배타적

기술의 이용에 관한 제한 행위 중 원래 권리의 행사로 보이지 않는
행위에는 독점금지법이 적용된다. 또한 기술의 권리를 가지는 사
람이 다른 사람에게 그 기술을 이용하지 못하게 하는 행위 및 사용
할 수 있는 범위를 제한하는 행위는 외형상 권리의 행사인 것처럼
보이지만, 이러한 행위에 대하여서도 실질적으로 권리 행사라고 평
가할 수 없는 경우에는, 같은 반독점법의 규정이 적용된다. 즉, 이
러한 권리의 행사로 보이는 행위도 그 행위의 목적, 형태, 경쟁에
미치는 영향의 크기를 감안하여 사업자의 창의력을 발휘하고 기술
의 활용을 도모한다는 지식재산 제도의 취지를 일탈하거나 이 제
도의 목적에 반한다고 인정되는 경우에는 위 제21조에 규정된 '권
리의 행사로 인정되는 행위'라고 평가되지 않고, 독점금지법이 적
용된다.[18]

### (2) 시장에 관한 원칙

1) 기술의 이용에 관한 제한 행위에 대한 독점금지법상 평가에
있어서 원칙적으로는 당해 제한 행위의 영향이 미치는 거래를 상
정하고 그 제한 행위에 의하여 당해 거래가 이루어지는 시장에서
경쟁이 감쇄되는지 여부를 검토한다. 또한 불공정 거래방법의 관
점에서 고려할 때 경쟁 감쇄와는 별도로 경쟁 수단으로 부당하거

---

이용이 인정되는 기술에 적용된다고 해석된다. 또한 노하우로 보호되는
기술은 이러한 법률에 의해 독점적 이용권을 부여하는 것이 아니기 때문
에 동조의 규정은 적용되지 않지만, 보호되는 기술 범위의 불확실성, 보
호의 배타성 미약, 보호기간의 불확정성이라는 특성을 가지고 있기 때문
에 그 특성을 감안하면서 독점금지법 제21조가 적용되는 기술과 마찬가
지로 취급된다.

18) 지식재산 기본법에서는 "지식재산권 보호 및 활용에 관한 시책을 추진
함에 있어서는, 그 공정한 이용 및 공공의 이익의 확보에 유의하고, 공정
하고 자유로운 경쟁의 촉진을 도모할 수 있도록 배려하여야 한다"(제10
조)라고 규정되어 있다.

나 또는 자유 경쟁 기반에 침해가 되는지 여부에 대하여 검토가 필요한 경우가 있다.

2) 기술을 이용하지 못하게 하는 행위 또는 기술을 사용할 수 있는 범위를 한정하여 라이선싱하는 행위는 해당 기술의 시장 또는 당해 기술을 이용한 제품(용역을 포함한다. 이하 같다) 시장의 경쟁에 영향을 미친다. 또한 기술 라이선스에 따라 라이선시의 사업 활동에 제한을 부과하는 행위는 당해 기술 또는 그 기술을 이용한 제품의 거래 이외에 당해 기술 또는 그 기술을 이용한 제품을 이용하여 공급되는 기술 또는 제품의 거래, 해당 기술을 이용한 제품 생산에 필요한 다른 기술과 부품, 원자재 거래 등 다양한 거래에 영향을 미친다.

3) 기술시장 및 그 기술을 이용한 제품의 시장(이하 '제품 시장'이라 한다)의 획정 방법은 제품이나 서비스 일반과 다른 것이 아니라 기술 또는 그 기술을 이용한 제품 각각에 대하여 기본적으로 수요자에 있어서의 대체성이라는 관점에서 시장이 획정된다. 또한 기술의 이용에 관한 제한 행위가 기술개발을 둘러싼 경쟁에 영향을 미치는 경우도 있지만, 연구 개발 활동 자체만으로 거래 및 시장을 상정할 수는 없다. 그러므로 경쟁이 기술 개발에 미치는 영향, 연구 개발 활동의 성과인, 미래의 기술 또는 그 기술을 이용한 제품의 거래에 있어서의 경쟁에 미치는 영향에 따라 평가한다.

### (3) 경쟁 억제 효과

기술의 이용에 관한 제한 행위로 시장의 경쟁이 감쇄되는지 여부는 제한 내용 및 형태, 당해 기술의 용도나 유력성 외에도 대상 시장마다 해당 제한에 관계된 당사자 간의 경쟁 관계의 유무,[19] 당

---

19) 제한 행위 이전부터 당사자가 경쟁 관계에 있는 경우 라이선스에 의해 처음으로 경쟁 관계를 발생시킬 수 있고, 라이선스에 따라 경쟁 관계를

사자가 차지하는 지위(공유,[20] 순위 등), 대상 시장 전체의 상황(당사
자의 경쟁자의 수, 시장 집중도, 거래되는 제품의 특성, 차별화의 정도, 유
통 경로, 신규 진입의 난이도 등), 제한을 부과하는 것에 대한 합리적
인 이유의 유무, 연구 개발 의욕 및 라이선스 의욕에 미치는 영향을
종합적으로 감안하여 판단하게 된다. 또한 이러한 제한이 서로 다
른 시장에 영향을 미치는 경우에는 각 시장별로 경쟁에 미치는 영
향을 검토한 후 해당 시장의 경쟁에 미치는 영향이 다른 시장의 경
쟁 상대에게 2차적으로 미치는 영향에 대하여서도 검토하여야 할
것이다.

### (4) 경쟁 영향

#### 1) 경쟁자 간의 행위

기술의 이용에 관한 제한 행위가 경쟁자 간에 이루어지는 경우
에는 비경쟁자 간에 이루어지는 경우에 비해 이러한 당사자 간의
경쟁의 회피나 경쟁자의 배제로 연결되기 쉽기 때문에, 경쟁에 미
치는 영향이 상대적으로 큰 것으로 생각된다.

#### 2) 영향력 있는 기술

영향력 있다고 인정되는 기술은 다른 기술에 비해 기술의 이용에
관한 제한 행위가 경쟁에 미치는 영향이 상대적으로 크다. 일반적
으로 기술의 유력성 여부는 기술의 우열이 아니라 제품 시장에서
당해 기술의 이용 상황, 우회 기술의 개발 또는 대체 기술로의 전환
의 어려움, 해당 기술에 대한 권리를 가진 자가 기술 시장 또는 제품
시장에서 차지하는 지위 등을 종합적으로 감안하여 판단한다.

---

발생시키지 않는 경우도 생각할 수 있다.
20) 기술 시장 점유율의 산정 방법은 해당 기술을 이용한 제품의 시장 점유
율에 의해 대체할 수 있다.

제3 사적 독점 및 불공정거래 제한의 관점

기술의 이용에 관한 제한 행위에 대하여서는 반독점법 제3조(사적 독점 또는 부당거래 제한) 또는 제19조(불공정 거래방법)의 적용이 문제가 되고, 당해 행위가 후술하는 일정한 행위 요건을 충족하고 공공의 이익에 반하여 일정한 거래 분야에서 경쟁을 실질적으로 제한하는 경우에는 제3조의 규정을 위반하게 된다. 또한 사업자 단체가 일정한 거래 분야에서 경쟁을 실질적으로 제한하는 경우에는 제8조의 규정을 위반하는 것이 된다.

### (1) 사적 독점의 관점

기술의 이용에 관한 제한 행위가 "다른 사업자의 사업 활동을 배제하거나 지배한다."(독점금지법 제2조 제5항)는 경우에는 사적 독점 규정의 적용이 문제가 된다. 기술의 이용에 관한 제한 행위가 '배제' 또는 '지배'에 해당하는지 여부는 행위의 양태와는 무관하게, 각각의 행위의 목적이나 효과를 개별적으로 고려하여 판단하게 된다.

1) 기술을 이용하지 못하게 하는 행위

기술에 대한 권리를 가진 자가 다른 사업자에 대하여 당해 기술의 이용에 대하여 라이선싱하지 않는(라이선스의 거절과 동일시할 수 있을 정도로 고액의 라이선스 비용을 요구하는 경우도 포함한다. 이하 같다) 행위나 라이선스를 받지 않고 해당 기술을 이용하는 사업자에 대한 금지 청구 소송을 제기하는 행위는 당해 권리의 행사라고 볼 수 있는 행위이며, 일반적으로 그 자체로는 문제가 되지 않는다.

그러나 이러한 행위는 다음과 같이 지식재산제도의 취지를 일탈하거나 이 제도의 목적에 반한다고 인정되는 경우에는 그 권리 행사는 인정되지 아니하고, 일정한 거래 분야에서 경쟁을 실질적으로 제한하는 경우에는 사적 독점에 해당된다.

ⅰ. 특허풀 (2(1) 참조)을 형성하고 있는 사업자가 신규 진입자 및

특정 기존 사업자에 대한 라이선싱을 합리적인 이유 없이 거절하는 것에 의해 해당 기술을 사용하지 않도록 하는 행위는 다른 사업자의 사업 활동을 배제하는 행위에 해당되는 경우가 있다.[21]

ⅱ. 기술이 일정한 제품 시장에서 유력한 기술로 인정받아 다수의 사업자가 실제로 사업 활동에 있어서 이를 이용하고 있는 경우 이러한 사업자의 일부가 당해 기술에 관한 권리를 권리자로부터 취득하고, 다른 사업자에 대하여 라이선스 허가를 거절함으로써 해당 기술을 사용하지 못하도록 하는 행위는 다른 사업자의 사업 활동을 배제하는 행위에 해당되는 경우가 있다.

ⅲ. 특정 기술시장 또는 제품시장에서 사업을 운영하는 사업자가 경쟁자(잠재적 경쟁자를 포함한다)가 이용할 수 있는 기술에 관한 권리를 포괄적으로 통합하고 자신은 이용하지 않으면서 이러한 경쟁에 대하여 라이선스를 거절함으로써 해당 기술을 사용하지 못하도록 하는 행위는 다른 사업자의 사업 활동을 배제하는 행위에 해당되는 경우가 있다.[22]

ⅳ. 다수의 사업자가 제품의 규격을 공동으로 개발하고 있는 경우 자신이 권리를 가지고 있다는 기술이 표준으로 채택된 경우 라

---

21) 핀볼 기계를 제조하는 X사를 포함한 10개사 및 Y연맹이 핀볼 기계 제조 관련 특허권을 소유하고 라이선스 없이 핀볼 기계를 제조하기에 곤란한 상황에 있을 때, X사를 포함한 10개사가 이러한 권리의 관리에 Y연맹 위원장을 투입하여 X사 포함 10개사 및 Y연맹이 제3자에게 라이선싱하지 않는 것 등의 방법으로 신규 진입을 억제하고 있었던 것이 반독점법 제3조를 위반한 경우가 있다.[1997년 8월 6일 심결 (1997년 제5호)].

22) 예를 들어, 제품시장에서 기술 A와 기술 B는 대체 관계에 있어, 기술 A의 권리를 가진 자와 함께 기술 B의 권리를 가진 자가 각각의 기술이 사실상 표준화되는 것을 목표로 경쟁하고 있는 상황에서 기술 A의 권리를 가진 자가 기술 B를 이용하기 위하여서만 필요하며, 기술 A를 이용하기 위하여서는 필요 없는 기술에 대하여 그 권리를 매집하고, 제품 시장에서 기술 B를 이용하여 사업을 운영하는 사업자에 대하여 라이선스 허가를 거절하고 이를 사용하지 못하게 하는 행위는 이에 해당한다.

이선스 조건을 속이는 등 부당한 수단을 이용하여 해당 기술을 표준으로 채택하고 규격이 확립되어 다른 사업자가 당해 기술에 대한 라이선스를 받지 않을 수 없는 상황이 된 후에 라이선스 허가를 거절하고 해당 규격의 제품 개발 및 제조를 곤란하게 하는 행위는 다른 사업자의 사업 활동을 배제하는 행위에 해당한다. 또한 공공 기관이 조달하는 제품의 사양을 정하고 입찰 방식으로 발주할 때 기술에 대한 권리를 가진 자가 공공 기관을 오인하고 해당 기술을 통해서만 달성할 수 있는 사양을 결정하게 함으로써 입찰에 참여하는 사업자가 당해 기술의 라이선스를 허가받아야만 사양에 맞는 제품을 제조할 수 있는 상황에서 다른 사업자에 대한 라이선스 허가를 거절하고 입찰에 참여하지 못하도록 하는 행위에 대하여서도 마찬가지이다.

ⅴ. 일반적으로 규격을 책정하는 공공 기관과 사업자 단체(이하 '표준화 기관'이라 한다)는 규격을 실시함에 있어서 필수가 되는 특허 등[이하 '표준필수특허'(SEP)라 한다]의 권리 행사가 이 규격을 채택한 제품의 연구 개발, 생산 또는 판매에 방해되는 것을 방지하고 표준을 널리 보급하기 위하여 SEP의 라이선스에 관한 취급 등(이하 'IPR 정책'이라 한다)을 정하고 있다. SEP를 다른 사람에게 공정하고 합리적이고 무차별적으로 제공하는 조건을 'FRAND(fair, reasonable and non-discriminatory) 조건'이라 한다. 또한 SEP를 가진 자가 FRAND 조건으로 라이선스를 허가하고자 하는 의사를 표준화 기관에 문서를 통해 밝히는 것을 일반적으로 'FRAND 선언'이라고 한다. FRAND 선언에서 라이선스를 허가하고자 하는 의사를 밝히는 것과 동시에, FRAND 선언이 되지 않는 경우에는 당해 SEP의 대상이 되는 기술 규격에 포함되지 않도록 규격 변경을 검토하는 취지가 정해져 있다. FRAND 선언은 SEP를 가진 사람이 SEP의 이용에 상응하는 대가를 얻는 것을 가능하게 함으로써, 또한 규격을 채택한 제품의 연구 개발, 생산 또는 판매하는 자에게는 SEP를 FRAND

조건하에서 이용 가능하게 함으로써 규격 기술에 관한 연구 개발 투자를 촉진하고, 규격을 채택한 제품의 연구 개발, 생산 또는 판매에 필요한 투자를 촉진하는 것이다. 위 내용은 스스로 FRAND 선언을 한 자의 행위인지, FRAND 선언된 SEP를 양도한 자의 행위인지, 또는 FRAND 선언된 SEP의 관리를 위탁받은 자의 행위인지 여부를 불문한다. FRAND 조건으로 라이선스를 취득할 의향을 가진 사람인지 아닌지는 라이선스 협상에서 쌍방의 대응 상황 등을 고려하여 개별적 사안에 따라 판단한다.

2) 기술의 이용 범위를 제한하는 행위

현존 기술에 대한 권리를 가진 자가 다른 사업자에게 해당 기술을 이용하는 범위를 한정하여 라이선스를 허가하는 행위는 권리 행사로 보이는 행위이며, 일반적으로 그 자체는 문제가 되지 않는다. 그러나 기술을 사용할 수 있는 범위를 지시하고 이를 준수하게 하는 행위는 라이선시의 사업 활동을 지배하는 행위에 해당될 수 있으므로, 지식재산권 제도의 취지를 일탈하는 등이 인정되는 경우에는 권리 행사로 인정되지 않고, 일정한 거래 분야에서 경쟁을 실질적으로 제한하는 경우에는 사적 독점에 해당될 것이다.

3) 기술의 이용에 조건을 부과하는 행위

현존 기술에 대한 권리를 가진 자가 그 기술을 다른 사업자에게 라이선스 허가를 할 때 조건을 부과하는 행위는 그 내용에 따라 라이선스 사용자의 사업 활동을 지배하는 행위 또는 다른 사업자의 사업 활동을 배제하는 행위에 해당되기 때문에 일정한 거래 분야에서 경쟁을 실질적으로 제한하는 경우에는 사적 독점에 해당된다.

기술에 대한 권리를 가진 자가 당해 기술을 이용하여 사업을 운영하는 사업자에 대하여 멀티 풀 라이선스를 실시해, 몇몇 업체에 해당 기술을 이용하여 공급하는 제품의 판매 가격, 판매 수량, 판매 시설 등을 지시하고 이를 준수하게 하는 행위는 사업자의 사업 활동을 지배하는 행위에 해당된다.[23]

ⅰ. 제품의 규격에 관한 기술 또는 제품 시장에서 사업 활동을 실시하는 데 있어서 필수적인 기술(필수기술)에 대하여 해당 기술에 대한 권리를 가진 자가 다른 사업자에게 라이선스를 허가할 때 해당 기술의 대체 기술을 개발하는 것을 금지하는 행위는 원칙적으로 라이선시의 사업 활동을 지배하는 행위에 해당한다. 또한 대체 기술을 채택하는 것을 금지하는 행위는 원칙적으로 다른 사업자의 사업 활동을 배제하는 행위에 해당된다.[24]

ⅱ. 제품의 규격에 관한 기술 또는 제품 시장에서 사업 활동을 실시함에 있어서 필수적인 기술(필수기술)에 대하여 해당 기술에 대한 권리를 가진 자가 다른 사업자에 대하여 라이선스를 허가할 때 합리적인 이유 없이 당해 기술 이외의 기술에 대하여서도 라이선스를 허가받도록 의무를 부과하는 행위, 또는 라이선서의 지정 제품을 구매하도록 의무를 부과하는 행위는 라이선시의 사업 활동을 지배하는 행위 또는 다른 사업자의 사업 활동을 배제하는 행위에 해당될 수 있다.

---

23) A 제품 생산에 사용할 수 있는 재배 방법 및 재배 장치에 관한 특허권 등의 전용 실시권을 취득한 X협회가 협회원의 해당 상품의 생산량을 제한하고 수급 조절을 할 것을 지시하고, 시황 안정을 도모하고 그 수단으로 협회들과의 통상 실시권 허락 계약 중에서 실시량은 지구 회의에서 결정하고 이사회의 승인을 얻도록 하며, 실시권자가 실시량을 초과 생산한 경우에는 계약을 해제할 수 있다는 등을 정하여 실시하고 있다는 혐의가 인정된 사안에서 X협회의 행위는 반독점법 제8조의 규정을 위반하고 있다(1994년 2월 17일 경고).

24) 라이선시에 의한 대체기술의 개발 또는 채택을 명시적으로 금지하는 경우에 한정하지 않고, 예를 들어 대체기술 개발 등을 실시하지 않는 사업자에만 현저하게 유리한 조건을 설정하는 경우도 실질적으로 대체기술 개발을 금지하는 것으로 보고, 대체기술 개발 등을 제한하는 경우도 마찬가지이다.

### (2) 부당한 거래 제한의 관점

기술의 이용에 관한 제한 행위가 '사업자가 다른 사업자와 공동으로 서로 그 사업 활동을 구속 또는 수행'(독점금지법 제2조 제6항)하는 것인 경우에는 부당거래 제한 규정의 적용이 문제가 된다.

#### 1) 특허풀

ⅰ. 특허풀은 기술의 권리를 복수의 사람이 각각 가지고, 권리 또는 당해 권리에 대한 라이선싱할 권리를 특정 기업체나 조직체(조직의 형태에는 여러 가지가 있고, 또한 그 조직을 새로 설립하는 경우와 기존의 조직에서 사용되는 경우가 있을 수 있다)에 집중시키고 해당 기업체나 조직체를 통해 특허풀의 구성원 등이 필요한 라이선스를 받는 것이다. 특허풀은 사업 활동에 필요한 기술의 효율적 이용에 기여하는 것이며, 그 자체가 바로 부당거래 제한에 해당하는 것은 아니다.[25]

ⅱ. 그러나 특정 기술 시장에서 대체 관계에 있는 기술의 권리를 가진 자들이 각각 가지는 권리에 대하여 특허풀을 통해 라이선싱하게 하고 그때의 라이선스 조건(기술의 이용 범위를 포함한다)에 대하여 공동으로 행하는 행위는 당해 기술 거래 분야에서 경쟁을 실질적으로 제한하는 경우에는 부당거래 제한에 해당한다. 또한 이러한 사업자들이 풀링하고 있는 기술의 개량을 서로 제한하는 행위나 라이선싱하는 상대방을 서로 제한하는 행위는 당해 기술 거래 분야에서의 경쟁을 실질적으로 제한하는 경우에는 부당한 거래 제한에 해당한다.

ⅲ. 특정 제품 시장에서 경쟁 관계에 있는 사업자가 제품을 공급하는 데 필요한 기술을 상호 이용하기 위하여서는 특허풀을 형성하고, 이를 통해 필요한 기술의 라이선스를 받는 것과 동시에 당해

---

25) 「표준화에 따른 특허풀의 형성 등에 관한 독점 금지법상의 지침」(2005년 6월 29일 공표) 참조.

기술을 이용하여 공급하는 제품의 대가, 수량, 공급처 등에 대하여 서도 공동으로 결정하는 행위는 해당 제품의 거래 분야에서 경쟁을 실질적으로 제한하는 경우에는 부당거래 제한에 해당된다.

iv. 일정한 제품 시장에서 경쟁 관계에 있는 사업자가 제품을 공급하는 데 필요한 기술에 대하여 특허풀을 형성하고, 다른 사업자에 대한 라이선싱은 해당 풀을 통해서만 실시하게 하는 경우에 새 진입자 및 특정 기존 사업자에 대한 라이선스를 합리적인 이유 없이 거절하는 행위는 공동으로 신규 진입을 억제하거나 기존 사업자의 사업 활동을 어렵게 하는 것이며, 당해 제품 거래 분야에서 경쟁을 실질적으로 제한하는 경우에는 부당거래 제한에 해당된다.

2) 멀티 풀 라이선스

멀티 풀 라이선스는 현존하는 기술을 여러 사업자에게 라이선스를 허가하는 것을 말한다. 멀티 풀 라이선스에서 라이선서 및 여러 라이선시가 공통의 제한을 받는다는 인식하에 해당 기술의 활용 범위 및 본 기술을 이용하여 제조하는 제품의 판매 가격, 판매 수량, 판매처 등을 제한하는 행위는 이러한 사업자의 사업 활동을 상호 구속하고 당해 제품의 거래 분야에서 경쟁을 실질적으로 제한하는 경우에는 부당거래 제한에 해당된다. 또한 같은 인식에 따라 당해 기술의 개량·응용 연구, 그 결과 개량기술 라이선싱에 있어 상대방의 대체 기술의 사용 등을 제한하는 행위도 기술 거래 분야에서의 경쟁을 실질적으로 제한하는 경우에는 부당거래 제한에 해당한다.[26)]

---

26) X사가 지방자치단체의 조달에 따른 공공 하수도 철 뚜껑에 대하여 X사의 실용신안을 도입한 사양이 당해 실용신안을 다른 사업자에 대한 라이선스를 허가하는 것을 조건으로 채택되어 있었는데, X사가 다른 사업자 6개사에 대하여 라이선스를 허가함과 동시에 6개 기업이 당해 지방 자치 단체에 제출하는 당해 철 뚜껑의 견적 가격은 X사의 견적 가격 이상으로 해야 한다고 하였다. X사 및 6개사의 공사업 전달 가격 및 공사 업체의 마

### 3) 교차 라이선스

ⅰ. 교차 라이선스란 기술의 권리를 가진 자가 여러 사람이어서 각각의 권리를 상호 라이선싱하는 것을 의미한다. 교차 라이선스는 특허풀과 멀티 풀 라이선스에 비해 참여하는 사업자가 소수인 경우가 많다.

ⅱ. 참여하는 사업자가 소수라도 그 사업자가 일정한 제품 시장에 있어서 차지하는 합산 점유율이 높은 경우 해당 제품의 대가, 수량, 공급처 등에 대하여 공동으로 결정하는 행위 및 기타 사업체에게 라이선싱을 실시하지 않는 것을 공동으로 결정하는 행위는 상기의 특허풀과 같은 효과를 가지게 되므로 상기 (1)과 마찬가지로, 해당 제품의 거래 분야에서 경쟁을 실질적으로 제한하는 경우에는 부당거래 제한에 해당된다.

ⅲ. 각각 해당 기술을 이용하여 실시하는 사업 활동의 범위를 공동으로 결정하는 행위는 기술 또는 제품의 거래 분야에서 경쟁을 실질적으로 제한하는 경우에는 부당거래 제한에 해당된다.

### 제4 불공정한 거래방법의 관점

#### (1) 기술을 이용하지 못하게 하는 행위

현존 기술에 대한 권리를 가진 자가 다른 사업자에 대하여 당해 기술의 이용에 대하여 라이선스를 허가하지 않는 것이나, 라이선스를 받지 않고 해당 기술을 사용하는 사업자에 대하여 금지 청구 소송을 제기 하는 것은 일반적으로 그 권리 행사로 보이는 행위이지만, 다음과 같은 경우에는 권리 행사는 인정되지 않고, 불공정 거래

---

진율을 결정하는 데, X사의 판매 수량 비율을 20%로 하고, 나머지를 X사 및 6개사로 균등 배분하기로 한 것 등은 반독점법 제3조를 위반하는 것이 된다[1993년 9월 10일 심결(1991년(판) 제2호)].

방법의 관점에서 문제가 된다.

　1) 경쟁자가 기술의 라이선스를 취득하여 사업 활동을 하고 있는지 또는 다른 기술로의 대체가 곤란하다는 것을 알고, 해당 기술에 관한 권리를 권리자로부터 취득한 이후 해당 기술의 라이선스 허가를 거절하고 해당 기술을 시용하지 못하도록 하는 행위는 경쟁자의 사업 활동을 방해하고 기술의 이용을 저해하는 것이며, 지식재산 제도의 취지를 일탈하고 또는 이 제도의 목적에 반하는 것으로 인정된다. 따라서 이러한 행위는 경쟁자의 경쟁 기능을 저하시킴으로써 공정경쟁 저해성을 갖는 경우에는 불공정한 거래방법에 해당된다(일반 지정 제2항, 제14항). 예를 들어, 다수의 사업자가 제품 시장에서 사업 활동의 기초로 사용하는 기술에 있어서 일부 라이선시가 해당 기술에 대한 권리를 가진 자로부터 권리를 취득한 후, 경쟁 관계에 있는 다른 라이선시에 대하여 당해 기술의 라이선스 허가를 거부하여 해당 기술을 사용하지 못하도록 하는 행위는 불공정 거래방법에 해당되는 경우가 있다.

　2) 해당 기술의 권리를 가진 자가 다른 사업자에 대하여 라이선스를 허가할 때의 조건을 속이는 등 부당한 방법으로 사업 활동에서 자신의 기술을 사용하게 되면 동시에 당해 사업자가 다른 기술로 전환하기 어려운 경우 당해 기술의 라이선스 허가를 거절함으로써 해당 기술을 사용하지 못하도록 하는 행위는 부당한 권리 침해 상황에 해당되며, 지식재산권 제도의 취지를 일탈하거나 이 제도의 목적에 반하는 것으로 인정된다. 이러한 행위는 당해 다른 사업자의 경쟁 기능을 저하시킴으로써 공정경쟁 저해성을 갖는 경우에는 불공정 거래방법에 해당된다(일반 지정 제2항, 제14항).

　예를 들어, 공동으로 표준을 수립하는 활동을 실시하는 사업자 중 일부의 사람이 자신이 권리를 가지고 기술에 대하여 현저하게 유리한 조건으로 라이선스를 허가함으로써 해당 기술을 표준으로 포섭하고 규격이 확립되어 많은 사업자가 다른 기술로 전환하기 어렵게 된 뒤 이러한 사업자에 대하여 라이선스 허가를 거절함으로써 해당 기술을 사용하지 못하도록 하는 행위는 불공정 거래방법에 해당되는 경우가 있다.

3) 해당 기술이 특정 제품 시장에서 사업 활동의 기반을 제공하고, 해당 기술에 대한 권리를 가진 자로부터 라이선스를 허가받아 다수의 사업자가 해당 제품 시장에서 사업 활동을 하는 경우 이러한 사업자의 일부에 대하여 합리적인 이유 없이 차별적으로 라이선스를 거절하는 행위는 지식재산권 제도의 취지를 일탈하거나 동 제도의 목적에 반하는 것으로 인정된다. 따라서 이러한 행위가 사업자의 제품시장에서 경쟁 기능을 저하시킴으로써 공정경쟁 저해성을 가지는 경우에는 불공정 거래방법에 해당된다[27](일반 지정 제 4항).

4) FRAND 선언한 SEP를 가진 자가 FRAND 조건으로 라이선스를 취득할 의향을 가진 자에게 라이선스 허가를 거절하거나 금지 청구 소송을 제기하거나, FRAND 선언을 철회하고 FRAND 조건으로 라이선스를 취득할 의향을 가진 자에게 라이선스 허가를 거절하거나 금지 청구 소송을 제기하는 것은 표준을 채택한 제품의 연구 개발, 생산 또는 판매를 곤란하게 하는 경우 해당 표준을 채용한 제품의 연구 개발, 생산 또는 판매하는 자의 거래 기회를 배제하거나 그 경쟁 기능을 저하시키는 경우가 있다. 해당 행위는 해당 제품 시장에서의 경쟁을 실질적으로 제한하는 데는 이르지 못하지만, 사적 독점에 해당하지 않는 경우에도 공정경쟁 저해성을 갖는 경우에는 불공정 거래방법에 해당된다.

---

27) 일정한 제한 행위가 차별적으로 이루어지는 경우 당해 제한 행위 자체가 경쟁에 미치는 영향 이외에 차별적인 제한행위가 경쟁에 미치는 영향을 검토하는 것은 기술의 이용 범위를 제한하는 행위, 기술의 이용에 관하여 제한을 부과하는 행위, 기타 제한을 부과하는 행위에 대하여서도 마찬가지이다.

### (2) 기술의 이용 범위를 제한하는 행위

현존 기술에 대한 권리를 가진 자가 다른 사업자에 대한 전반적인 이용이 아니라 당해 기술의 활용 범위를 한정하여 라이선스를 허가하는 행위는, 상기 제2절 1에서 말했듯이 외형상 권리의 행사인 것으로 보이지만, 실질직으로 권리 행사로 평가할 수 없는 경우가 있다. 따라서 이러한 행위에 대하여서는 상기 제2절 1의 생각에 따라 권리의 행사라고 인정되는 여부에 대하여 검토하고 권리의 행사로 인정되지 않는 경우에는 불공정 거래방법의 관점에서 문제가 된다.

1) 권리의 일부 허가

ⅰ. 구분 허락

예를 들어, 특허권 라이선스에서 생산·사용·양도·수출 등의 어느 하나에 한정한다고 하는 것처럼, 라이선서가 라이선시에게 해당 기술을 이용할 수 있는 사업 활동을 제한하는 행위는 일반적으로 권리 행사라고 인정되는 것이며, 원칙적으로는 불공정 거래방법에 해당되지 않는다. 라이선서가 라이선시에게 해당 기술을 사용할 수 있는 기간을 제한하는 것 또한 원칙적으로는 불공정 거래방법에 해당되지 않는다.

ⅱ. 기술 이용 분야의 제한

라이선서가 라이선시에게 해당 기술을 이용하여 사업 활동을 수행할 수 있는 분야(특정 제품의 제조 등)를 제한하는 것은 원칙적으로 불공정 거래방법에 해당되지 않는다.

2) 제조에 관한 제한

ⅰ. 지역 제한

라이선서가 라이선시에게 해당 기술을 이용하여 제조할 수 있는 지역을 제한하는 행위는 상기 (1)과 마찬가지로 원칙적으로 불공정 거래방법에 해당되지 않는다.

ii. 생산 수량의 제한 또는 제조에 있어서 기술 사용 횟수의 제한

라이선서가 라이선시에게 해당 기술을 이용하여 제조하는 제품의 최소 제조 수량 또는 기술의 최저 사용 횟수를 제한하는 것은 다른 기술의 이용을 배제하지 않는 이상 원칙적으로 불공정 거래방법에 해당되지 않는다. 한편, 생산 수량 또는 사용 횟수의 상한을 정하는 것은 시장 전체의 공급량을 제한하는 효과가 있는 경우에는 권리 행사로 인정되지 않고, 공정경쟁 저해성을 가지는 경우에는 불공정 거래방법에 해당된다(일반 지정 제12항).

3) 수출에 관한 제한

i. 라이선서가 라이선시에게 해당 기술을 이용한 제품을 수출하는 것을 금지하는 행위는 원칙적으로 불공정 거래방법에 해당되지 않는다.

ii. 해당 제품을 수출할 수 있는 지역을 제한하는 것은 원칙적으로 불공정 거래방법에 해당되지 않는다.

iii. 해당 제품을 수출할 수 있는 수량을 제한하는 것은 수출한 제품이 국내 시장에 환류하는 것을 막는 효과를 가지는 경우 마찬가지로 판단된다.

iv. 수출 가격의 제한 사항은 국내 시장의 경쟁에 영향을 미치는 범위 내에서 동일하게 판단된다.

### (3) 기술의 이용에 관하여 제한을 부과하는 행위

현존 기술에 대한 권리를 가진 자가 당해 기술의 이용을 다른 사업자에게 라이선스를 허가할 때 해당 기술의 이용에 관하여 당해 기술의 기능·효용을 실현하기 위하여 안전성을 확보하기 위하여, 또는 노하우 같은 비밀성을 갖는 것에 대하여서는 누설이나 유용을 방지하기 위하여 라이선시에 대하여 일정한 제한을 부과할 수 있다. 이러한 제한 사항에 대하여서는 기술의 효율적인 이용, 원활한 기술 거래 촉진의 관점에서 일정한 합리성이 있는 경우가 적지 않

다고 생각된다. 한편, 이러한 제한을 부과하는 것은 라이선시의 사업 활동을 구속하는 행위이며, 경쟁을 감쇄하는 경우도 있으므로, 제한의 내용이 위의 목적을 달성하기 위하여 필요한 범위에 있는지 여부를 포함하여 공정경쟁 저해성 여부를 검토할 필요가 있다.

1) 원재료·부품에 관한 제한

라이선서가 라이선시에게 원재료·부품 기타 라이선스 기술을 이용하여 제품을 공급하는 데 필요한 것(역무 및 기타 기술을 포함한다. 이하 '원자재·부품'이라 한다)의 품질 또는 구입처를 제한하는 행위는 당해 기술의 기능·효용 보증, 안전성 확보, 비밀 누설의 방지의 관점에서 필요하다는 등 일정한 합리성이 인정되는 경우가 있다. 그러나 라이선스 기술을 이용한 제품의 공급은 라이선시 자신의 사업 활동이기 때문에, 원재료·부품에 관한 사항이 라이선시의 경쟁 수단(원재료·부품의 품질·구매 대상 선택의 자유)를 제한하고 또한 대체적인 원자재·부품을 공급하는 사업자의 거래 기회를 배제하는 효과를 갖는다. 따라서 위의 관점에서 필요한 한도를 넘어 이러한 제한을 부과하는 행위는 공정경쟁 저해성을 갖는 경우에는 불공정 거래방법에 해당된다(일반 지정 제10항, 제11항, 제12항).

2) 판매에 대한 제한

라이선서가 라이선시에게 라이선스 기술을 이용한 제품(프로그램 저작물의 복제물을 포함한다)의 판매에 관하여 판매 지역, 판매 수량, 판매처, 상표 사용 등을 제한하는 행위(가격에 관한 제한의 자세한 내용은 다음 항목을 참조)는 라이선시의 사업 활동의 구속에 해당한다.

ⅰ. 라이선스 기술을 이용한 제품을 판매할 수 있는 지역 및 판매할 수 있는 수량을 제한하는 행위에 대하여서는 기본적으로 상기 3의 주서 및 동 (2)의 관점이 옳다고 볼 수 있다. 그러나 그 권리가 국내에서 소진하고 있다고 인정되는 경우 또는 노하우 라이선스의 경우이며, 공정경쟁 저해성을 갖는 경우에는 불공정 거래 방법에 해당된다(일반 지정 제12항).

ⅱ. 라이선스 기술을 이용한 제품 판매의 상대방을 제한하는 행위(라이선서의 지정된 유통 업체에만 판매하도록 라이선시마다 판매처를 할당하여 특정 자에게는 판매하지 않는 것 등)는 상기 ⅰ의 판매 영역과 판매 수량의 제한과는 달리 사용 범위의 제한은 인정되지 않는 것이다. 따라서 공정경쟁 저해성을 갖는 경우에는 불공정 거래방법에 해당된다.[28](일반 지정 제12항)

ⅲ. 라이선서가 라이선시에게 특정 상표의 사용을 의무화하는 행위는 상표가 중요한 경쟁 수단이며, 또한 라이선시가 다른 상표를 병용하는 것을 금지하는 경우를 제외하고 경쟁을 감쇄하는 효과는 적다고 생각되기 때문에 원칙적으로 불공정 거래방법에 해당되지 않는다.

### 3) 판매가격 · 재판매가격 제한

라이선서가 라이선시에게 라이선스 기술을 이용한 제품에 관하여 판매 가격 또는 재판매 가격을 제한하는 행위는 라이선시 또는 해당 제품을 사들인 유통 업체의 사업 활동의 가장 기본이 되는 경쟁 수단에 제약을 추가하는 것이며, 경쟁을 감쇄하는 것이 밝혀졌기 때문에 원칙적으로 불공정 거래방법에 해당된다(일반 지정 제12항).

### 4) 경쟁 제품의 제조 · 판매 또는 경쟁자와의 거래 제한

라이선서가 라이선시에게 라이선서의 경쟁 제품을 제조 · 판매하는 것 또는 라이선서의 경쟁자로부터 경쟁 기술의 라이선스를 받는 것을 제한하는 행위는 라이선시에 의한 기술의 효율적인 이용과 원활한 기술 거래를 막고 경쟁자의 거래 기회를 배제하는 효과를 갖는다. 따라서 이러한 행위는 공정경쟁 저해성을 갖는 경우에는 불공정 거래방법에 해당된다(일반 지정 제2항, 제11항, 제12항).

---

28) 종묘법에 품종 등록된 종묘에 있어서, 종묘를 이용한 수확물의 생산에 관한 라이선시가 이를 판매할 판매처를 제한하는 것은 수확물의 생산에 관한 권리 침해를 방지하기 위하여 필요한 제한이다.

또한 해당 기술 노하우에 관한 것이기 때문에 해당 제한 이외에 당해 기술의 누설이나 유용을 방지하기 위한 수단이 없는 경우에는 비밀을 유지하기 위하여 필요한 범위에서 이와 같은 제한을 부과하는 것은 공정경쟁 저해성이 불가피한 것으로 인정되는 경우가 많은 것으로 생각된다. 이는 계약 종료 후 제한도 단기간인 경우에는 마찬가지이다.

### 5) 최선 노력 의무

라이선서가 라이선시에게 해당 기술의 이용과 관련하여 최선 실시 노력 의무를 부과하는 행위는 해당 기술이 유효하게 사용되도록 하는 효과가 인정되고, 노력 의무에 따른 라이선시의 사업 활동 구속 정도가 작고 경쟁을 감쇄하는 공포 또한 적기 때문에 원칙적으로 불공정 거래방법에 해당되지 않는다.

### 6) 노하우의 비밀 유지 의무

라이선서가 라이선시에게 계약 기간 동안 그리고 계약 종료 후에도 계약 대상 노하우의 비밀을 유지하는 의무를 부과하는 행위는 공정경쟁 저해성을 가지는 것이 아닌 한 원칙적으로 불공정 거래방법에 해당되지 않는다.

### 7) 부쟁의 의무

라이선서가 라이선시에게 라이선스 기술에 관한 권리의 유효성에 대하여 이의를 제기하지 않을 의무를 부과하는 행위는 원활한 기술 거래를 통한 경쟁의 촉진에 이바지하는 측면이 인정되고 또한 직접적으로는 경쟁을 감쇄하는 공포가 작다. 그러나 비활성화되는 권리가 당해 존속 권리에 관한 기술의 이용을 제한하기 때문에, 공정경쟁 저해성을 갖는 것으로 불공정 거래방법에 해당되는 경우도 있다(일반 지정 제12항). 또한 라이선시가 권리의 유효성을 다투는 경우 당해 권리의 대상으로 되어 있는 기술에 대한 라이선스 계약을 해지할 사유를 정하는 것은 원칙적으로 불공정 거래방법에 해당되지 않는다.

### (4) 기타 제한을 부과하는 행위

기타 라이선스를 허가할 때 라이선시의 사업 활동에 다양한 제한을 부과할 수 있으며, 이에 대한 관점은 다음과 같다.

#### 1) 해약 조건

라이선스 계약에서 라이선서가 일방적으로 또는 적절한 유예 기간을 주지 않고 즉시 계약을 해지할 수 있는 사유를 정하는 등 라이선시에게 일방적으로 불리한 해약 조건을 부과하는 행위는 반독점법상 문제가 되는 다른 제한 행위와 결합하여 당해 제한 행위의 실효성을 확보하기 위한 수단으로 사용되는 경우에는 불공정 거래방법에 해당된다(일반 지정 제2항, 제12항).

#### 2) 기술의 이용과 무관한 라이선스 비용 설정

라이선서가 라이선스 기술의 이용과 관계없는 기준에 따라 라이선스 비용을 설정하는 행위, 예를 들어, 라이선스 기술을 사용하지 않는 제품의 제조 수량 또는 판매 수량에 따라 해당 수수료를 지급할 의무를 부과하는 것은 라이선서가 경쟁 제품 또는 경쟁 기술을 이용하는 것을 방해하는 효과가 있을 수 있다. 따라서 이러한 행위는 공정경쟁 저해성을 갖는 경우에는 불공정 거래방법에 해당된다(일반 지정 제11항, 제12항). 또한 해당 기술이 제조 공정의 일부에 사용되는 경우 또는 부품에 관한 것인 경우에, 계산 등의 편의를 위하여 해당 기술 또는 부품을 사용한 최종 제품의 제조·판매 수량 또는 금액, 원자재 부품 등의 사용 수량을 라이선스 비용의 산정에 활용하는 등 산정 방법에 합리성이 인정되는 경우에는 원칙적으로 불공정 거래방법에 해당되지 않는다.

#### 3) 권리 소멸 후의 제한

라이선서가 라이선시에게 기술에 관한 권리가 소멸한 후에도 해당 기술을 이용하는 것을 제한하는 행위, 또는 라이선스 수수료를 지급할 의무를 부과하는 행위는 일반적으로 기술의 자유로운 이용을 저해하는 것이며, 공정경쟁 저해성을 가지는 경우에는 불공정

거래방법에 해당된다(일반 지정 제12항). 그러나 라이선스 비용 지불 의무에 대하여서는 라이선스 비용을 분할 지급 혹은 연불한다고 인정되는 범위 내라면 라이선시의 사업 활동을 부당하게 구속하는 것은 아니다.

### 4) 일괄 라이선스

라이선서가 라이선시에게 라이선서가 요구하는 기술 이외의 기술에 대하여서도 일괄적으로 라이선스를 받을 의무를 부과하는 행위[29]는 라이선시가 요구하는 기술의 효용을 보장하기 위하여 필요한 경우 등 일정한 합리성이 인정되는 경우에는 상기 4절 (1) 원재료·부품에 관한 제한과 같은 관점에 의해 결정된다. 그러나 기술의 효용을 발휘하는 데 필요하지 않은 경우 또는 필요한 범위를 넘은 기술의 라이선스를 요구하는 경우, 라이선시의 기술 선택의 자유가 제한되고 경쟁 기술이 배제되는 효과가 존재하고, 공정경쟁 저해성을 갖는 경우에는 불공정 거래방법에 해당된다(일반 지정 제10항, 제12항).

### 5) 기술적 기능 추가

라이선서가 이미 라이선스를 한 기술에 새로운 기능을 추가하여 새롭게 라이선스를 허가하는 행위는 일반적으로 개량 기술의 라이선스와 다름없이 자체 라이선스에 따른 제한은 없다. 그러나 기술이 그 기술과 표준을 전제로 제품이나 서비스가 제공된다는 기능(이하 '플랫폼 기능'이라 한다)을 갖는 것이며, 해당 플랫폼 기능을 전제로 다수의 응용 기술이 개발되어 이러한 응용 기술 간의 경쟁이

---

29) 일괄 라이선스를 받을 의무가 부과되어 있는지 여부는 라이선서가 지정하는 기술 이외의 기술을 라이선시가·선택하는 것이 실질적으로 곤란한지 여부의 관점에서 판단하게 된다. 또한 여러 특허권 등에 대하여 일괄적으로 라이선스를 허가받을 의무를 부과하는 경우에도 그중 사용된 특허권에 대하여서만 대가를 지불하는 계약이 있는 경우에는 여기서 말하는 일괄 라이선스에 해당되지 않는다.

이루어지고 있는 상황에서 해당 플랫폼 기능을 가진 기술 라이선서가 기존의 응용 기술이 제공하는 기능을 해당 플랫폼 기능에 가져오며, 새롭게 라이선스를 하는 행위는 라이선시가 새로 가져온 기능의 라이선스를 받지 않을 수 없는 경우에는 당해 라이선시가 다른 응용 기술을 이용하는 것을 방해하고 해당 응용 기술을 제공하는 다른 사업자의 거래 기회를 배제하는 효과를 갖는다. 따라서 이러한 행위는 공정경쟁 저해성을 갖는 경우에는 불공정 거래방법에 해당된다(일반 지정 제10항, 제12항).

6) 부쟁의 의무

라이선서가 라이선시에 대하여 라이선시가 소유하거나 취득하게 되는 전부 또는 일부의 권리를 라이선서 또는 라이선서의 지정 사업자에 대하여 행사하지 않을 의무[30]를 부과하는 행위는 기술시장 또는 제품시장에서 라이선서의 유력한 지위를 강화하는 것으로 이어질 수 있고 라이선시의 권리 행사가 제한됨으로써 라이선스 연구 개발 의욕이 떨어지며 새로운 기술의 개발을 저해함으로써, 공정경쟁 저해성을 갖는 경우에는 불공정 거래방법에 해당된다(일반 지정 제12항). 다만 실질적으로 보았을 때 라이선시가 개발한 개량기술에 관하여 라이선서에 비독점적으로 라이선싱할 의무가 부과되어 있는 것에 지나지 않는 경우에는 (9)의 개량 기술의 비독점적 사용권 의무와 마찬가지로 원칙적으로 불공정 거래방법에 해당되지 않는다.

7) 연구개발 활동의 제한

라이선서가 라이선시에게 라이선스 기술 또는 그 경쟁 기술에 관해 라이선시가 직접 또는 타사와 공동으로 연구 개발을 하는 것

---

30) 라이선스 사용자가 소유하거나 취득하게 되는 전부 또는 일부의 특허권 등을 사용 허가자 또는 라이선스 제공자의 지정 사업자에 대하여 라이선스를 허가할 의무를 포함한다.

을 금지하는 등 라이선시의 자유로운 연구 개발 활동을 제한하는 행위는 일반적으로 연구 개발을 둘러싼 경쟁에 미치는 영향을 통해 미래 기술시장 또는 제품시장에서 경쟁을 감쇄할 우려가 있고, 공정경쟁 저해성을 갖는다.[31] 따라서 이러한 제한은 원칙적으로 불공정한 거래방법에 해당된다(일반 지정 제12항). 다만, 당해 기술 노하우로 보호·관리하는 경우, 노하우의 유출·남용의 방지에 필요한 범위 내에서 라이선시가 타사와 공동으로 연구 개발을 수행하는 것을 제한하는 행위는 일반적으로 공정경쟁 저해성이 인정되지 않고, 불공정 거래방법에 해당되지 않는다.

### 8) 개량기술의 양도의무·독점라이선스의무

ⅰ. 라이선서가 라이선시에게 라이선시가 개발한 개량기술에 대하여 허가자 또는 라이선스 제공자(라이선서)의 지정 사업자에게 그 권리를 귀속시키도록 하는 의무 또는 라이선서에게 독점적으로 라이선싱[32]할 의무를 부과하는 행위는 기술시장 또는 제품시장에서 라이선서의 지위를 강화하고 또한 라이선시에게 향상된 기술을 이용하지 않음으로써 라이선스 연구 개발 의욕을 감퇴시키는 것이며, 또한 일반적으로 이러한 제한을 부과하는 합리적인 이유가 있다고 인정되지 않기 때문에 원칙적으로 불공정 거래방법에 해당된다(일반 지정 제12항).

ⅱ. 라이선시가 개발한 개량기술에 관한 권리를 라이선서에게 공

---

31) 프로그램 저작물에 대하여서는 해당 프로그램의 수정을 금지하는 것은 일반적으로 저작권법상의 권리의 행사로 보이는 행위이다. 그러나 저작권법상으로도 라이선시가 해당 소프트웨어를 효과적으로 이용하기 위하여 수행 변경하는 것을 인정받고 있으며(저작권법 제20조 제2항 제3호, 제47조의2) 이러한 행위까지 제한하는 것은 권리의 행사로 인정되지 않는다.

32) 라이선시가 특허 등의 출원을 희망하지 않는 국가, 지역에 대하여 라이선서에 대하여서 특허 등의 출원을 할 권리를 주는 의무를 부과하는 행위는 본 제한에 해당되지 않는다.

유하는 의무는 라이선시의 연구 개발 의욕을 저하하는 정도가 ⅰ의
제한에 비해 작지만 라이선시가 자신의 개량·응용 연구 성과를 자
유롭게 이용·처분하는 것을 방해하기 때문에, 공정경쟁 저해성을
갖는 경우에는 불공정한 거래방법에 해당된다(일반 지정 제12항).

ⅲ. 라이선시가 개발한 개량기술이 라이선스 기술 없이는 이용
할 수 없는 것인 경우에 당해 개량 기술에 관한 권리에 상응하는 대
가로서 라이선서에게 개량기술을 양도할 의무를 부과하는 행위에
대하여서는 원활한 기술 거래를 촉진하는 데 있어서 필요하다고
인정되는 경우가 있고, 또한 라이선시의 연구 개발 의욕을 저하시
킨다고 인정되지 않기 때문에 일반적으로 공정경쟁 저해성을 갖는
것은 아니다.

### 9) 개량기술의 비독점적 사용권 의무

ⅰ. 라이선서가 라이선시에게 라이선시에 의한 개량기술을 라이
선서에게 비독점 라이선스를 하는 의무를 부과하는 행위는 라이선
시가 자체 개발한 개량기술을 자유롭게 사용할 수 있는 경우 라이
선시의 사업 활동을 구속하는 정도는 작고 라이선스 연구 개발 의
욕을 해칠 우려가 있다고 인정되지 않기 때문에 원칙적으로 불공
정 거래방법에 해당되지 않는다.

ⅱ. 그렇지만, 이에 따라 당해 개량기술의 라이선스 대상 기업
등을 제한하는 경우(예를 들어, 라이선서의 경쟁자와 다른 라이선시에
라이선스를 허가하지 않는 의무를 부과하는 행위 등)은 라이선시의 연
구 개발 의욕을 저하시키고 또한 기술시장 또는 제품시장에서 라
이선서의 지위를 강화하는 것이므로 공정경쟁 저해성을 갖는 경우
에는 불공정 거래방법에 해당된다[33](일반 지정 제12항).

---

33) 라이선시가 개발한 개량기술을 라이선서의 기술 없이는 사용할 수 없는
    경우, 다른 사업자에게 라이선싱할 때 라이선서의 동의를 의무화하는 행
    위는 원칙적으로 불공정 거래방법에 해당되지 않는다.

10) 검색 지식, 경험의 보고 의무

라이선서가 라이선시에게 라이선스 기술에 대한 라이선시가 이용하는 과정에서 얻은 지식이나 경험을 라이선서에게 보고하는 의무를 부과하는 행위는 라이선서가 라이선스를 허가할 동기를 부여하게 된다 한편, 라이선시의 연구 개발 의욕을 훼손하지 않기 때문에 원칙적으로 불공정 거래방법에 해당되지 않는다(일반 지정 제12항).

## 3. 검토 의견

「지식재산의 이용에 관한 독점금지법상의 지침」의 일부 개정을 위한 의견[34] 및 지침 개정안에 대한 지식재산협회의 의견(총론)[35]에 의하면 지침의 개정에 대해서 다음과 같이 개진하였다.

지식재산협회 회원사들의 지침 개정안에 대한 의견 입장을 집약하면 '대합의 사건(2013년 (마) 제10043호)에 관한 일본 지식재산 협회의 의견서도 방향성이 일치하고 있으며, 전체적인 사고방식에는 찬성하는 외국을 포함한 판례 등의 동향에 따른 것이라고 지침의 개정을 평가할 수 있다. 그러나 불명확한 점도 있기 때문에 한층 더 검토가 필요하지 않을까 하는 생각이 있다. 한편으로, 유럽과 미국에서도 아직 논의가 집약되지 않았고, 본 지침의 개정은 시기상조이며 실시의 이익을 중시한 개정이고 균형을 결여하였다고 하는 견해도 있다.

또한, ⅰ. 지식재산협회의 회원 기업은 적극적으로 기술 표준 규격을 책정하는 입장 ⅱ. 기술 표준 사용자로 책정된 규격에 따라 제품, 서비스를 제공하는 입장 ⅲ. 소비자의 입장에서 크게 세 가지 입장으로 분류되며, ⅰ 과 ⅱ 의 입장을 겸비한 회원 기업도 있다. 따

---

34) 一般社団法人日本知的財産協会 常務理事 櫻井 克己,「知的財産の利用に関する独占禁止法上の指針」の一部改正に向けた意見, 2015, pp.1~9.

35) Ibid., pp.1~2.

라서 입장에 따라 지침에 대한 의견이 다르기 때문에 아래의 각 의견은 각각 상반되는 경우도 있다.

그리고, 협회 회원 기업의 의견을 수렴하고 대변하는 것이지만, 특히 본 지침 개정안에 대해 기업 실무상 혹은 독점금지법상 문제성에 있어서 알기 쉬운 지침이 될 수 있도록 기업 실무 실정과 해외의 동정을 고려하여 보다 명확하게 하기 위한 수정을 요구하고 기대한다. 그러나 이러한 점에 대해서도 지침으로서의 성격, 기능, 역할을 고려할 때, 명확하고 구체적으로 설명하는 것이 반드시 옳다고 하지 않다는 의견도 공존하고 있는 것이 실정이다.

그리고, 현행 지침 개정안의 관계에 관한 논점에 대하여[36]

가. 현행 본 지침 제2절 4(2)과의 관계(경쟁의 실질적 제한과의 관계)에 있어서

본 지침 개정에서 '사실상 표준' 외에도 필수특허에 의한 금지 등에 대하여 경쟁의 실질적 제한과의 관계를 언급하여야 하며, 표준화 기관에서 책정된 규격에 관한 필수특허는 유력한 기술로 인정되는 예를 설명해야 한다고 생각한다. 그 이유는 현재 본 지침 제2절 4(2)에서 '사실상의 표준으로서의 지위를 갖는 데 이른 기술'에 대하여 '경쟁에 미치는 영향이 큰 경우의 예'이며 "유력한 기술로 인정되는 경우가 많다"라고 기재되어 있지만, 본 지침 개정안에 따라 달라질 수 있으며, FRAND 선언을 한 필수특허는 표준화 기관에서 복수의 사업자 간의 협의를 거쳐 책정된 규격에 한할 것이며, 시장 경쟁의 결과 '사실상의 표준으로서의 지위를 갖는 데 이른 기술'보다 일반적으로 시장 점유율이 높고, 따라서 경쟁을 실질적으로 제한하는 정도의 가능성이 높은 경우가 많다고 생각된다. 또한 이 점에 관하여 「필수특허 문제에 관한 조사 보고서」 제4절 3(2)에서도 "필수특허 라이선스 거절·금지 청구 소송의 제기가 … 경쟁에

---

36) Ibid., pp.2~3.

미치는 영향이 크다"고 언급하고 있다.

나. FRAND 조건에 관한 독점금지법상의 사고방식에 대한 언급에 대하여

지침 개정안에서는 FRAND 조건에 관한 독점금지법상의 고려에 대하여 나와 있지 않지만, FRAND 조건에 관한 고려를 나다내는 깃이 의미 있다. 왜냐하면 필수특허 문제에 관한 조사 보고서의 제3절 3(2)는 "서양 사례 등에서는 필수특허에 대한 고액의 사용료(거절과 동일시할 수 있을 정도로 고액의 경우를 제외한다)의 청구를 경쟁법, 경쟁정책상 문제가 된 것은 없다"고 기재되어 있다. 그러나 보고서에 나오는 고액 라이선스 비용 자체를 경쟁법, 경쟁정책상 문제가 된 사례는 아니더라도 각국의 판례, 경쟁당국의 결정 등에서는 Microsoft v. Motorola, Ericsson v. D-Link, IEEE 정책에 대한 DoJ 비즈니스 레터(이상 미국), Qualcom에 대한 NDRC 결정(중국) 등 FRAND 조건에 대해 언급한 사례가 발견된다. 또한 그 방법에 있어서는 개별 라이선스 비용은 '고액'이 아니더라도 기술표준 규격 전체적으로 라이선스 조건이 '고액'이 되는 경우도 고려해야 한다.

본 지침 개정안에 대한 각 의견[37]

가. 개정안 전체에 대한 의견

1. 시짐 개정의 방향성을 평가한다. 그 이유는 대합의 판결(2013년 (마) 제10043호)에 관한 일본 지식재산협회의 2014년 3월 24일자 의견서(13일 지식관리 제90호)에서도 나타난 바와 같이 "원칙적으로 (F)RAND 선언을 한 표준 필수특허에 근거한 금지 청구권의 행사는 제한되어야 한다"고 생각하기 때문이다. 그러나 동 의견서에도 있듯이 "실시의 불성실·악질 등을 감안하여, 금지 청구권의 행사

---

37) Ibid., pp.3~9.

를 인정할 사안은 존재한다."

ii. 지침 개정의 방향성을 환영하며 이러한 개정을 높이 평가한다. 그러나 금지 청구 제한의 대상은 FRAND 선언을 한 필수특허로 제한할 것이 아니라 더욱 그 대상을 넓혀야 한다고 생각한다. "FRAND 선언을 했다"라는 문구를 삭제하고 FRAND 선언의 유무를 요구 사항에서 제외해야 한다고 생각한다. 왜냐하면 표준화 실무에서는 FRAND 선언을 해야 하는지 여부를 검토하는 부문과 표준화 기술 검토 부서의 연계 없이 의도하지 않은 기술 표준 채택에 대한 움직임과 RF 또는 FRAND 선언이 연결되지 않을 수 있기 때문이다. 또한 특허 보유자가 모르는 곳에서 표준화가 진행되어 결과적으로 표준화 기술에 FRAND 없는 필수특허도 존재한다. 따라서 독점적인 지위에 있는 국제 표준 기술로 FRAND 선언이 되지 않은 필수특허도 존재한다.

또한 정보 통신 기술(ICT) 등 서로 다른 판매자가 제공하는 여러 기기 간의 상호 연결성에 관한 기술에서 비즈니스를 하는 이상, 해당 표준 기술을 채택하지 않을 수 없는 상황이다. ICT의 발전은 기존 기술에 대한 세부 기술 개량 더미에 의해 이루어지고 있으며, 하나의 표준에 다수의 필수특허가 존재하는 경우가 많아지고 있다. 이러한 상황에서 FRAND 선언되지 않은 필수특허의 금지 청구권의 남용이 우려된다.

iii. 지침의 개정은 시기상조라고 생각한다. 본 지침 개정안은 삼성전자 주식회사와 애플 제팬 합동회사 간의 지식재산 고등법원 대합의 판결에서 나타난 개념에 근거한 개정이라고 인식되는바, 본 지침의 방향성을 이해할 수 있다. 그러나 FRAND 선언한 필수특허의 취급에 대해서는, 표준 특허의 권리 행사에 관한 논의는 유럽과 미국에서도 논의가 진행되고 있어 아직 논의는 종결되지 않았다. 일본의 본 지침이 유럽과 미국의 것과 상충될 가능성이 있다. 또한 충분히 논의가 이루어졌다고 말하기 어려운 상황이라고 생각한다. 또한 FRAND 선언된 SEP에 대해 해당 표준규격을 실시하는 자가 성실하게 협상을 하는 한 금지 청구권의 행사는 인정되지 아니한다.

나. 개정안 제3절 1(1) 마에 관하여

ⅰ. 제3절 1(1) 마(본 규정의 공정성에 대하여)

권리의 실시의 이익만을 중시한 개정이고 균형을 결여하였다고 생각한다. 왜냐하면 실시자의 의무의 관점이 부족하기 때문이다. 실시자에게도 FRAND 조건으로 라이선스를 진심으로 희망하는 자세를 보이는 의무를 부과한다.(예: 권리자의 제안이 FRAND 조건이 없다는 이유로 라이선스 허가를 거부하는 경우 실시자에 대안을 그 이유와 함께 제시하는 의무를 부과한다.)

ⅱ. 제3절 1(1) 마 ─필수특허에 관하여

본 지침 개정안의 필수특허의 정의는 "IPR 정책에 필수특허로 정의되거나 규격에 규정된 기능 및 효용의 실현에 필요한 특허, 저작권, 기타 지적재산권"이라고 수정하는 것이 바람직하다고 생각한다. 왜냐하면 대상이 되는 필수특허의 정의는 "규격에서 규정된 기능 및 효용의 실현에 필수적인 특허 등"이라 표현되어 있지만, 필수특허의 정의는 각 표준화 단체에서 다양하게 정립되며 앞으로도 변경될 가능성 등이 있고, 이 정의는 반드시 필수특허를 포괄적으로 정의하고 있지 않을 가능성이 있다.

따라서 본 일부 개정안이 표준화 단체를 전제로 하고 있는 이상, 표준화 단체의 IPR 정책에서 정의된 필수특허 대상이 되도록 정의해야 한다고 생각한다. 이어 '특허 등'에 대해 표준화 기관에서 특허권과 마찬가지로 저작권도 FRAND 선언을 포함하는 라이선스의 사용이 정해져 있는 점을 감안하여 필수특허의 정의에는 저작권도 포함되어 있음을 명확하게 하여야 한다.

ⅲ. 제3절 1(1) 마 ─FRAND 선언의 철회에 대하여

FRAND 선언을 철회한다는 것은 어떤 사건을 의미하는지 명확

하게 보여 주었으면 한다. 왜냐하면 다른 사업 활동의 경쟁을 배제하는 행위로서 '해당 필수특허의 대상이 되는 기술을 포함한 표준이 수립된 후 FRAND 선언을 철회'라고 기재되어 있지만, FRAND 선언을 한 필수특허에 대해 그 선언을 철회하는 것은 원칙적으로 불가능하기 때문이다.

iv. 제3절 1(1) 마 —FRAND 선언의 대상자에 대하여

'해당 규격의 책정에 참여하는 자에 대하여'를 삭제하는 것이 좋다고 생각한다. 그 이유는 '해당 규격의 책정에 참여하는 자에 대하여'라는 표현은 FRAND 선언의 대상자가 한정되어 있다고도 해석할 수 있기 때문이다. ITU/ISO/IEC 등의 국제 표준 기관의 공통 IPR 정책은 기술위원회에 참여하지 않아도 누구나 정보를 공개하고 FRAND 선언할 수 있게 되어 있는 점을 감안하여 해당 개소를 제거하고 각 기관의 IPR 정책의 차이를 흡수하여 지침에 최대 공약으로 기재하는 것이 바람직하다.

ⅴ. 제3절 1 (1) 마 —필수특허의 양도

FRAND 선언을 한 필수특허 양수인에 의한 금지 청구도 인정하지 않는 것을 본 지침에 명시해야 한다고 생각한다. 그 이유는 소위 PAE(Patent Assertion Entity)가 사업 철수 기업 등으로부터 필수특허를 양도받아 표준실시 기업에 대하여 소송 제기 금지, 불합리하게 높은 라이선스 비용을 요구하는 사례가 미국을 비롯해 일본을 포함한 각국에서 발생하고 있으며, 이는 산업의 발전을 저해하는 것으로 미국에서는 법 개정 등의 대책이 진행되고 있다.

이러한 상황에서 '규격의 책정 후 필수특허를 양도한 자의 행위인지 …' FRAND 선언된 필수특허가 양도된 경우에도 본 지침 개정안에 그 금지 등은 독점금지법상 문제가 있음을 언급할 수 있는 PAE가 특허권을 남용하여 산업의 발전을 저해하는 것을 방지한다는 점에서 유익하다.

또한, PAE에 의한 특허권의 남용을 명확하게 방지하기 위해 양

수인이 FRAND 선언을 하지 않아도 양도인이 FRAND 선언을 한 필수특허 양수인에 의한 금지 청구는 인정되어서는 안 된다.

vi. 제3절 1(1) 마 ─ 'FRAND 조건을 취득할 의향이 있는 자'에 대하여

'FRAND 조건을 취득할 의향이 있는 자'란 어떤 사람인지 구체적으로 제시받고 싶다. 그 이유는 'FRAND 조건을 취득할 의향이 있는 자'에 그 예시가 나와 있지만, 판단 기준, 요소의 구체적인 설명이 없고, 어떤 사람인지 불명확하다. 예를 들어, 개정안에 표시된 예시에서는 다음과 같은 의문이 생긴다. ① 일정한 협상 기간은 얼마 동안인가? ② 협상 내용은 묻지 않는 것인가? ③ 외형적으로는 라이선스를 취득할 의향이 있다고 표시는 하고 있지만 실제로 받을 생각이 없는 사람, 악의를 가진 사람(예를 들어, 지연 전술을 사용하는 사람)도 대상으로 볼 수 있지만 그것을 어떻게 해석할 것인가?

필수특허에서의 금지 여부를 판단하는 데 있어서, 'FRAND 조건으로 라이선스를 받을 의향이 있는 자'에 대한 판단은 중요한 요소이기 때문에 어떤 점을 참작하여 판단되는지 예를 들어 "FRAND 선언을 한 필수특허를 가진 자와 라이선스 거절 또는 금지 청구 소송의 대상이 되는 다른 사업자 사이의 교섭 경위 및 내용, 특허권자의 구체적인 라이선스 조건의 제시 여부, 라이선스 조건이 FRAND임을 설명하는지 여부, 상대방의 역제안 또는 라이선스 제안을 거부하는 이유의 유무 등"과 같이 구체적으로 설명하는 것이 유익하다.

또한, '법원 또는 중재 절차에서 라이선스 조건을 결정하는 의사를 표시하는 경우'가 나타나고 있지만, 협상시 "재판에 의해 라이선스 조건이 결정되면 따른다"라고만 대답하고 실질적으로 협상하지 않는 불성실한 실시자들도 보호 대상이 될 수 있으므로 위의 라이선스를 취득할 의향이 있는지를 인증할 경우에는 실시자의 협상 태도 등을 참작하여야 한다. 그리고, 본 지침은 재판이나 중재에 의하지 아니하고, 기술의 이용에 관한 제한 행위에 대한 독점금지법의 적용에 관한 생각을 포괄적으로 밝힌 것으로 이해되는바, 재판

등에 이르기 전 사실에 따라 독점금지법의 적용 판단을 할 수 있게 하여야 할 것이다.

vii. 제3절 1(1) 마 ─금지 청구 소송 제기

금지 청구 소송 '제기' 자체가 사적 독점을 구성하고 있다는 점이 적절한 판단인지 충분히 검토되어야 한다. 그 이유는 'FRAND 조건으로 라이선스를 취득할 의향을 가진 자'에 대한 판단 기준이 명확하지 않은 상황에서 금지 청구 소송 '제기' 자체가 사적 독점에 해당한다는 구성을 가지고 일률적으로 금지 청구 소송의 제기를 제한하는 경우에는 라이선스 사업에 차질이 생길 수 있기 때문이다. 구체적으로는, 특허 풀의 특허료를 아직 계약에서 떼어 먹고 있는 사업자의 권리 행사가 상정된다.

viii. 제3절 1(1) 마 ─금지 청구의 제한의 예외

다음의 경우에는 금지 청구가 제한되지 않는 취지를 규정하기를 바란다. ① 해당 규격의 필수특허를 이용하여 금지 청구를 해 온 상대에 대한 역소송을 제기하는 경우 ② 해당 규격의 필수특허의 이용 특허를 이용하여 금지 청구를 해 온 상대에 대한 카운터 소송을 제기하는 경우 ③ 상대가 FRAND 조건으로 라이선스를 취득할 의향이 없는 경우. 그 이유는 금지 청구 제한의 대상이 되는 특허권자만이 일방적으로 제3자로부터의 금지 청구의 위험을 부담하고 합리적인 실시료를 취할 수 없게 되는 것을 방지하기 위해 특허권자의 내항 수단을 확보해야 하기 때문이다.

다. 개정안 제4절 2(4)에 대하여

ⅰ. 제4절 2(4) ─공정경쟁 저해성 및 불공정 거래방법 해당성에 대하여

개정안 제4절 2(4)는 '공정경쟁 저해성을 가지게 된다', '불공정 거래방법에 해당된다'가 아니라 '공정경쟁 저해성을 갖을 우려가 있는 행위이다.', '공정경쟁 저해성을 갖는 경우에는 불공정 거래방법에 해당된다.'고 하여야 한다고 생각한다. 그 이유는 기술 표준 규격에 관한 필수특허도 라이선스는 다양한 조건과 다양한 대가

관계로 구성되는 것이며, FRAND 조건의 대가 관계는 그 일부를 구성하는 것에 불과하다. 따라서 FRAND 선언한 자가 라이선스 거절 또는 금지 청구권 행사를 통틀어 '공정경쟁 저해성을 갖는' '불공정 거래방법에 해당된다'고 하는 것은 타당하지 않다. 자칫 라이선스 계약 협상자 사이의 균형을 깨뜨리는 일이고(특히 필수특허 소유자, 허가자에게 불리하게 일이 된다), 공정거래의 확보에 연결되지 않는 경우를 야기한다. 라이선스 계약 당사자 간의 조건, 상황이 종합적으로 고려되어 FRAND 선언한 자가 라이선스 거절 또는 금지 청구권 행사가 공정 경쟁 저해성을 갖는지 여부를 판단해야 하며, 이러한 판단이 이루어지지 않은 채 FRAND 선언한 자의 금지 청구를 제한해 버리는 것은 지나치다.

ⅱ. 제4절 2(4) – 필수특허의 양도

'필수특허의 양도'에 대해서, 본 지침 개정안의 제3절 1(1) 마와 같은 문구를 불공정 거래방법의 관점에서의 생각에도 추가해야 한다고 생각한다. 그 이유는 본 지침 개정안의 제3절 1(1) 마는 "표준 수립 후 필수특허를 양도한 자의 행위인지 … 상관없다"고 하고 있는 반면, 불공정 거래방법의 관점에서의 사고에서는 상기 내용이 없기 때문에 권리 행사의 주체에 관하여 본 지침의 적용 범위가 불명확하기 때문이다.

결론적으로, 2007년 4월 27일 일본 공정거래위원회는 지식재산의 이용에 관한 독점금지법상의 지침을 공표하였다. 이 지침은 종래 특허 및 노하우 라이선스 계약에 관한 독점금지법상의 지침을 개정한 것으로서, 대상이 되는 권리를 특허 및 노하우로부터 기술에 관한 지식재산권 일반으로 확대함과 동시에 종래의 가이드라인에서는 언급하지 아니한 라이선스 거절에 관한 기술(라이선스 거절에 관한 규제의 확대)과 라이선스에 수반하는 개별적 제한 유형에 관하여 일부 해석지침을 변경하였다. 그러나 일본의 이 지침 역시 아직도 불명확한 점이 많아 앞으로 수정 가능성을 내포하고 있다.

① 일본 지침상 추가 변경하는 행위에 대하여 추가 변경 이유에 대한 설명이 필요하다. 예컨대, 그와 같은 행위가 현실적으로 또는 장래적으로 독점금지법상 또는 경쟁정책 운용상의 장애 사유 해당성(형식적 판단)과 그것이 경쟁에 미치는 효과를 실질적으로 판단하여야 할 것이다. 이것은 경쟁을 실질적으로 제한하는 경우를 의미하고 따라서 시장지배적 상태를 유지 강화하는 경우로서 현실적으로 가격에 지배적 영향을 미치는 경우를 말한다.

② 경쟁자라고 하는 경우에는 라이선스 취득 전부터의 경쟁자(경쟁자 1)와 라이선스 취득으로 인하여 비로소 경쟁자가 된 경우(경쟁자 2)가 있는데, 지식재산 보유자는 라이선스에 의해 경쟁을 촉진할 의무는 없으므로 라이선스 제한행위가 경쟁에 미치는 영향을 고려하는 경우에는 경쟁자 1의 경우와 경쟁자 2의 경우에 상당한 차이가 있다.

③ 독점금지법을 적용하기 위하여는 부당한 거래제한의 관점이든 불공정한 거래방법의 관점이든 실질요건으로서 일정한 거래분야에 있어서 경쟁을 실질적으로 제한하든가 공정한 경쟁을 저해할 공정경쟁저해성의 요건을 충족해야 하는데 지침상으로 불충분하며 가이드라인으로서의 기능이 부족하다.


## IV. 중 국[38)

### 1. 중국 반독점법에 의한 지식재산권 남용 규제와 근거[39)

지식재산권은 권리보호가 핵심이 되는 부분이지만 지식재산권

---

38) 中国独占禁止法による知的財産権濫用規制の新たな展

39) 王先林, シンポジウム「独占禁止法と知的財産法の交錯ー日中比較の観点からー」, 上海交通大学法学院, 2016, p.3~6. 이하 같다.

의 보호에 합리적이고 적절한 한도가 필요하다. 지식재산권은 단순한 보호의 문제가 아니라 지식재산권의 남용을 방지하는 것을 포함하는 전면적이고 다원적인 제도이다. 지식재산권 보호 수준이 높고 그 주력도가 높은 국가는 지식재산권 남용방지에 대한 주력도가 높다.

중국에서 지식재산권 남용 행위는 가끔 발생하고 경쟁을 배제하거나 제한하려는 행위도 점점 증가하고 있다. 이미 2005년에는「중국의 다국적 기업의 지식재산권 남용 상황과 그 대책에 대한 연구보고서」에서 다국적 기업이 중국에서 우위 입장을 남용하여 경쟁을 제한하는 일부 대표적인 방법이 소개되고 있지만, 그중 주된 방법은 라이선스 거절, 끼워팔기, 차별 대가, 약탈적 가격 설정 또는 부당하게 비싼 가격 설정 등이다. 동시에 이 보고서는 마이크로소프트, 시스코 시스템즈, DVD 특허연맹, 인텔과 제너럴 모터스사 등 지식재산권 남용에 의한 경쟁의 배제 또는 제한이 의심되는 행위를 실례를 들고 있다.

중국은 지식재산권 보호를 강화하는 동시에 지식재산권 남용 행위에 대한 규제방안을 모색하고 있다. 2008년 6월 5일 국무원이 공포한「국가 지식재산권 전략 요강」의 서문에서는 중국에서 현재 "지식재산권 남용 행위가 가끔 발생하고 있다"고 지적하고 있다. 그 규정에 대한 중요한 전략 중 하나는「지식재산권의 남용 방지」이며 관련 법률, 법규를 제정하여 지식재산권의 합리적 한계를 정하고 지식재산권의 남용을 방지하여 공정한 경쟁 시장의 질서와 공공의 합법적 권익을 유지하고 보호할 것을 호소하고 있다. 이것은 지식재산권 보호와 함께 지식재산권 남용 문제 방지가 중요한 국가전략의 하나로 자리매김하였다는 것을 의미한다.

현재 중국에서 지식재산권의 남용을 규제하는 주요 법적 근거는「중화인민공화국 반독점법」이다. 이 법 제55조는 "사업자가 지식재산권 관련 법률 또는 행정 법규의 규정에 따라 지식재산권을 행사하는 행위에 대하여서는 이 법을 적용하지 아니한다. 다만, 사업자가 지식재산권을 남용하여 경쟁을 배제하거나 제한하는 행위에 대하여서는 이 법을 적용한다."고 규정하고 있다. 이것은 지식재산권 남용에 의한 독점을 금지하고 규제하는 중국의 기본적인 입장을 나타내고 있다.

## 2. 특허권 남용 행위와 그 행위에 대한 특허법 규정40)

2008년 중국 특허법의 공포 이후 제3차 개정이 이루어졌다. 특허법 개정의 주요 목적은 국가의 혁신 능력을 끌어올리기 위한 적합한 법적 환경을 정비하는 데 있다.41) 이 목적을 실현하기 위하여 2008년 특허법 개정안은 크게 두 가지 측면에서 대폭적인 수정이 이루어지고 있다. 첫 번째는 특허권 보호에 대한 노력을 강화하고 발명 창조를 장려하는 것이며 두 번째는 정상적인 시장 경쟁 질서를 지키고 특허권의 남용을 방지하기 위한 것이다. 지식재산권의 이론에서 지식재산권의 남용은 논란이 계속되고 있는 개념이다.42)

---

40) 郭禾, 特許権の濫用行為と当該行為に対する特許法の規制, 国際知的財産セミナー「中国新特許法の注目点と留意点」2, pp.73~78.

41) この目的は, 今回の特許法の第1条の改正内容から確認することができる。2008年の特許法修正案における第1条の内容は, 「特許権者の合法的権益を保護し, 発明創造を奨励し, 発明創造の応用を推進するとともに, 革新能力を高め, 科学技術の進歩と経済社会の発展を促進するため, 本法を制定する」である。2000年の特許法修正案における第1条の内容は, 「発明創造の特許権を保護し, 発明創造を奨励し, 発明創造の普及と応用を図るとともに, 科学技術の進歩と革新を促進し, 社会主義近代化建設の要請に応えるため, 特に本法を制定する」である。; 郭禾, 特許権の濫用行為と当該行為に対する特許法の規制, 国際知的財産セミナー「中国新特許法の注目点と留意点」2, p.73.

42) 陳麗苹「特許権濫用行為の法律規制を論ず」(法学論壇2005第2期掲載), 寧立志「独占禁止法の特許権行使に対する規制」(法学雑誌2005年第1期掲

따라서 특허권 남용 문제의 연구는 실무상 문제에 그치지 않고 이
론적인 의미를 갖춘 문제가 된다.

### (1) 특허권 남용 행위의 법적 특성[43]

일반적인 민법의 원리에 비추어 보면 권리사가 권리의 범위 내
에서 권리를 행사하고 있지만, 권리를 마련한 목적에 위배되는 행
위를 권리 남용이라고 한다.[44] 특허권은 민사적 권리이며, 당연히
민법 규범의 일반 원칙에 따라야 한다. 이런 의미에서 보면, 특허권
남용 행위는 특허권을 마련한 목적에 위배되어 타인 또는 공공의
이익에 손해를 초래하는 특허권 행사 행위를 가리키게 된다. 세계
각국의 법률의 대부분은 특허권 또는 특허 제도의 목적을 명문으
로 규정하고 있다. 예를 들어 미국 헌법 제1조 제8항은 "저작자와
발명자에게 일정 기간 각각의 저작 및 발명에 대하여 독점적 권리
를 보장함으로써 학술과 기예의 발전을 촉진 할 것"[45]으로 정하고
있으며 일본의 특허법은 "이 법은 발명의 보호 및 이용을 도모함으
로써 발명을 장려하고 있는 산업의 발달에 기여하는 것을 목적으
로 하는"[46] 것으로 규정하고 있다. 그러나 특허법에서 독점적인 권

---

載), 王先林「知的財産権の濫用およびその法律規制」(法学2004年第 3 期掲
載), 李順徳「知的財産権濫用による非合法的独占の制止」(科技信息2004年
第 1 期掲載), 鄭友徳, 陶双文「米国における知的財産権の濫用」(知識産権
2001年第 2 期掲載).

43) Ibid., pp.73~74.

44) 郭禾など「特許権濫用の法律規制」(「特許法」および「特許法実施細則」の
第3回修正特別研究報告掲載, 知識産権出版社2006年版1167頁), 劉徳寛
「民法総則」(中国政法大学出版社2006年版371頁), [独] ディーター・メ
ディクス「ドイツ民法総論」(法律出版社2001年版113頁).

45) 미국憲法 第1条 第1項 第1号: The Congress shall have power … To
promote the progress of science and useful Art, by securing for limited
times to authors and inventors the exclusive right to their respective
writings and discovers.

리가 확립되어 있다고는 해도 이러한 배타성에는 한계가 있다. 즉, 이러한 독점적 권리는 법률이 부여하는 권리의 범위를 넘을 수 없는 기타 법률이 해당 권리를 마련한 목적에 위배하거나 타인과 공공의 이익에 손해를 초래해서는 아니 된다.

중국 특허법에서는 권리자는 "그 특허 제품의 제조, 사용, 판매 제안, 판매, 수입 또는 그 특허 방법의 사용 및 당해 특허 방법에 비추어 직접 획득한 제품의 사용, 판매, 이벤트 판매, 수입하는"[47] 범위를 넘어 권리를 행사할 수 없다. 또한 강제 허가, 선사용권, 약품 또는 의료 기기의 행정 인허가 등 일부 행위는 위의 범위에 포함되지만, 예외적으로 특허권의 효력이 미치지 않는 것으로서 제외되어 있다. 광의로는 위의 2개는 모두 제한된 권리라고 해야 하지만, 엄밀한 의미에서의 권리의 제한은 후자만을 가리킨다. 전자는 권리 외부의 경계를 정하고 있는 것에 지나지 않고, 권리 그 자체의 제한이 없기 때문이다. 엄밀한 의미에서의 권리 제한, 권리 범위가 이미 확정되어 있는 것을 전제로, 권리의 범위 내에서 그 제한을 추가하기 위한 것이다. 이론적으로 볼 때 우선 권리가 없으면 제한에 대하여 말할 수 없다. 따라서 엄밀한 의미에서 권리의 제한은 권리의 범위 내에서 공공 공간을 정하거나 권리의 내계를 정하는 것을 말한다. 권리자가 권리의 경계를 밖으로 넘어 행한 행위는 권한이 없는 행위이며 권리자가 내계에서 행한 행위는 권리의 남용 행위에 해당된다.

이러한 의미에서 보면, 특허법에서 권리 제한을 가하는 목적은 권리 남용 행위의 발생을 방지하기 위하여서이다. 물권법에 비해 특허법이나 저작권법의 이러한 제한 규정은 수량적으로도 충분히

---

46) 日本特許法第1条。杜穎, 易継明訳「日本特許法」(法律出版社2001年版 2頁)参照。

47) 中国2008年「特許法」第11条第1項参照。

마련되어 있다. 그 이치와 사유는 극히 단순하다. 물권법은 물건에 대한 점유에 따라 권리자의 사실상 지배적 지위를 확립할 수 있지만, 지식재산권법은 법적 수단에 의해 기술 방안 및 저작물 사용에 대한 권리자의 독점적 지위를 의제로 할 수밖에 없는 것이다. 이러한 법률에 의한 의제의 독점적 지위는 기술 방안을 이해하고 장악하고 있다. (사실상 점유하고 있는) 많은 사람들이 그 기술을 실제로 수행할 수 없는 사태를 초래하고, 기술의 효용이 최대한 발휘되지 않는 기간이 있는 것이다.

이러한 문제를 해결하기 위하여 특허법은 권리의 제한에 대하여 특히 구체적인 규범을 정하여 권리의 남용 행위의 발생을 방지하려 하고 있다. 지식재산권은 그 보호 대상의 무체성 때문에 물권보다 남용되기 쉽다.

### (2) 특허권 남용 방지를 위한 강제 허가 제도의 이용[48]

중국의 2008년 특허법 개정안은 강제 허가 조항에 대폭적인 조정이 추가되었다. 그중 제48조에서는 강제 허가로 이어지는 2개의 특허권 남용 행위가 명확하게 규정되어 있다.

첫 번째는 "권리자가 특허권을 부여받은 날로부터 3년 동안, 그리고 특허 출원을 한 날부터 4년 동안 정당한 이유 없이 그 특허를 실시하지 않는, 혹은 그 특허의 실시가 불충분한 경우"[49]이다. 1984년 중국의 특허법에 이미 유사한 규정이 있었지만[50] 1992년의 특허법 개정안에서 해당 조항은 삭제되었다. 당시 특허법 개정안에서는 해당 규정이 부활하였다. 본 규정은 '파리 협약'의 규정[51]과 그 내용이 완전히 동일한 것이다.

---

48) Ibid., pp.74~75.
49) 中国2008年「特許法」第48条第1項参照.
50) 中国1984年「特許法」第52条参照.
51) 「工業所有権の保護に関するパリ条約」第5条A節A項第4号参照.

두 번째는 "특허권을 행사하는 권리의 행위가 법률에 의해 독점행위로 인정된 당해 행위가 경쟁에 미치는 불리한 영향을 제거 또는 완화하기 위한 일"이며, 이 경우 국무원 특허 행정부서가 강제허가할 수 있다.[52] 이 규정은 2008년 8월 1일에 발효된 반독점법의 특허권 남용 행위를 대상으로 한 규정에 대응하기 위한 것이다.[53]

현대 사회에서는 독점이 가져오는 영향이 국내 시장에 머무르지 않기 때문에 특허법에서 이러한 강제 허가 실시에 대한 국내 시장의 수요를 만족시킬 만큼 한정되지 않는다. 하지만 정상적인 상황에서는 강제 허가의 신청 조건은 국내 시장의 요청에 부응하는 경우에 한한다 할 것이다.[54]

특허를 실시하지 않거나 실시가 불충분한 행위에 관해 중국의 특허법은 또한 "국무원 특허 행정 부서는 공중의 건강을 위하여 특허권을 취득한 약품에 대하여 그것을 생산하고 중화인민공화국이 참여하는 관련 국제조약의 규정에 부합되는 국가 또는 지역에 수출하는 강제 허가를 줄 수 있다"[55]고 규정하고 있다. 공중 보건과 지식재산권의 조화는 2000년 이후 WTO 도하 라운드에서 매우 민감한 문제로 사람들의 관심을 모아 왔다.

중국 특허법에서 본 규정은 WTO 도하 각료회의 「TRIPS 협정과 공중 보건에 관한 선언」과 WTO 일반 이사회의 「TRIPS 협정과 공중 보건의 도하 선언 제6절의 실시에 관한 결의」의 규정에 따른 것이며, 다음 개정은 관련 조약의 요건을 충족하고 있다.

이 밖에 중국의 특허법은 종속 관계에 있는 발명 창조의 강제 허가, 반도체 기술에 대한 강제 허가 등에 대하여서도 규정을 두고 있다. 전자는 1984년 특허법의 공포 이후 어떠한 개정도 이루어지지

---

52) 中国2008年「特許法」第48条第2項参照。
53) 中国「独占禁止法」第55条参照。
54) 中国2008年「特許法」第53条参照。
55) 中国2008年「特許法」第50条参照。

않고 그 규정의 목적은 기초 발명의 권리자가 특허권을 남용하여 기초 발명에 따른 타인의 개량 발명 실시를 금지하는 행위를 방지할 수 있다. 후자는 WTO의「무역 관련 지식 재산권에 관한 협정」에 따라 도입한 규정이다.56) 동 규정은 반도체 기술의 강제 허가의 범위를 다소 좁혔다. 또한 강제 허가를 신청하는 당사자에 관하여는 "증거를 제공하고 합리적인 조건을 가지고 권리자에게 특허 실시 허가를 청구하였으나, 합리적인 시간 내에 허가를 얻지 못한 것을 증명"하도록 의무화하는 규정 등이 있으며, 중국의 특허법은 강제 허가를 주요 수단으로 특허권의 남용을 방지하는 충실한 장벽을 구축하고 있다.

### (3) 공지 기술의 항변에 의한 특허권 남용 행위의 억제57)

2008년의 특허법 개정안은 공지 기술의 항변 조항, 즉 "특허권 침해 분쟁에서 침해 피의자가 증거로써 그 실시한 기술이나 디자인이 기존 기술과 기존 디자인이라고 증명한 경우 특허권 침해에 해당하지 않는다."58)는 규정이 처음으로 도입되었다. 동조의 규정은 당시 중국에서 특허 소송의 현실을 고려하여 도입된 것이다. 이 규정으로, 특허권을 이용한 남용 행위를 어느 정도 해결할 수 있다.

중국 특허법은 발명, 실용신안, 의장 등 3개의 특허가 정해져 있다.59) 이 중 실용신안과 의장의 2개의 특허는 권리의 부여에 앞서 실체 심사를 하지 않고 방식 심사에 통과하면 권리가 부여된다. 따라서 투기꾼이 공지 기술을 실용신안과 의장으로 출원하여 권리 취득 후 타인을 침해라며 제소하는, 부당하게 물건을 탐내는 사태를 초래할 수 있다. 이들은 그 기술이 권리를 부여하지 않는다는 것

56) WTO「知的所有権の貿易関連の側面に関する協定」第31条第c項参照。
57) Ibid., pp.75~76.
58) 中国2008年「特許法」第62条参照。
59) 中国2008年「特許法」第2条参照。

을 알면서도 형식적인 의미밖에 없는 권리를 이용하여 타인을 고소할 것이다.

2000년의 특허법에서는 이러한 권리 침해로 고소된 피고는 특허 재심사위원회에 특허권의 무효 선고를 청구할 수밖에 없으며, 권리 침해 소송에서 공지 기술의 항변을 직접 행할 수 없었다. 권리 침해 소송은 특허권의 유효성이 확인된 후에 심리를 할 수 없었던 것이다. 따라서 종종 소송이 몇 년에 걸쳐 이어져 당사자에게도 불리하였다. 공지 기술의 항변 규정을 도입하는 것으로, 법원은 특허의 유효성 문제를 접어두고 권리 침해로 고소된 기술이 공지 기술인지 여부를 직접 확인할 수 있고, 만일 공지 기술이라면 권리 침해에 맞지 않는 판결을 내릴 수 있게 된다. 이러한 의미에서 보면, 공지 기술의 항변 제도의 도입은 이러한 형식적인 의미의 특허권을 이용하여 무고한 사람을 고소하는 행위를 억제하는 데 도움이 된다.

다만 중국은 공지 기술의 항변 제도의 도입에 따른 부정적인 영향이 발생할 수 있다. 중국에서 특허 안건을 관할하는 권한을 가진 법원은 이미 71개이다.[60] 대법원이 특허 안건의 관할권의 심사 비준에 대하여 엄격한 기준을 채택하고 있지만 각 법원의 판례에서 특허 사건에 관한 판단 기준에 차이가 있다는 것을 알 수 있다. 이러한 상황에서 공지 기술의 항변의 원칙을 도입하면 필연적으로 판사의 재량권의 폭을 넓히는 것, 특허권 침해 안건에 대한 판단이 법원마다 다른 상황에 박차를 가할 수 있다. 이는 중국의 법제에 바람직하지 않은 상황이다. 권리 침해를 판단할 때 균등론이 수정안에서 삭제된 것도 이와 비슷한 맥락이다.[61]

---

60) 国家知識産権局のウェブサイト: http://www.sipo.gov.cn/sipo2008/yw/2008/200812/t20081203_428545.html 参照(2009年 3 月 2 日にアクセス)。

61) 国家知識産権局が2006年 8 月に公布した「中華人民共和国特許法改正草案」(意見募集草案)第 A 7 条 参照。

## (4) 병행 수입의 합법화가 특허권 남용의 위험을 완화한다[62]

2008년 중국의 특허법 개정안에서는 병행 수입의 합법성이 명확하게 되었다. 이것은 각국의 특허 제도 중에서도 독자성이 강한 것이라고 할 수 있다. 2008년 특허법의 규정은 "특허 제품 또는 특허방법에 비추어 직접 획득한 제품은 권리자 또는 그 허가를 받은 법인, 개인이 판매한 후, 해당 제품의 사용, 판매제의, 판매 수입을 하는 것"은 특허 침해로 간주한다고 하고 있다.[63] 특허법은 본 규정에서 권리 소진의 원칙을 수입에 적용하는 것을 분명히 하고 있다. 이는 수입권도 특허 제품이 처음 출시되는 동시에 소진된다는 것을 의미한다.

2000년의 중국 특허법 규정에는 원래 '수입' 두 글자는 없었다.[64] 권리 소진의 조항에 수입권을 더한 직접적인 결과가 병행 수입의 합법화이다. 병행 수입 문제는 특허권 소진의 지역 범위의 문제라고 표현하는 것도 가능하다. 즉 특허권이 국내 소진된 것인지, 아니면 국제 소진된 것인가 하는 문제이다.

중국 법원은 과거에도 저작권과 상표권에 관한 안건에서 병행수입의 문제를 다루고 있지만, 지금까지 직접적으로 대답하지 않고[65] 특허 분야에서 중국이 병행 문제에 공식적인 답변을 한 것도 없었다. EU 회원국 사이에서 병행 수입이 합법화되는 것을 제외하고는 이러한 문제를 처리할 때 다른 관련 국가에서 개별적으로 처리하는 방식을 채택하는 경우가 많으며, 중국 특허법의 기술은 선

---

62) Ibid., p.76.

63) 中国2008年「特許法」第69条第1項参照。

64) 中国2000年「特許法」第63条第1項参照。

65)  最高人民法院(1998)  知終字第6号民事裁定書,  広東省高級人民法院(1997)粤知初字第1号民事判決書,

    楊金 「並行輸入における商標権侵害」(中国専利與商標(香港)2000年第3期掲載)参照。

구적이라고 할 수 있다. 경제의 글로벌화가 진행되는 오늘날, 이러한 방법은 무역에 유리하며 지식재산권에 의한 무역 장벽 타파에 긍정적 요소가 된다. 병행 수입의 합법화는 중국 시장 개척에 대한 의지를 반영하는 것이다.

병행 수입의 합법화는 시장의 유통을 촉진하고 특허법이 부여한 독점적 권한을 이용하여 타인이 중국에서 실시하는 것을 금지하면서 자신은 그 특허 기술을 충분히 실시하지 아니한 자에 대한 일정한 제약이 된다. 왜냐하면 권리자가 다른 나라 시장에 출시한 제품을 다른 사람이 타국에서 구입하고 중국에 수입할 수 있기 때문이다. 또한 병행 수입은 특허권을 가지고 있다는 강점을 세우고 나라마다 차별적인 가격정책을 취하고 있는 권리 남용자를 규제하는 것에도 적용된다. 이러한 상품의 유통은 지역 간의 가격 차이를 평준화시킬 것이다. 다만 병행 수입의 합법화가 사법 실무에서 새로운 문제라는 것은 확실하다. 각국 모두 정책의 실시에 대하여 경험이 없고, 현 단계에서는 그 실시 효과를 포괄적이고 정확하게 예측하지 못하고 있다.

### (5) 권리 남용 행위를 제한하는 기타 규정[66]

2008년의 특허법에서 특허권 남용 행위에 관하여 전술한 여러 가지 측면에서 제한적인 규정뿐만 아니라 다음과 같은 특별 규정도 마련되어 있다.

첫째, 특허권의 공유자가 서로 견제하고 있던 특허를 실시할 수 없게 되는 것을 방지하기 위하여, 제15조에서 실시와 이익 분배의 원칙을 명확히 규정하고 있다. 공유자가 권리자가 오직 1명이라는 지위를 세우고 다른 공유자가 특허권을 실시하는 것을 무조건 금지하는 행위도 권리 남용 행위로 간주되어야 한다.

---

66) Ibid., pp.76~77.

둘째, 실용신안과 의장의 권리자가 방식만 심사하는 제도를 이용하여 특허성이 없는 기술을 특허 기술로 다른 사람을 속이는 것을 막기 위하여 특허법 제61조에서는 지금까지 권리 침해 소송에서 실용신안과 의장의 권리자에게 제출한 검색 보고서를 특허 평가 보고서로 바꾸었다. 보고서의 수준을 높이는 이러한 수법은 제정자 및 관계 당사자가 특허의 유효성을 판단하는 데 도움이 된다.

셋째, 당해 특허법 개정으로 특히 도입된 약품과 의료 기기의 행정 인허가를 예외로 하는 조항이 있다.[67] 해당 조항은 미국 특허법의 볼러(볼링을 직업으로 하는 사람) 예외 조항과 유사하다. 이러한 권리 제한 조항은 정상적인 경쟁질서의 유지에 유익하다.

넷째, 당해 특허법 개정안은 유전자원(생물종이 가진 유전 정보)에 의존하여 완성된 발명 창조에 대한 더욱 특별한 규정이 마련되어 있다. 제5조는 불법적인 수단을 이용하여 유전자원을 획득 또는 이용하고 당해 유전자원에 의존하여 완성된 발명 창조에 관한 공법적 관점에서 특허권을 획득할 수 있는 기회를 박탈하는 것이다. 제26조는 「생물 다양성 협약」의 사전 통보 동의의 원칙과 특허의 공개 요구 사항에 따라 유전자원에 의존하여 이루어진 발명 창조에 대하여 당해 유전자원의 출처를 밝힐 것을 출원인에게 요구하고 있다. 이러한 규정은 특허권 남용 행위에 대하여 일정한 제한이 된다(사전적 규제).

### (6) 소결[68]

중국 특허법은 1984년 공포 이후 이미 3차례의 개정을 거쳤으며, 개정 때마다 특허권의 보호 수준을 높일 수 있었다. 1992년 1차 개정에는 약품, 화학, 식품, 음료, 조미료를 보호하지 않는다고 하는

---

67) 中国2008年「特許法」第69条第5項参照。

68) Ibid., p.77.

조항이 삭제됐다. 특허권의 내용 수입권이 추가된 것 외에 특허의 효력이 제품에까지 확대되어 발명 특허의 보호 기간은 15년에서 20년으로 연장되었다.

2000년 2차 특허법 개정에는 발명과 실용신안 특허권에 판매 제안 규정이 추가되고 또한 금지 제도의 도입 권리자의 권익 보호가 강화되었다. 동시에 특허 출원의 심사 업무를 완벽하게 사법적 감독하에 두고 심사의 투명화, 공정화를 더욱 도모하였다.

2008년 3차 특허법 개정은 특허권의 보호를 강화하는 개정 조항이 10개조 이상 있다. 예를 들어, 특허 침해의 법적 배상 한도액을 명확히 하고 소송 전 금지 제도의 적용 조건을 더욱 명확히 하며 의장권 보호 노력 강화, 권리 부여의 신규성 기준 인상, 정부의 특허 수용의 범위의 축소 등을 개정하였다.

모두 중국 특허 보호 수준이 계속 향상되었음을 나타내는 것이지만, 지금까지 두 차례의 개정과 비교하면 3번째의 특허법 개정은 특허권의 보호를 강화하는 동시에 특허권의 남용 행위의 방지에 중점을 두고 있다. 이것은 당해 특허법 개정의 큰 특징이며, 특허 제도에 대한 중국의 인식이 성숙해지고 있음을 나타냄과 동시에 중국의 시장 경제의 성숙을 반영한 것이다.

당해 법 개정으로 제기된 남용 금지 조항의 대부분은 중국 내의 사법적 실천에서 특허권의 남용에 관한 행위가 발생하고 있음을 반영한 것이며, 관련 국제 조약의 요구 사항을 만족하는 조항도 많다. 즉, 현재 중국은 특허권의 보호에 주력할 뿐만 아니라 특허권 남용 행위의 규제를 중시하기 시작하고 있다는 것이다.

### 3. 중국 반독점법에 의한 지식재산권 남용 규제의 사법과 법집행의 실천[69]

중국에서 반독점이 실시된 기간은 짧고 지식재산권과 관련된 영역에서 반독점법을 집행한 사건은 많지 않다. 그러나 반독점 관련 민사 소송 혹은 반독점행정법 집행에 있어서도 몇 가지 문제점이 발생하고 있으며, 그 사례의 조사 및 처리와 관련하여 중국 국내외에서 폭넓은 관심을 불러일으키고 있다.[70]

#### (1) Huawei Ltd.(화웨이기술유한공사; 이하 '화웨이'라 한다) v. USA Inter Digital Technology Corp.(이하 '인터 디지털'이라 한다); 반독점법 위반 사건[71]

2011년 12월 6일 화웨이는 피고 인터 디지털이 3G 무선 통신 표준필수특허(이하 'SEP'라 한다) 시장에서 지배적 지위를 가지며 그 지위를 남용하여 부당하게 높은 가격 설정, 차별대사, 교차판매 등 불합리한 거래조건을 추가하며 거래를 거절하는 등의 독점행위를 하였다고 주장하면서 심천시 중급인민법원에 소송을 제기하였다. 첫 재판의 판결에서 재판부는 피고에게 원고에 대하여 부당하게 높은 가격 설정과 끼워팔기 등의 독점적 민사 권리 침해 행위를 즉시 중지하고 원고에 대하여 경제적 손실로 2000만 위안을 연대 배상하도록 명령하며 원고의 기타 청구를 기각하였다.[72]

판결 후 원고와 피고 쌍방은 제1심 판결에 불복해 항소하였다. 2013년 10월 21일 광동성 고급 인민 법원은 항소를 기각, 원심 판

---

69) 王先林, シンポジウム「独占禁止法と知的財産法の交錯ー日中比較の観点からー」, 上海交通大学法学院, 2016, pp.7~16.

70) Ibid., p.7.

71) Ibid., pp.8~9.

72) Ibid., p.8.

결을 확정하는 판결을 내렸다. 본 건은 중국에서 처음 원고가 완전히 승소한 반독점 관련 민사소송 사건이며, 또한 중국 법원이 접수한 최초의 필수 표준 특허 라이선스에 관한 반독점 쟁송 사건이었다. 이것은 지식재산권 영역의 최전선에서 법률상 난제로서 중국 국내외에서 주목을 받았다.[73)]

### (2) 국가발전 개혁위원회의 미국 퀄컴사에 대한 시장지배적 지위 남용사건으로 처리[74)]

2013년 11월 국가발전 개혁위원회는 고발에 따라 미국 퀄컴이 반독점법을 위반하였다는 혐의에 관하여 조사에 착수하였다. 조사와 검증 분석을 통해 퀄컴은 CDMA, WCDMA, LTE 무선 통신 SEP 시장과 베이스 밴드 칩 시장에서 시장지배적 지위를 가지며 이를 남용하고 있었던 것으로 드러났다. 부당하게 고액의 로열티를 징수하고 정당한 이유 없이 비무선 통신 SEP 라이선스를 끼워 팔았으며 밴드 칩 판매에 대한 불합리한 거래 조건을 추가하였다는 것이다.[75)]

반독점 조사과정에서 퀄컴은 조사에 협조하고 스스로 끼워팔기에 대한 시정 조치안을 제출하였다. 퀄컴이 제출한 시정 조치 방안은 국가발전 개혁위원회의 결정 및 시정 요구사항을 충족하는 것이었다. 퀄컴의 시장지배적 지위 남용에 의한 독점 행위는 성질상 중대하며 그 정도도 심각하며, 그 행위가 장기간 지속되었기 때문에 국가발전 개혁위원회는 퀄컴사에 대하여 불법 행위를 중지하도록 명령하는 동시에 법에 따라 퀄컴에 2013년도 중국 시장에서의 매출의 8% 즉 총 60.88억 위안을 벌금으로 부과하였다. 본건은 중

---

73) Ibid., p.9.

74) Ibid., pp.10~11.

75) Ibid., p.10.

국 반독점법에 2008년 8월 1일 시행된 이래 사상 최고액의 벌금이었고 또한 중국 국내외에서 가장 주목을 받은 사건이며 중국 반독점 집행에 있어서 이정표의 의미를 가지게 되었다.[76]

### (3) 상무부의 기업결합 반독점심사의 지식재산권 문제[77]

2008년 8월 반독점법 시행 이후 2015년 9월 말까지 중국 상무부가 기업 결합에 대하여 다룬 건수는 신고 1,380건, 입건 1,295건, 결심 1,222건이다. 결심이 이루어진 안건 중 무조건 승인은 1,196건, 금지 2건, 조건부 승인 24건이다. 조건부 승인 안건 중 적어도 10개는 지식재산권과 관련된 것이며 여기에는 2012년 구글의 모토로라 인수 안건과 2014년 마이크로소프트에 의한 노키아 인수 안건이 포함된다.[78]

구글의 모토로라 모빌리티 인수건에서 구글의 안드로이드 OS와 모토로라 스마트폰 사이에 수직 통합이 존재하며 동시에 하류시장(고객의 니즈를 정확하게 이해하고 고유의 정체성은 유지하되 불필요한 혜택과 거품을 제거하여 절제와 단순함을 그 특징으로 하는 저가 상품시장)의 경쟁을 배제할 수 있었다. 안건 심사 최후에 도달한 구제조치 중 하나는 구글에 대하여 모토로라 모빌리티의 관련 특허 분야에서 FRAND 조건에 대한 의무를 계속 준수하게 하고 무료 개방형 조건으로 안드로이드 플랫폼을 라이선싱하라는 것이었다.[79]

마이크로소프트의 노키아 인수건에서 마이크로소프트는 안드로이드 휴대폰 특허 라이선스 시장에서 81건의 특허와 235개의 비표준필수특허를 가지고 있으며, 휴대폰 제조기업의 안드로이드 OS에 대한 의존도가 높고, 따라서 마이크로소프트는 특허 라이선스를 통

---

76) Ibid., p.11.
77) Ibid., pp.12~16.
78) Ibid., p.12.
79) Ibid., p.13.

해 스마트폰 하류 시장을 제한하는 능력을 가지고 있었다. 노키아
와 관련하여서는 스마트폰과 관련된 1,713개의 SEP와 5,467개의
비표준필수특허를 가지고 있었다. 인수 완료 후 노키아는 스마트
폰의 생산 업무에 종사할 수 없고 순수한 특허 소유자가 다른 특허
라이선스와 교차 라이선스를 받을 필요(결합전의 중요한 억제력)가
없어진다. 상무부의 최종적인 구제조치는 마이크로소프트와 노키아
가 표준화 단체에 대하여 행한 의사표시를 계속 이행하고 FRAND
조건에 준거한 SEP를 라이선싱할 것을 약속하라는 것이었다. 동시
에 로열티 비율에도 제한이 부과되었다.[80]

2015년 9월 이후 상무부는 2015년 10월 19일 조건부 승인한 노
키아의 알카텔-루슨트 주식 인수건에서도 지식재산권에 대한 구제
조치가 관련되어 있다. 본건에 관한 상무부의 심사에서는 노키아
가 장악하고 있는 SEP에 의해 시장 경쟁이 배제, 제한될 수 있다고
인정하였다. 결합이 성사되어 노키아의 2G, 3G 통신 SEP 라이선스
시장 점유율은 1위가 되었다. 이 집중은 중국의 모바일 단말기 제
조 시장과 무선 통신 네트워크 장치 시장의 경쟁 구조에 변화를 초
래할 수 있고 궁극적으로 소비자의 이익을 해칠 가능성이 있다.
M&A 당사자 쌍방이 제출한 인수안에 따라 상무부는 본건을 조건
부로 승인하고 노키아에 SEP 라이선싱에 있어 계속 FRAND 원칙
을 준수할 것을 요구하였으며 더 나아가 SEP에 따른 중지 명령의
집행과 SEP 양도 등의 문제에 관한 확약을 요구하였다. 상무부는
당해 건을 승인한 데 이어 이에 대한 감독도 실시하고 있다.[81]

상무부가 추가한 지식재산권 관련 제한조건은 주로 다음과 같은
것들을 포함한다.

첫째, FRAND원칙을 준수한다. 표준화 단체에 대하여 행한 공정

---

80) Ibid., p.14.
81) Ibid., p.15.

하고 합리적이며 무차별적인 조건으로 라이선싱한다는 의사표시를 이행하도록 요구한다.

둘째, 가처분 중지 명령의 사용을 제한한다. SEP 라이선스에서 선의의 잠재적인 라이선스 사용자에 대하여 가처분 명령에 의한 구제조치를 요구하지 않도록 한다.

셋째, 끼워팔기를 금지한다. SEP 라이선싱 시 라이선스 사용자가 비표준필수특허를 허용할지 여부를 전제로 하지 않을 것을 요구한다.

넷째, 제3자인 양수인에 대하여 제약한다. SEP를 양도하는 경우 타사의 양수인에 대하여 표준화 단체와 상무부에 공식적 약속을 계속 이행하도록 요구해야 하며, 그렇지 않으면 양도를 하지 않는 것으로 간주된다는 것이다.[82]

### 4. 중국 반독점법에 의한 지식재산권 남용 규칙의 주요 내용[83]

이미 2009년 3월 국가공상행정관리총국은 「지식재산권 영역에서의 반독점법 집행에 관한 지침」(이하, '지침'이라 한다)의 연구활동을 시작하였다.

지식재산권 영역에서의 반독점 집행 지침(국가공상행정관리총국 프로젝트팀 초안 수정 제5원고)
제1장 총칙
제2장 지식재산권 영역에서의 법 집행의 기본 분석
제3장 일반적인 유형의 지식재산권 행사 행위의 반독점 분석

---

82) Ibid., p.16.
83) Ibid., pp.17~30.

제4장 특정 유형의 지식재산권 행사 행위의 반독점 분석
제5장 부칙[84]

국가공상행정관리총국령[85]

## 제74호

「지식재산권 남용에 의한 경쟁 배제·제한 행위의 금지에 관한 규정」은 국가공상행정관리총국의 국무회의의 심의를 거쳐 채택되고, 이에 다음과 같이 공포하고 2015년 8월 1일부터 시행한다.

지식재산권 남용에 의한 경쟁 배제·제한 행위의<br>금지에 관한 규정

**제1조** 공정한 경쟁을 유지하고 혁신을 장려하고, 사업자의 지식재산권 남용에 의한 경쟁 배제·제한 행위를 제지하기 위하여 「중화인민공화국 반독점법」(이하 '반독점법'이라고 한다)에 따라 이 규정을 제정한다.

**제2조** 독점 금지법과 지식재산권 보호는 혁신과 경쟁의 촉진, 효율 향상, 소비자 이익과 사회 공공 이익의 옹호라는 공통의 목표를 가진다. 사업자가 지식재산권에 관한 법률, 행정 법규의 규정에 따라 지식재산권을 행사하는 행위에는 「반독점법」을 적용하지 않지만, 지식재산권을 남용하여 경쟁을 배제·제한하는 행위는 「반독점법」을 적용한다.

---

84) Ibid., p.19.
85) 康信 코멘트 참조.

**제3조** 이 규정에서 지식재산권 남용에 의한 경쟁 배제·제한 행위는 사업자가 「독점 금지 방지법」의 규정에 위반하여 지식재산권을 행사하고 독점 계약을 실시하고 시장지배적 지위를 남용하는 등의 독점 행위를 말한다(가격에서 독점 행위는 제외). 이 규정에서 관련 시장은 관련 상품 시장과 관련 지역 시장을 포함하며, 「독점 금지법」 및 「국무원 반독점위원회의 관련 시장의 정의에 관한 지침」에 의해 정의되고, 한편 지식재산권, 혁신 등의 요소의 영향이 고려된 것이다. 지식재산권 허가 등에 관한 독점 금지법의 집행 업무에서 관련 상품 시장은 기술 시장에도 특정 지적재산권을 포함한 제품 시장에도 좋다. 관련 기술 시장은 지식재산권의 행사에 관한 기술과 서로 대체 가능한 유사 기술과의 경쟁에서 구성되는 시장을 말한다.

**제4조** 사업자 간 지식재산권 행사의 방식을 이용하여 「반독점법」 제13조 및 제14조에서 금지하는 독점 계약을 체결하여서는 아니 된다. 그러나 동의한 협정이 독점금지법 제15조의 규정에 해당하는 것을 사업자가 입증할 수 있는 경우에는 그러하지 아니하다.

**제5조** 사업자에 의한 지식재산권 행사 행위가 다음 각 호의 상황 중 하나에 해당하는 경우 「반독점법」 제13조 제6항 및 제14조 제3항에서 금지하는 독점 계약과 인정되지 않을 수 있다. 다만, 당해 협정에 경쟁 배제·제한의 효과가 있음을 증명하는 반증하는 경우 그러하지 아니하다.

(1) 그 행위의 영향을 받는 관련 시장에서 경쟁 관계에 있는 사업자의 시장 점유율의 합계가 20% 이하인 것 또는 관련 시장에서 적정한 비용으로 취득할 수 있는 다른 독립 제어의 대체기술이 4개 이상인 것

(2) 관련 시장에서 사업자와 거래 상대방의 시장 점유율이 모두 30% 이하일 것 또는 관련 시장에 적정한 비용으로 취득할 수 있는 다른 독립 제어 대체 기술이 2개 이상 있는 것

**제6조** 시장지배적 지위를 가진 사업자는 지식재산권 행사의 과정에서 시장지배적 지위를 남용하여 경쟁을 배제, 제한을 하고는 한다. 시장지배적 지위는 「반독점법」 제18조 및 제19조의 규정에 의하여 인정 및 추정된다. 사업자가 지식재산권을 가지고 있는 것은 시장지배적 지위의 인정 요인이 될 수 있지만 사업자가 지식재산권을 가지고 있는 것만으로 관련 시장에 시장지배적 지위를 가지는 경우로 추정되지 않는다.

**제7조** 시장지배적 지위를 가진 사업자는 정당한 사유가 없는 한 그 지식재산권을 생산 경영 활동의 필수 구성되어 있는 경우에는 합리적인 조건에 따라 당해 지식재산권을 사용하거나 기타 사업자에 대한 허가를 거절하고 경쟁의 배제, 제한을 한다. 앞의 행위를 인정할 때에는 다음 요소를 고려하여야 한다.

(1) 관련 시장에서 당해 지식재산권은 적정하게 대체될 수 없고 관련 시장에서의 경쟁에 참가하고자 하는 다른 사업자에게는 필수적일 것

(2) 해당 지식재산권의 허락을 거절하면 관련 시장에서 경쟁 또는 혁신에 불리한 영향을 미치고 소비자 이익 또는 공공 이익을 해하는 것

(3) 해당 지식재산권의 허락을 행하여도 당해 사업자의 불합리한 손해에 연결되지 않는 것

**제8조** 시장지배적 지위를 가진 사업자는 정당한 사유가 없는 한 지식재산권 행사의 과정에서 다음 각 호의 거래 제한 행위를 경쟁 배제, 제한하여서는 아니 된다.

(1) 거래 상대방이 자신에 한정하여 거래하도록 제한하는 일

(2) 거래 상대방이 자신의 지정된 사업자에 한정하여 거래하도록 제한하는 일

**제9조** 시장지배적 지위를 가진 사업자는 정당한 사유가 없는 한 지식재산권 행사의 과정에서 다음 각 호의 요건에 동시에 해당

하는 끼워팔기 행위를 행하여 경쟁을 배제하거나 제한하여서는 아니 된다.

(1) 거래관례 소비습관 등에 위반 또는 제품의 기능을 무시하고 강제로 다른 상품을 세트 판매 또는 조합 판매 하는 일

(2) 끼워팔기 행위를 함으로써 끼워팔기 제품의 시장에서 당해 사업자의 지배적 지위를 끼워팔기 제품의 시장까지 확장하여 끼워팔기 상품 또는 포함 판매상품의 시장에 있어서 다른 사업자에 의한 경쟁을 배제·제한하는 일

**제10조** 시장지배적 지위를 가진 사업자는 정당한 사유가 없는 한 지식재산권 행사의 과정에서 다음의 불합리한 제한 조건을 부대하는 행위를 함으로써 경쟁을 배제, 제한하여서는 아니 된다.

(1) 거래의 상대방에게 그 개량한 기술의 독점 그랜트 백을 요구하는 일

(2) 거래 상대방이 그 지식재산권의 유효성에 대하여 의문을 질문하는 것을 금지하는 일

(3) 라이선스 계약 기간이 만료된 후, 거래의 상대방이 지식재산권을 침해하지 않는 상황에 있고, 경쟁 상품 또는 경쟁 기술을 사용하는 것을 제한하는 일

(4) 보호 기간이 이미 만료 또는 무효로 인정된 지식재산권에 대하여 계속 권리를 행사하는 일

(5) 거래 상대방이 타사와 거래하는 것을 금지하고 거래 상대방에게 다른 불합리한 제한 조건을 부과하는 일

**제11조** 시장지배적 지위를 가진 사업자는 정당한 사유가 없는 한 지식재산권 행사 과정에서 같은 조건의 거래 상대방에 대하여 차별적인 취급을 함으로써 경쟁을 배제, 제한하여서는 아니 된다.

**제12조** 사업자는 지식재산권 행사의 과정에서 특허풀을 이용하여 경쟁을 배제·제한 행위를 하여서는 아니 된다. 특허풀 참가자는 특허풀을 이용하여 생산량과 시장분할 등 경쟁에 대한 대형

정보를 교환하고「반독점법」제13조, 제14조에서 금지하는 독점 계약을 체결하지만 당해 협정이「반독점법」제15조 규정에 해당 하는 것을 사업자가 입증한 경우에는 그러하지 아니하다. 시장 지배적 지위를 갖는 특허풀 관리 조직은 정당한 이유가 없는 한 다음의 시장지배적 지위 남용 행위를 함으로써 경쟁을 배제, 제 한해서는 아니 된다.

(1) 풀 참가자가 별도의 허가로서 풀 외부에서 특허 허가하는 것 을 제한하는 일

(2) 풀 참가자 또는 사용권자가 직접 또는 타사와 제휴하여 풀의 특허와 경쟁해야 하는 기술을 개발하는 것을 제한하는 일

(3) 권리자에게 그 개선 또는 개발한 기술을 특허풀 관리 조직 또 는 풀의 구성원 폴더에 독점적으로 그랜트 백하도록 강요하 는 일

(4) 권리자가 풀에 있는 특허의 유효성에 대하여 의문을 제기하 는 것을 금지하는 일

(5) 같은 조건의 풀 참가자 또는 동일한 관련 시장 권리자에 대하 여 차별적인 거래 조건을 설정하는 일

(6) 국가공상행정관리총국이 인정하는 기타의 시장지배적 지위 를 남용하는 행위

이 규정에서 특허풀이란 2 또는 2 이상의 특허권자가 각자 소유 하고 있는 특허에 대하여 특정 형식에 의해 공동으로 다른 제삼자 에게 실시를 허락하는 협정의 조치를 말한다.

**제13조** 사업자는 지식재산권 행사의 과정에서 표준(국가 기술 규범 의 강제적 요구를 포함한다. 이하 같다)의 제정과 실시를 이용하여 경쟁의 배제·제한 행위를 하여서는 아니 된다. 시장지배적 지 위를 가진 사업자는 정당한 사유가 없는 한 표준의 제정과 실시 과정에 있어서 다음 각 호의 경쟁을 배제·제한하는 행위를 하 여서는 아니 된다.

(1) 표준의 제정 과정에서 의도적으로 표준 개발 조직에 그 권리 정보를 공개하지 않는 또 그 권리를 포기하는 것임을 분명히 했지만, 그 표준이 해당 특허권에 관한 경우 해당 표준의 실시자가 그 특허권을 주장할 수 있다.

(2) 그 특허가 표준필수특허가 된 후, 공정하고 합리적이고 비차별 원칙을 위반하고 실시 허락을 거절하는 행위, 끼워팔기 행위 또는 거래에 있어서 불합리한 제한 조건을 부대하는 행위 등을 실시하여 경쟁을 배제, 제한하는 행위. 본 규정에서 표준필수특허는 해당 표준을 실시하는 데 있어서 필수적인 특허를 말한다.

제14조  사업자가 지식재산권을 남용하여 경쟁을 배제·제한하는 혐의가 있는 경우에는 공상 행정관리 기관은 「반독점법」 및 「독점 계약 및 시장지배적 지위 남용 사건의 적발 절차에 대한 공상 행정관리 기관의 규정」에 따라 조사를 실시한다.

제15조  사업자가 경쟁을 배제·제한하는 지식재산권을 남용하는 의혹을 분석·인증함에 있어서 다음의 조치를 취할 수 있다.

(1) 사업자에 의한 지식재산권 행사 행위의 성질과 형태를 식별하는 일

(2) 지식재산권을 행사할 사업자 간 상호 관계의 성격을 특정하는 일

(3) 지식재산권의 행사에 참여하는 관련 시장을 정의하는 일

(4) 지식재산권을 행사하는 사업자의 시장 지위를 인정하는 일

(5) 사업자의 지식재산권 행사 행위가 관련 시장에서의 경쟁에 미치는 영향을 분석한다. 사업자 간 관계의 성격을 분석, 인증함에 있어서는 지식재산권 행사 행위 자체의 특징을 고려하여야 한다. 지식재산권의 사용권에 관한 경우에는 원래 경쟁 관계에 있는 사업자끼리는 계약에서 거래 관계가 되어 허가권자와 사용권자가 함께 해당 지식재산권을 이용하여 당

해 제품을 생산하고 있는 시장에서 경쟁 관계이기도 하다. 다만, 당사자들이 허락 협정을 체결하는 시점에는 경쟁 관계 없이 협정을 체결하고 처음으로 경쟁 관계가 된 경우에는 당초의 협정에 실질적인 변화가 없는 경우에는 경쟁사 간의 협정으로 간주한다.

**제16조** 사업자의 지식재산권 행사 행위가 경쟁에 미치는 영향을 분석, 인증함에는 다음의 요소를 고려하여야 한다.

(1) 사업자와 거래 상대방의 시장 지위

(2) 관련 시장에서의 시장 집중도

(3) 관련 시장에 진입하는 난이도

(4) 산업 관행 및 산업 발전 단계

(5) 생산 지역 소비자 등에 대한 제한의 추가 기간 및 효력 범위

(6) 혁신 촉진 및 기술 보급에 대한 영향

(7) 사업자의 혁신 능력 및 기술 변화의 속도

(8) 지식재산권 행사 행위가 경쟁에 미치는 영향의 인증에 관련 된 기타 요소

**제17조** 사업자가 지식재산권을 남용하여 경쟁을 배제·제한하는 행위가 독점 계약에 해당하는 경우 공상 행정 관리 기관은 불법 행위의 금지를 명령하고 위법 소득을 몰수하고 전년도의 매도 매출액의 1% 이상 10% 이하의 벌금을 부과한다. 독점 계약을 아직 실시하지 않은 경우에는 50만 위안 이하의 벌금에 처할 수 있다. 사업자가 지식재산권을 남용하여 경쟁을 배제·제한하는 행위가 시장지배적 지위의 남용에 해당하는 경우에는 공상행정 관리기관은 불법 행위의 금지를 명령하고 위법 소득을 몰수하 며 전년도 매출의 1% 이상 10% 이하의 벌금을 부과한다. 공상 행정관리기관은 구체적인 벌금액을 결정함에 있어 위법 행위의 성격, 정상, 정도 및 지속 시간 등의 요소를 고려하여야 한다.

**제18조** 이 규정의 해석에 관하여는 국가공상행정관리총국이 책임

을 진다.

**제19조** 이 규정은 2015년 8월 1일부터 시행한다.

출처: 국가공상행정관리총국 공식 사이트

[코멘트] 「지식재산권 남용에 의한 경쟁 배제·제한 행위의 금지에 관한 규정」(이하 "규정"이라 칭함)은 해외 지식재산권 보호 및 독점 금지 규정을 참고하여 중국의 국정도 고려하여 제정하게 된 것이다. 전문적인 사법기구, 합리적인 사법절차, 세이프 하버 등 다수의 정제된 제도 및 규정을 설정하였다. 본 규정의 주요 문제에 대하여는 다음과 같이 제시되어 있다. 첫째 세이프 하버의 규칙을 정하는 경우에는 경쟁에게 분명히 불리한 영향을 미치는 권리 행사 행위의 단속에 유리하며, 지식재산권자가 자신의 관련 시장에서 시장 능력 등의 요소에 의해 관련 행위의 반독점법상의 결과를 결정하는 데 유리하다. 또한 사업자가 경쟁에게 분명히 불리한 영향을 미칠 권리 행사 행위를 회피하고 점차적으로 적정한 경쟁에 들어갈 수 있도록 지도할 수 있다. 세이프 하버 규칙의 적용에 있어서 지식재산권의 행사에 다른 업체와 협력하여 합의를 체결한 경우에는 전체 시장에서 사업자의 시장 점유율은 법률에 규정된 비율을 초과하여서는 아니 되고, 협력 협의 관련 기술의 내용에 관한 일정한 수의 다른 대체기술이 있어야 한다.

둘째, 사업자가 지식재산권을 보유하는 것은 시장지배적 지위를 인정하는 하나의 요소가 될 수 있지만 사업자가 지식재산권을 가지고 있는 것만을 바탕으로 관련시장에서 시장지배적 지위를 갖는 것으로 추정되는 것은 아니다. 지식재산권자의 라이선스 거부, 거래 제한, 끼워팔기, 불합리한 제한 조건의 차별적인 대우 등은 실무상 자주 발생하는 구체적인 권리남용 행위이다. 따라서 특허권 라

이선스 협의를 체결할 때 본 규정 제10조에 위반되는 것을 피해야
한다.

셋째, 특허풀 표준 제정 및 실시에 있어서 지식재산권 행사 행위
가 독점 행위에 해당 여부를 판단할 때 특허풀 참가자가 별도의 라
이선스로 풀 외부에서 특허 라이선스 수를 제한하는 것 등을 포함
한 경쟁 제한 행위는 독점 행위에 해당하며, 최근 화제가 되는 표준
필수특허의 라이선스 문제에 대하여 특허풀 참가자가 그 힘을 이
용하여 생산량과 시장 분할 등 경쟁에 대한 중요한 정보를 교환하
고 독점 협의를 체결 하여서는 아니 된다. 표준필수특허 라이선스
의 경우에는 퀄컴과 같이 업계의 대부분의 기업에 사용되는 표준
필수특허 기술을 이용하여 임의로 특허 로열티를 할인하거나 인상
하는 것과 일부 기업에 대하여 차별적인 대우를 하는 일을 하여서
는 아니 된다.

넷째, 지식재산권 분야에서 반독점 집행 방법의 분석에서 반독
점법 및 본 규정에 규정된 상황에 위반하는지 여부를 판단할 때에
는 관련 시장 행위를 하기 전에 본 규정 제15조의 분석 인증 절차에
따라 스스로 판단하고, 지식재산권 남용에 의한 경쟁 배제·제한
행위가 된다는 이유로 공상기관에서 행정 처리되는 것을 피하는
것이 바람직하다.

또한 기업이 '지식재산권 보호'의 이유로 경쟁을 배제·제한하
고, 나아가 시장을 독점하는 행위에 대하여 그 위법 소득을 몰수하
고 최고액으로 전년도 매출액의 10%의 벌금을 부과할 수 있다. 그
리고 합의하여 독점협의를 실시할 수 없었다고 하더라도 최고액으
로 50만 위안의 벌금을 부과할 수 있다.

중국에서는 지식재산권 영역에서의 반독점법 시행 경험이 매우
제한적이기 때문에 실정에 맞게 내용도 전체를 망라하여 체계적으
로 구비된 지식재산권 영역에서의 반독점법 집행지침의 개발이 추
진되었다. 비교적 긴 과정과 특히 실무 경험의 축적이 필요하기 때

문에 국가공상행정관리총국은 독점금지 분야의 직책에 따라 지식
재산권 남용에 의한 경쟁의 배제 및 제한 행위에 대하여 대표적이
고 분명한 문제에 관하여 우선 부문규칙을 제정하고 실천 과정에
서의 경험 축적을 총괄하여 가이드라인의 책정 작업을 끊임없이
진전시켰다. 2012년 하반기부터 「공상 행정관리 기관의 지식재산
권 남용에 의한 경쟁의 배제 또는 제한 행위의 금지에 관한 규정」
의 초안을 시작하고 이후 몇몇 초안의 본문을 작성하였다.[86]

 2014년 6월 11일 국가공상행정관리총국과 국무원 법제 판공실
은 웹사이트에서 동시에 당해 규정의 공개 초안에 대한 설명을 공
개하였다. 공개 의견 수렴은 2014년 7월 10일에 종료됐다. 이후 각
방면에서의 의견과 제언을 정리, 분석하고 많은 의견을 도입하였
다. 2015년 4월 7일 국가공상행정관리총국은 「지식재산권의 남용
에 의한 경쟁 배제 또는 제한 행위의 금지에 관한 규정」(약칭 '규정')
을 공포하여 2015년 8월 1일에 시행하였다.[87]

### (1) 기본 원칙

 1) 독점금지 및 지식재산권 보호와의 관계 '규정' 제2조 제1항:
"반독점법과 지식재산권 보호는 혁신과 경쟁의 촉진, 경제 효율의
향상, 소비자 이익 및 사회공공 이익의 옹호라는 공통의 목표를 가
지고". 이것은 독점금지(지식재산권을 남용하여 경쟁을 배제하거나 제
한하는 행위에 대한 규제)와 지식재산권 보호는 본질적으로 일치하
고 있어 양자는 상호보완적이며 공통의 목적을 실현하는 관계에
있음을 보여 주고 있다.[88]

 2) 지식재산권 남용에 의한 경쟁의 배제, 제한 행위의 본질에 대

---

86) Ibid., p.20.
87) Ibid., p.21.
88) Ibid., p.22.

하여 '규정' 제3조 제1항은 "본 규정에서 지식재산권의 남용에 의한 경쟁의 배제, 제한 행위는 사업자가 반독점법의 규정을 위반하여 지식재산권을 행사하고 독점 계약을 실시하며 시장지배적 지위를 남용하는 등의 독점 행위(가격독점 행위는 제외)를 가리키는 것"으로 정의되어 있다. 따라서 지식재산권의 남용과 독점은 같은 것이 아니며 시장지배적 지위의 남용과도 다른 것이다.[89]

3) 지식재산권 및 시장지배적 지위에 대하여 '규정' 제6조 제2항은 다음과 같이 규정하고 있다. 시장지배적 지위는 반독점법 제18조 및 제19조의 규정에 의하여 결정된다. 사업자가 지식재산권을 보유하고 있는 것은 시장지배적 지위를 인정하는 요소 중 하나를 구성하지만 사업자가 지식재산권을 가지고 있음을 유일한 근거로 관련 시장에서 시장지배적 지위를 갖는 것으로 추정하지 아니한다. 이것은 반독점법이 지식재산권 영역에 적용되는 경우에 관련 행위에 대하여 독점 금지법의 일반적인 틀 하에서 분석을 수행한다는 것을 의미한다.[90]

4) 지식재산권과 관련된 시장에 대하여 '규정' 제3조 제2항은 다음과 같이 규정하고 있다. 본 규정의 관련 시장은 관련 상품시장과 관련 지역시장을 포함하며 반독점법과 「국무원 반독점위원회의 관련시장의 정의에 관한 지침」에 의하여 정의되고 또한 지식재산권과 혁신 등의 요소의 영향을 고려한 것이다. 지식재산권 허가 등에 관련된 반독점법의 집행 업무에서 관련 상품시장은 물론 기술시장에도 특정 지식재산권의 행사와 관련된 제품 시장이 존재한다. 관련 기술시장은 지식재산권의 행사에 관련기술과 서로 대체 가능한 기존의 유사 기술과의 경쟁에 의해 구성된 시장을 가리킨다. 이것은 지식재산권이 관련된 경우에 어떻게 관련 시장을 정의하는지에

---

89) Ibid., p.23.
90) Ibid., p.24.

대한 기본 원칙과 방법을 명확히 한 것이다.[91]

### (2) 중요한 4가지 제도

구체적인 제도에서 '규정'은 가격 이외의 지식재산권을 남용하여 경쟁을 배제하거나 제한하는 행위의 반독점 규세에 대하여 해당 규정을 정하고 있으며, 독점 계약 금지에 관련된 규칙뿐만 아니라 시장지배적 지위의 남용 금지 규정에도 관련하여 주목할 만한 점이 있다. 다음의 4가지 제도는 중요한 의의를 가진다.[92]

#### 1) 세이프 하버룰

'규정' 제5조에서는 경쟁을 제한하는 행위 이외의 독점 협정(일반 규정)에 대응하는 세이프 하버룰을 정하고 있다. 지식재산권 행사 행위가 다음 각 호의 하나에 해당하는 경우에는 반독점법 제13조 제1항 제6호 및 동법 제14조 제3항에서 금지하는 독점행위로 인정되지 아니한다. 다만, 당해 협정에 경쟁 배제 또는 제한의 효과가 있음을 증명하는 반증이 있는 경우에는 독점행위로 인정한다.

> 가. 당해 행위의 영향을 받는 관련시장에서 경쟁 관계에 있는 사업자의 시장 점유율 합계가 20% 이하일 것 또는 관련 시장에서 적정한 비용으로 취득할 수 있는 다른 대체기술이 4개 이상 있을 것.
> 나. 사업자와 거래 상대방의 관련 시장에서 시장 점유율이 30% 이하일 것 또는 관련 시장에서 적정한 비용으로 취득할 수 있는 다른 대체 기술이 2개 이상 있을 것.[93]

#### 2) 라이선스 거절

'규정' 제7조는 라이선스 거절에 관한 규정이다. 시장지배적 지

---

91) Ibid., p.25.
92) Ibid., p.26.
93) Ibid., p.27.

위를 가지는 사업자는 정당한 이유 없이 그 지식재산권이 생산 사업 활동의 중요한 시설이 되고 있는 상황에서 합리적 조건에 따라 지식재산권을 사용하고자 하는 다른 사업자에 대한 라이선스를 거절함으로써 경쟁을 배제 또는 제한하기도 한다. 전 항의 행위를 인정함에 있어서 다음과 같은 요소를 동시에 고려하여야 한다.

가. 관련 시장은 해당 지식재산권의 합리적 대안이 없고, 관련 시장에서의 경쟁에 참여하고자 하는 다른 사업자에게 필수적인 경우

나. 해당 지식재산권의 허락을 거절하면 관련 시장에서 경쟁 또는 혁신에 불리한 영향을 초래하고 소비자의 이익이나 공공의 이익을 해하는 경우

다. 해당 지식재산권의 허가가 당해 사업자에 대하여 불합리한 손해를 초래하지 않는 경우[94]

### 3) 특허풀(제12조)

사업자는 지식재산권을 행사하는 과정에서 특허풀을 이용하여 경쟁을 배제하거나 제한하는 행위를 해서는 아니 된다. 특허풀 참가자는 특허풀을 이용하여 생산량과 시장 분할 등 경쟁에 관한 중요한 정보를 교환하고 반독점법 제13조와 14조에서 금지하는 독점계약을 성립시켜서는 아니 된다. 다만, 성립한 협정이 반독점법 제15조 규정에 해당하는 것임을 사업자가 입증할 수 있는 경우에는 그러하지 아니하다.

시장지배적 지위를 갖는 특허풀 관리 조직은 정당한 이유 없이 특허풀을 이용하여 다음 각 호의 시장지배적 지위를 남용하는 행위를 통해 경쟁을 배제하거나 제한하여서는 아니 된다.

---

94) Ibid., p.28.

가. 풀 참가자가 별도의 라이선스로 풀 이외의 사람들의 특허를 허가하
는 행위를 제한하는 행위

나. 풀 참가자 또는 라이선스 사용자가 직접 또는 타사와 제휴 풀의 특
허와 경쟁하는 기술의 연구개발을 제한하는 행위

다. 라이선스 사용자에게 개선 또는 개발한 기술을 특허풀 관리 조식
또는 풀 회원에게 독점적으로 그랜트 백하도록 강요하는 행위

라. 라이선스 사용자가 특허풀에 있는 특허의 유효성에 대한 의문을 제
기하는 것을 금지하는 행위

마. 동일한 조건의 특허풀 참가자 또는 동일한 관련 시장의 라이선스
사용자에게 차별적인 거래 조건을 설정하는 행위

바. 기타 국가 공상행정관리총국이 인정하는 시장지배적 지위를 남용
하는 행위


본 규정의 특허풀은 둘 또는 둘 이상의 특허권자가 각자 소유하
고 있는 특허에 대하여 공동으로 타사에 라이선스를 허가하는 실
행 협정 상의 조치를 가리키며, 그 형식은 그것을 목적으로 설립된
전문 합자회사에서도 풀 참가자가 있는 또는 독립적인 제3자에게
관리를 위탁할 수 있다.[95]

4) 특허의 표준 제정과 실시

'규정' 제13조는 특허의 표준 제정과 실시에 관한 규정이다. 사업
자는 지식재산권 행사의 과정에서 표준(국가 기술 규범의 강제적 요
구를 포함한다)의 제정과 실시를 이용하여 경쟁을 배제, 제한하여서
는 아니 된다. 시장지배적 지위를 가진 사업자는 정당한 이유 없이
표준 제정과 실시 과정에서 다음의 경쟁을 배제하거나 제한하는
행위를 해서는 아니 된다.

---

95) Ibid., p.29.

가. 표준 개발에 참여하는 과정에서 의도적으로 표준화 단체에 그 권리 정보를 공개하지 않거나 그 권리를 포기하는 것임을 분명히 했음에 도 불구하고 그 표준이 해당 특허권에 포함되었지만 해당 표준 실 시자에게 특허권을 주장하는 행위

나. 당해 특허가 SEP가 된 이후 FRAND 원칙에 위배되어 라이선스를 거절하고 상품을 교차 판매하거나 거래 시 기타 불합리한 조건을 부가하는 등의 행위로 경쟁을 배제하거나 제한하는 행위

## 5. 중국의 지식재산권 남용에 대한 반독점 지침의 책정[96]

당해 규정은 중국의 지식재산권 남용에 의한 독점 금지 지침을 대체하는 것은 아니다. 해당 규정은 중국의 3가지 반독점 집행 기 관의 하나인 국가공상행정관리총국에서 나온 부문 규칙에 불과하 여 그 효력에는 한계가 있고 적용 범위도 공상행정관리기관의 반 독점법 집행 활동에 한정되어 국가발전개혁위원회와 그 수권기구 가 행하는 가격독점 행위에 대한 법 집행, 상무부의 기업결합 반독 점 심사 활동의 범위에는 포함되지 않는다. 한편 부문 규칙이라는 제한된 입법 권한과 형식에 대한 해당 규정과 관련된 내용에는 한 계가 있어 충분히 분석이 전개되지 않은 문제가 존재한다. 또한 법 집행 기관과 사업자를 지도하는 데 있어서도 여전히 한계가 존재 한다.[97]

또한 중국의 지식재산권 남용에 대한 독점금지 규정의 등장은 지식재산권 남용에 대한 반독점 지침을 수립하는 데 중요한 입법 적 선험이 될 것이다.[98]

---

96) Ibid., pp.31~35.
97) Ibid., p.31.
98) Ibid., p.32.

중국의 지식재산권 남용에 대한 반독점 지침을 책정하는 주체는 국무원 반독점위원회이며 그 형식은 비교적 유연하고 유동적인 문장을 사용하며 반독점을 규제하고 여러 유형의 독점행위의 시각에서 분석하여 반독점법이 규정하는 3가지 독점행위에 대한 지침적 구조를 형성한다.[99]

2015년 국무원 반독점위원회는 지식재산권 남용에 대한 반독점 지침의 초안 작업을 시작하고 처음 3가지 반독점 집행 기관이 각자의 직책에 따라 개별적으로 본문 초안을 실시한 후 당해 위원회가 조정 및 수정 작업을 한 이후 반포하기로 결정하였다. 현재 반독점 집행 3기관(국가발전개혁위원회, 상무부, 국가공상행정관리총국)은 이미 각 버전의 설계도를 작성하고 각각의 방식으로 여러 방면의 의견을 구하고 있다. 이 밖에 국가지식산업권리국의 「지식재산권 영역에서의 반독점법 집행에 관한 지침」(내부 토론 원고)에 관하여 2015년 12월 의견 모집을 시작하였다.[100]

국무원 반독점위원회의 동의에 따라 2016년 1월 말에 이상 4개의 기관(국가발전개혁위원회, 상무부, 국가공상행정관리총국, 국가지식산업권리국)이 개별적으로 각각의 가이드라인 초안을 제출하였고 이후 해당 위원회는 2016년 6월 공포를 목표로 전문가를 초청하여 조정 및 수정 작업에 착수하였다.

### (1) 중국 지식재산권남용에 대한 반독점 지침[101]

중화인민공화국 국무원 반독점위원회는 최근 「지식재산권 남용에 대한 독점금지 지침(의견 모집 원고)」(이하 '지침'이라 한다)를 발표하였다. 일반의 의견은 2017년 3월 23일부터 2017년 4월 21일까지

---

99) IIbid., p.33.
100) Ibid., p.34.
101) 中国、知財権濫用に関する独占禁止ガイドラインを制定中, OSHALIANG Intellectual Property Law, 2017, pp.1~2.

접수하였다. 이 지침은 독점금지위원회가 작성한 것으로, 국가발전개혁위원회, 상무부, 국가공상행정관리총국 및 국가지식재산국이 공동으로 작성한 이전 지침 초안을 기반으로 하고 있다.

지침은 기본적으로 반독점법 제3조에서 정의된 3개의 독점 행위, 즉 ⅰ. 사업자 간의 독점 계약, ⅱ. 사업자에 의한 시장지배적 지위의 남용, ⅲ.경쟁 배제ㆍ경쟁 제한의 효과가 있거나 있을 수 있는 사업자의 집중에 관한 반독점법의 체계에 따른 것으로 지식재산권 (IPR)의 남용이 발생하는 상황에 적용하는 경우의 지침을 제공하는 것을 목적으로 한다.

예를 들어, 분석을 위한 원칙의 하나로서 지침은 "사업자가 경쟁을 배제하거나 제한하는 지식재산권 남용 여부를 분석하기 위하여 … 지식재산권의 특별한 특징을 고려할 필요가 있다."고 규정하고 있다(제1조). 또한 두 가지 중요한 원칙이 기술되어 있다. 그 중 하나는 사업자가 지식재산권을 소유한다는 이유만으로 관련 시장에서 시장지배적 지위를 갖는 것으로 추정하지 않는 것이다. 그리고 또 하나는 효율성과 혁신에 대한 관련 행위의 영향을 사례별로 고려하는 것이다. 그러나 영향의 유무를 인증하기 위하여 5가지 조건을 동시에 만족해야 하는 상대적으로 높은 기준을 제5조에서 규정하고 있는 것을 고려하면, 이 원칙은 외부적인 합리성이 있는 것으로 보인다.

### 1) 사업지 간의 지식재산권에 관한 독점 계약[102]

제2장 제6-9조는 공동 연구 개발, 교차 라이선스, 독점 그랜트백, 부쟁 조항 등의 지식재산권 관련 계약상의 일반적인 사항을 규정한다. 일반적으로 이러한 조항은 지식재산권 관련 계약의 제한적인 조건, 예를 들어 교차 라이선스가 전용 실시권인지에 초점을 맞추고 있다. 그러나 제한적인 조건에 내재된 경쟁 촉진적인 이점

---

102) Ibid., p.1.

을 무시하고 있어 산업계에서는 표준의 제정이 중요하지만, 지침 제10조는 일응 부정적으로 파악하고 있다. 표준 개발자에 의한 남용을 분석할 때에는 4가지 요소가 고려된다.

 i. 특정 사업자의 배제성
 ii. 특정 사업자의 관련 방법의 배제성
 iii. 경쟁 표준의 배제성
 iv. 표준을 실시하는 데 필요한 지식재산권에 대한 합리적인 구속 메커니즘

그러나 이러한 요소는 경쟁 촉진적이고 협조적인 표준 제정이 이루어지는 상황을 고려하지 않거나 기존의 표준화 기관이 동일한 지식재산 정책을 가지는 것은 아니라는 사실을 무시하고 있는 결과가 된다.

### 2) 지식재산권 관련 시장지배적 지위의 남용[103]

지침은 "지식재산권 관련 사업체는 그러한 사업체가 시장지배적 지위를 가지는 것을 반드시 의미하지는 않는다."는 것을 긍정적으로 파악하고 지침을 반독점 집행의 국제 표준에 접근시키고 있다. 제14조는 지식재산권 라이선스에서 '불공정하게 높은 가격'에 초점을 맞추고 있지만, 무엇이 불공정할 정도로 높은 가격을 구성하는지에 대한 적절한 지표를 보이고 있지 않다. 이것은 혁신이 지식재산권을 창작한 투자에 대한 합리적인 수익을 정당하게 추구하는 의욕을 손상시킬지도 모른다. 또한 이 조문에서 고려해야 하는 것은 포괄적 라이선스 만료 또는 무효가 된 지식재산권에 대한 로열티가 포함된 경우의 대응이다. 포트폴리오 라이선스의 경우 포트폴리오를 구성하는 개별 특허를 면밀하게 분석해야 한다고 하면 그것은 매우 비현실적이다.

---

103) Ibid., pp.1~2.

### 3) 지식재산권 관련 사업체의 집중[104]

지침은 지식재산권이 관여하는 사업체의 집중의 특징을 인식하고 그 구조 조건, 행위 조건 및 포괄적 조건 등의 추가 제한 조항의 고려를 강조하고 있다. 특히, 제23조에서 활동 조건은 개별 계약을 통해 공정하고 합리적이고 비차별적인 의무(FRAND 의무)를 준수하는 서약도 포함된다. AIPLA는 지침에 대한 의견을 표명하면서 다음과 같이 지적하였다. "당사자 간에 비표준필수특허를 포함한 라이선스를 FRAND 조건으로 제공하는 것에 관하여 당사자 사이의 계약에 대한 승인을 조건으로 할 우려가 있다. 특히, 이 특허의 이전·양도가 거래 전후의 상황과 비교해 경쟁에 대한 우려를 일으키지 않는 경우이다. 특허 소유자가 자발적으로 하지 않는 FRAND 선언 또는 기타 서약을 준수할 것을 요구하여서는 아니 된다."

요컨대, 가이드라인은 지금까지의 제안과 비교하여 '합리적 원칙'을 향해 진일보하였다고 말할 수 있다. 한편 지침은 대부분 반독점 조사의 민감한 기관에 부과되는 인위적인 제한을 나타내기 때문에 지침이 실무에서 어떻게 운영되는지에 대한 불확실성도 남아있다.

지침의 일부 조항은 국가발전개혁위원회가 2015년에 퀄컴의 중국 반독점법 위반을 인정했을 때 보여 준 이유와 흡사하다. 퀄컴 사건은 975만 달러의 과징금이 인정되었지만, 위반 이유는 불공정하게 높은 라이선스 비용(이번 제14조), 정당한 이유가 없는 비필수특허 끼워팔기(제16조 = 지식재산권 종합 라이선스를 묶을 수 있는), 그리고 불합리한 거래조건(제17조)이었다. 당해 지침이 퀄컴의 조사 이유를 '소급' 정당화하고 그것을 '미래'를 위하여 포함한 것이라면 퀄컴에 대한 조사 결과는 지침의 최종 버전이 어떤 것이 되어, 어떻게 실시되는지를 예상하기 위한 최적의 전망대라고 할 수 있다.

---

104) Ibid., p.2.

**(2) 국가발전개혁위원회「지식재산권 남용에 관한 독점금지 지도(의견 모집)」에 관한 의견[105]**

사단법인 전자정보기술산업 협회 법무/지식재산권위원회의 수정의견은 다음과 같다.

---

### 수정 의견

지침 서문에서 중국 반독점법으로 규제하는 것은 권리의 남용의 경우임을 명확하게 한다. 법령에 근거한 지식재산권의 권리 행사는 경쟁 제품의 금지를 청구하는 경우에도 경쟁의 배제 및 제한으로 간주되지 않음을 명확히 하여야 한다.

---

반독점법 제2조 (1)항 1호와 관련하여 대체 기술이 일괄적으로 라이선스되는 것이 왜 문제가 되는지 불분명하다. 특허풀 중 일부 특허에 대하여서만 라이선싱하여 라이선스가 실시하지 않는 특허까지 일괄적으로 라이선스를 강요하는 것은 문제가 없다.

---

원래 특허권은 배타적 권리이며 또한 교차 라이선스는 한정된 당사자 간의 계약이기 때문에 행위 양태를 가능한 한 구체적으로 기재할 필요가 있다.

---

제3조 (1)항과 관련하여 '지식재산권'이 SEP를 포함하는 것임을 명시할 필요가 있다.

---

제3조 (2)항 4호와 관련하여 만기는 여기서 무엇을 의미하는 것인지 명료하지 않다. 단순히 '권리 기간 만료 후'라는 의미라면 과거분에 대한 권리 행사가 가능하다. '권리 행사를 벗어난 기간의 실시에 대하여'라고 하는 것이 보다 명확할 것이다.

---

제3조 (2)항 6호와 관련하여 중지명령 구제에 대한 표준 필수 이익독점에 대하여서만 중지명령 구제가 규정되어 있는 것은 불합리하다. 시장지배적 지위를 갖는 이익 독점이 부당한 고액 라이선스 비용의 청구 및 허가 거부 또는 기타

---

105) 一般社団法人 電子情報技術産業協会 法務・知的財産権委員会, 国家発展改革委員会「知識財産権濫用に関する独占禁止指南(意見募集稿)」に対する意見.

불합리한 약관을 강제하는 것은 다른 조항에서 남용의 가능성을 분석하고 표준 필수 이익 독점만을 다루고 금지 명령 구제가 남용에 해당하는지에 대하여 분석할 필요가 있다. 이를 표준 필수 이익독점에 한정할 필요는 없다.

# V. 한 국

## 1. 공정거래법 제59조

「독점규제 및 공정거래에 관한 법률」 제2장 적용제외에 관한 제59조 [무체재산권 행사행위] 이 법의 규정은 저작권법, 특허법, 실용신안법, 디자인보호법 또는 상표법에 의한 권리의 정당한 행사로 인정되는 행위에 대하여는 적용하지 아니한다.[106)

우리나라의 통설은 공정거래법 제59조는 단순한 확인규정에 불과하다고 본다.[107) 즉 지식재산권의 '정당한' 행사에는 공정거래법이 적용되지 않는 반면, 지식재산권의 '부당한' 행사에는 공정거래법이 적용되며 따라서 이는 당연한 사리를 확인한 데 지나지 않는다는 것이다.[108) 한편 지식재산권의 남용행위에 대하여 공정거래

---

106) 원래 이 규정은 2007년 개정 전에 지식재산권의 "권리의 행사라고 인정되는 행위에 대하여는 적용하지 아니한다."고만 규정되어 있었다. 2007년 개정에서는 위와 같이 '정당한 행사'라는 부분을 삽입하였는데, 그 이유는 지식재산권을 이용하여 일정한 분야에서 독점을 형성하는 등 권리를 남용하거나 부당하게 행사하는 것까지 합법적인 것은 아니고, 본 규정이 적용되는 범위는 지식재산권의 정당한 행사에 한정된다고 함을 명확히 하기 위함이라고 한다(손호진, 앞의 논문, 4쪽).

107) 정상조, "지적소유권 남용의 규제", 법학, 제36권 제3,4호(99호), 서울대학교 법학연구소, 5쪽(장정애, "지식재산권의 공정거래법상 예외조항에 관한 고찰", 산업재산권, 제28호, 한국산업재산권법학회, 2009, 278쪽에서 재인용).

108) 조영선, 앞의 책, 512쪽.

법을 전면적으로 적용하여, 그 정당성 여부를 오직 공정거래법의 입장에서 판단해야 한다고 볼 것인지(전면적용설 혹은 이영역설), 아니면 위에서 살펴본 '권리의 본래적 행사'에 대한 제한의 경우 우선 공정거래법 이외의 다른 독립적인 기준에 의할 것인지(이분법설 혹은 삼영역설)에 관한 논의가 있으나 이는 공정거래법을 적용하되 지식재산권법의 보호법익을 합리성의 원칙에 따라 비교·형량하여 공정거래법 위반여부를 결정하면 될 것이다.

중요한 것은 공정거래법 제59조가 2007년 개정 전 "지식재산권의 '행사'라고 인정되는 행위에 대하여는 적용하지 아니한다."는 조문은 적용 배제 조항으로 오해되기도 하였다. 하지만 이제는 부당한 지식재산권 행사에는 공정거래법이 적용된다는 측면에서 권리 범위를 넘어 시장의 공정 거래를 저해하거나 기술혁신을 방해할 우려가 있는 지식재산권 남용행위는 반독점법상 규제 대상이 되어야 한다.[109]

## 2. 공정거래법 각 규정 상호 간의 관계

지식재산권 남용행위는 그 유형에 따라 시장지배적 지위 남용행위, 부당공동행위, 불공정거래행위 등을 위반할 수 있으므로 각 규정상의 상호관계, 특히 공정거래법 제3조의2 시장지배적 지위 남용금시 규정과 농법 제23조 불공정거래행위 금지의 관계가 문제될 수 있다. 양 행위의 명확한 구분이 사실상 쉽지 않지만,[110] 근본적 차이는 시장지배적 지위 남용행위는 공정거래법에 따라 개별사건

---

109) 김준범·고인혜, 앞의 논문, 6쪽.
110) 예컨대 불공정거래행위로서 "부당하게 경쟁자를 배제하는 행위"와 시장지배적 지위의 남용행위로서 "다른 사업자의 사업활동을 부당하게 방해하는 행위", "새로운 경쟁사업자의 참가를 부당하게 방해하는 행위"의 구별.

을 조사하는 경우 실질적인 시장지배력 행사 여부에 대하여 사후적으로 판단되는 '시장지배적 사업자'의 그러한 행위를 규율하는 것이므로 적용범위가 한정될 뿐만 아니라, 일반불공정거래행위에 비하여 특별법적 규정이라는 점이다. 따라서 구별이 쉽지 않은 행위유형의 경우 이것이 공정위에 의해 시장지배적 사업자로서 판단되는 자에 의하여 행하여지는 경우에는 그의 남용행위에 관한 규정이 우선적으로 적용된다고 해석된다.[111]

## 3. 「지식재산권의 부당한 행사에 대한 심사지침」

공정거래위원회는 2000.8.30. 「지식재산권의 부당한 행사에 대한 심사지침」(공정거래위원회 예규 제80호, 이하 '심사지침')을 마련하였는데, 2010.3.31. 이를 전면 개정하였다. 동 심사지침은 총칙에서 "지식재산권 행사에 대한 공정거래법 적용의 일반 원칙과 구체적 심사기준을 제시함으로써, 법 집행의 일관성과 예측가능성을 높이고 공정한 거래관행을 촉진"하기 위한 목적으로 제정된 것임을 밝혀 두고 있다.

심사지침은 크게 총칙, 일반적 심사 원칙, 구체적 판단 기준 등으로 구성되어 있다. 먼저 '총칙'에서는 목적과 적용범위 및 용어정의에 대하여 규정하고 있다. 다음으로 '일반적 심사 원칙'에서는 지식재산권과 공정거래법의 관계, 법적용·심사의 기본 원칙 및 위법성 판단 시 고려사항에 대하여 규정하고 있는데, 특히 위법성 판단 시 고려사항에서는 관련시장 획정, 공정거래저해효과 분석 및 효율성 증대효과 고려에 있어 '지식재산권의 특수성'을 반영하도록 하였다. 마지막으로 '구체적 판단 기준'에서는 지식재산권 남용행위를 유형별로 나누어 각 유형별 세부기준을 제시하고 있다.

---

111) 이기수·유진희, 경제법(제8판), 세창출판사, 2009. 9, 214~215쪽.

심사지침의 적용대상은 특허권, 실용신안권, 디자인권, 상표권, 저작권 등의 지식재산권 행사이다. 기술의 편의상 특허권의 행사를 중심으로 규정하고 있으나, 특허권 이외의 지식재산권 행사에도 유추하여 적용됨을 밝혀 두고 있다.

또한 심사지침은 "외국사업자가 국내외에서 행한 계약·결의나 그 밖의 행위를 통해 국내시장에 영향을 미치는 경우에도 적용한다."고 규정하여 역외적용을 명문으로 인정하고 있다.[112] 이는 특히 2010년에 개정된 내용으로, 개정 전의 심사지침은 국제계약상 지식재산권 남용행위에 대하여서는「국제계약상의불공정거래행위 등의유형및기준」(공정거래위원회고시 제1997-23호)을 적용하도록 규정하고 있었다. 그러나 동 고시가 2009년 8월 규제일몰제의 도입과 함께 폐지되면서 외국사업자를 상대로 한 국제계약상 지식재산권 행사에 적용할 지침이 미비되는 문제가 발생하였고, 이에 따라 심사지침의 적용범위를 확대한 것이다.[113]

현행 심사지침의 주요 내용은 다음과 같다.

---

### 지식재산권의 부당한 행사에 대한 심사지침
[시행 2016.3.23.] [공정거래위원회예규 제247호, 2016.3.23, 일부개정]

Ⅰ. 총 칙

1. 목 적

이 지침은 지식재산권 행사에 대한 독점규제 및 공정거래에 관한

---

112) 외국사업자가 국내에 영업거점을 두고 있는지 또는 그의 거래상대방이 국내사업자 혹은 소비자인지 여부와 관계없이 적용된다(심사지침 Ⅰ. 2. 나.).
113) 김준범·고인혜, 7쪽.

법률(이하 "법"이라 함)적용의 일반 원칙과 구체적 심사기준을 제시함으로써, 법 집행의 일관성과 예측가능성을 높이고 자유롭고 공정한 경쟁을 촉진하는 데에 그 목적이 있다.

## 2. 적용 범위

가. 이 지침은 특허권, 실용신안권, 디자인권, 상표권, 저작권 등의 지식재산권 행사를 적용 대상으로 한다. 이 지침은 기술의 편의를 위하여 대표적인 지식재산권인 특허권의 행사를 중심으로 규정하였으나, 각 사안에서 문제되는 지식재산권별 특수성을 고려하여 특허권 이외의 지식재산권 행사에도 유추하여 적용할 수 있다.

나. 이 지침은 외국사업자가 국내외에서 행한 계약·결의나 그 밖의 행위를 통해 국내시장에 영향을 미치는 경우에도 적용한다. 이는 외국사업자가 국내에 영업거점을 두고 있는지 또는 그의 거래상대방이 국내사업자 혹은 소비자인지 여부와 관계없이 적용할 수 있다.

다. 이 지침에서 특별히 규정되지 않은 지식재산권 행사라 하여 법 제3조의2【시장지배적지위남용 금지】, 제7조【기업결합의 제한】, 제19조【부당한 공동행위 금지】, 제23조【불공정거래행위의 금지】, 제26조【사업자단체의 금지행위】제29조【재판매가격유지행위의 제한】규정 등의 적용이 배제되는 것은 아니다.

## II. 일반적 심사 원칙

### 1. 지식재산권과 공정거래법

특허 등의 지식재산 제도는 혁신적인 기술에 대한 정당한 보상을 통해 새로운 기술 혁신의 유인을 제공함으로써 창의적인 기업 활동을 장려하고 관련 산업과 국민경제의 건전한 발전을 도모한다. 이러한 점에서 지식재산 제도와 이 법은 궁극적으로 공통의 목표를 추구한다.

또한 혁신적 기술에 대한 보상으로 주어진 기술의 독점적 사용수익권은 대부분의 경우 지식재산권자가 관련 시장에서 일정한 이익을 실현함으로써 구체화되는 바, 왜곡된 시장구조에 의해 보다 혁신적인 기술이 합당한 보상을 받을 수 없거나, 그러한 기술 자체의 개발과 이용이 어려운 경우라면 지식재산 제도의 본래 취지에 반하는 결과가 발생할 수 있다. 결국 이 법이 보호하고자 하는 시장의 자유로운 경쟁과 공정한 거래질서는 지식재산 제도의 목적 달성을 위한 기본 전제가 된다.

따라서 지식재산권은 새로운 기술 혁신의 유인을 제공하는 한편 관련 시장의 질서를 왜곡하지 않는 범위에서 정당하게 행사해야 한다. 지식재산권을 남용하여 관련 기술의 이용과 새로운 기술 혁신을 부당하게 저해하는 행위는 이 법뿐만 아니라 지식재산 제도의 기본 목적에도 반한다. 그러므로 이 법은 정당한 지식재산권의 행사를 존중하는 한편 동 제도의 근본 취지를 벗어나는 행위를 규율함으로써 이 법과 지식재산 제도가 추구하는 공통의 목표를 달성하는 데에 기여할 수 있다.

## 2. 기본 원칙

가. 법 제59조의 규정에 따른 지식재산권의 정당한 행사라 함은 관련 법률에 따라 허여받은 지식재산권의 배타적 사용권 범위 내에서 행사하는 것을 말하며, 이러한 경우에는 법 제59조의 규정에 따라 이 법의 적용이 배제된다. 그러나 외형상 지식재산권의 정당한 행사로 보이더라도 그 실질이 지식재산 제도의 취지를 벗어나 제도의 본질적 목적에 반하는 경우에는 정당한 지식재산권의 행사로 볼 수 없어 이 법 적용 대상이 될 수 있다.

아울러 지식재산권의 행사가 정당한 것인지 여부는 특허법 등 관련 법령의 목적과 취지, 당해 지식재산권의 내용, 당해 행위가 관련 시장의 경쟁에 미치는 영향 등 제반 사정을 종합적으로 고려하여 판단한다.

　나. 이 지침은 원칙적으로 지식재산권의 행사가 시장지배적 사업자의 남용행위 및 복수 사업자 사이의 부당한 공동행위에 해당하는지 여부에 대한 판단기준을 제시하기 위한 것이다. 따라서 이 지침은 원칙적으로 사업자가 단독으로 지식재산권을 행사하는 경우에는 그 사업자가 시장지배력을 보유한 경우에 한하여 적용한다. 특히 사업자가 지식재산권을 행사하면서 단독으로 행하는 거래거절, 차별취급, 현저히 과도한 실시료 부과는 원칙적으로 이를 행하는 사업자가 압도적인 시장지배력을 보유한 경우에 적용한다.

지식재산권의 행사가 법 제23조 불공정거래행위에 해당하는지 여부에 대한 판단은 「불공정거래행위 심사지침」을 적용하여 한다.

　일정한 지식재산권의 행사가 법 제3조의 2【시장지배적지위남용금지】, 제7조【기업결합의 제한】, 제19조【부당한 공동행위 금지】, 제23조【불공정거래행위의 금지】, 제26조【사업자단체의 금지행위】제29조【재판매가격유지행위의 제한】 등에 위반되는지는 각 조항에 규정된 별도의 위법성 요건을 종합적으로 고려하여 결정한다.

　다. 시장지배력은 관련시장에서 가격상승산출량 감소, 상품용역의 다양성 제한, 혁신 저해 등의 경쟁제한효과를 유발할 수 있는 시장에서의 영향력을 말한다. 지식재산권에 배타적·독점적 사용권이 부여된다고 하여 지식재산권의 보유자가 곧바로 시장지배력이 있다고 추정되는 것은 아니다. 시장지배력 여부는 지식재산권의 존재뿐만 아니라 해당 기술의 영향력, 대체기술의 존부, 관련 시장의 경쟁상황 등을 종합적으로 고려하여 판단한다.

　표준필수특허와 같이 일정기간 관련 기술을 대체하는 것이 불가능하고 상품 생산을 위하여서는 실시허락을 필수적으로 받아야 하는 경우, 그 보유자는 관련 시장에서 시장지배력을 보유할 개연성이 높다고 볼 수 있다. 그러나 지식재산권 보유자가 시장지배력을 가지고 있다고 하여 그 사실만으로 곧바로 지식재산권의 행사가 이 법에 위반되는 것은 아니다.

　라. 지식재산권 행사가 경쟁제한 효과와 효율성 증대효과를 동시에

발생시키는 경우에는 양 효과의 비교형량을 통해 법 위반 여부를 심사함을 원칙으로 한다. 해당 행위로 인한 효율성 증대효과가 경쟁제한 효과를 상회하는 경우에는 위법하지 않은 행위로 판단할 수 있다. 이 지침 Ⅲ.에서 '부당하게'라는 표현은 경쟁제한 효과가 효율성 증대효과를 상회하는 것을 의미한다.

마. 지식재산권은 상품의 생산을 위한 많은 요소들 중 하나로서 생산과정에서 다른 생산요소와 결합된다. 실시허락 등 지식재산권의 행사를 통한 지식재산권과 다른 생산요소와의 결합은 지식재산권의 효과적인 이용을 가능하게 하고 제조비용의 절감과 신상품의 개발을 통해 궁극적으로 소비자후생을 증대할 수 있다. 나아가 기술 혁신의 유인을 제고하고 연구개발(R&D)에 대한 투자를 촉진하는 친경쟁적 효과를 가질 수 있다.

그러나 실시허락 등 지식재산권의 행사가 현재의 혹은 잠재적인 시장참여자들 사이에서 관련 상품이나 기술, 연구개발과 관련한 경쟁을 저해하는 경우에는 이 법 위반이 될 수 있다.


## Ⅲ. 구체적 판단 기준

### 1. 소송을 통한 특허권의 행사

특허침해소송 등의 법적 절차는 특허권자의 중요한 권리보장 수단이다. 그러나 상당한 기간과 비용이 소요되는 특허침해소송은 소송당사자에게 직접적인 비용을 발생시키는 한편, 관련 시장에서 해당 사업자의 평판에 영향을 미쳐 막대한 사업활동 방해효과를 초래할 수 있다. 따라서 특허침해소송 등의 법적·행정적 절차를 남용하는 행위는 특허권의 정당한 권리범위를 벗어난 것으로 판단할 수 있다.

특히 다음의 경우에는 남용행위로 판단될 가능성이 크다. 그러나 소송에 대한 특허권자의 기대가 합리적이고 정당한 것으로 인정되는 경우, 사후적으로 특허권자가 패소하였다는 사실만으로 특허침해소송 남용행위로 추정되는 것은 아니다.

가. 특허가 기만적으로 취득된 것임을 알면서도 기만적으로 취득한 특허에 근거하여 특허침해소송을 제기하는 행위
나. 특허침해가 성립하지 않는다는 사실(해당 특허가 무효라는 사실 등)을 특허권자가 알면서도 특허침해소송을 제기하는 행위
다. 특허침해가 성립하지 않는다는 사실이 사회통념상 객관적으로 명백함에도 불구하고 특허침해소송을 제기하는 행위[114]

## 2. 실시허락

### 가. 실시허락의 대가

혁신적인 기술 개발을 통한 특허 취득 과정에는 통상 상당한 연구개발 기간과 비용, 투자위험이 수반된다. 이러한 특성으로 인해 특허권자는 추가적인 실시허락으로 발생하는 비용이 크지 않음에도 불구하고, 특허 취득 과정에 이미 지출한 비용을 회수하기 위하여 높은 실시료를 부과하는 경우가 많다. 특허권자가 이룩한 기술적 성과에 대하여 정당한 보상을 제공하고 새로운 기술혁신을 유도할 필요가 있다는 점에서, 일반적으로 이러한 실시료 부과 행위는 특허권에 의한 정당한 권리 행사로 볼 수 있다. 그러나 다음과 같이 실시허락의 대가를 부당하게 요구하는 행위는 특허권의 정당한 권리범위를 벗어난 것으로 판단할 수 있다.

(1) 부당하게 다른 사업자와 공동으로 실시료를 결정·유지 또는 변경하는 행위
(2) 부당하게 거래상대방 등에 따라 실시료를 차별적으로 부과하는 행위

---

114) 특허침해소송이 객관적으로 근거가 없음에도 불구하고 단지 소송절차를 이용하여 다른 사업자의 사업활동을 방해할 악의적인 의도로 소송을 제기하는 경우에는 부당한 행위로 판단할 가능성이 크다.

(3) 부당하게 실시 허락된 기술을 사용하지 않은 부분까지 포함하여 실시료를 부과하는 행위[115]

(4) 부당하게 특허권 소멸이후의 기간까지 포함하여 실시료를 부과하는 행위

(5) 실시료 산정방식을 계약서에 명시하지 않고 특허권자가 실시료 산정방식을 일방적으로 결정 또는 변경할 수 있도록 하는 행위

### 나. 실시허락의 거절

혁신적 발명에 대한 정당한 보상을 제공하고 새로운 기술 개발을 촉진하기 위하여, 특허제도는 특허권자에게 해당 발명 실시에 대한 배타적 독점권을 부여하고 있다. 따라서 일반적으로 특허권자가 자신의 권리보장을 위하여 합리적인 범위에서 실시허락을 거절하는 행위는 특허권에 의한 정당한 권리 행사로 볼 수 있다. 그러나 다음과 같이 실시허락을 부당하게 거절하는 행위는 예외적으로 특허권의 정당한 권리범위를 벗어난 것으로 판단할 수 있다.

실시허락 거절에는 직접 실시허락을 거절하는 경우뿐만 아니라 제3자에게 실시허락을 거절하도록 하는 행위, 명시적인 실시허락의 거절뿐만 아니라 거래가 사실상 또는 경제적으로 불가능할 정도로 부당한 가격이나 조건을 제시하여 실시허락 거절과 동일한 효과를 발생시키는 행위, 공급거절과 구입거절, 거래개시의 거절과 거래계속의 거절이 모두 포함된다.

(1) 정당한 이유 없이 자기와 경쟁관계에 있는 다른 사업자와 공동으로 특정사업자에 대하여 실시허락을 거절하는 행위

(2) 부당하게 특정사업자에 대하여 실시허락을 거절하는 행위[116]

---

115) 특히 경쟁사업자의 기술이 사용된 부분까지 포함하여 실시료를 산정하는 행위는 경쟁사업자의 기술 이용에 따른 비용을 인상시키고, 그 기술에 대한 수요를 감소시킬 수 있다는 점에서 부당한 행위로 판단될 가능성이 크다. 단, 실시수량 측정상의 한계 등으로 인해, 실시료 산정을 위한 불가피한 방법으로 인정되는 경우에는 제외될 수 있다.

(3) 특허권자가 부과한 부당한 조건을 수용하지 않는다는 이유로 실
    시허락을 거절하는 등 다른 부당한 행위의 실효성을 확보하기 위
    하여 실시허락을 거절하는 행위[117]

다. 실시범위의 제한

특허권자는 정당한 범위에서 실시허락을 거절할 수 있을 뿐만 아니
라, 다른 사업자에게 특허발명의 이용 범위를 한정하여 부분적으로
실시를 허락할 수도 있다. 이러한 실시범위의 제한은 실시허락을 거
절하려는 특허권자의 기술 거래를 촉진할 수 있다는 점에서 친경쟁적
인 효과를 발생시킬 수 있다. 따라서 일반적으로 특허권자가 자신의
권리보장을 위하여 합리적인 범위에서 실시수량, 지역, 기간 등을 제
한하여 실시 허락하는 행위는 특허권에 의한 정당한 권리 행사로 볼
수 있다. 그러나 다음과 같이 실시권의 범위를 부당하게 제한하는 행
위는 특허권의 정당한 권리범위를 벗어난 것으로 판단할 수 있다.

(1) 실시허락과 연관된 상품(이하 "계약상품") 또는 기술(이하 "계약기
    술")과 관련된 실시수량, 지역, 기간 등을 제한하면서 특허권자와
    실시권자가 거래수량, 거래지역, 그 밖의 거래조건에 부당하게 합
    의하는 행위
(2) 부당하게 거래상대방 등에 따라 계약상품 또는 계약기술과 관련

---

116) 실시허락 거절의 의도나 목적이 관련 시장의 경쟁제한과 관련되어 있는
    지 여부, 실시허락이 거절된 기술을 사용하지 않고서는 상품이나 용역의
    생산, 공급 또는 판매가 사실상 불가능하여 관련시장에 참여할 수 없거
    나, 관련 시장에서 피할 수 없는 경쟁 열위상태가 지속되는지 여부, 특정
    사업자가 당해 기술을 독점적으로 소유 또는 통제하고 있는지 여부, 실시
    허락이 거절된 기술의 대체기술을 확보하는 것이 사실상, 법률상 또는 경
    제적으로 불가능한지 여부, 실시허락 거절행위로 인하여 경쟁제한의 효
    과가 발생하였거나 발생할 우려가 있는지 여부 등이 부당성 판단시 고려
    될 수 있다.
117) 이 지침의 "III. 3. 다. 실시범위의 제한", "라. 실시허락시의 조건 부과"
    에 예시된 조건 등이 위의 부당한 조건에 해당될 수 있다.

된 실시수량, 지역, 기간 등을 차별적으로 제한하는 행위

라. 실시허락 시의 조건 부과

특허권자는 특허발명의 이용 범위를 한정하여 부분적으로 실시를 허락하는 한편, 실시권의 범위 설정과 직접적으로 연관되지 않는 다른 조건을 함께 부과하여 보다 효율적으로 자신의 특허권을 보장받을 수 있다. 일반적으로 특허권자가 해당 특허발명의 효과적 구현, 계약 상품의 안전성 제고, 기술의 유용 방지 등을 위하여 합리적인 범위에서 실시허락 시 조건을 부과하는 행위는 특허권에 의한 정당한 권리행사로 볼 수 있다. 그러나 실시허락 시 다음과 같이 부당하게 조건을 부과하는 행위는 특허권의 정당한 권리범위를 벗어난 것으로 판단할 수 있다.

실시허락 시 특허권자가 조건을 부과하는 행위의 부당성을 판단할 때는 해당 특허발명과 부과된 조건의 관련성 즉 부과된 조건이 해당 특허발명의 실시를 위하여 필수적인지 여부, 해당 조건이 관련 기술의 이용을 촉진하는 데 기여하는지 여부, 해당 조건에 대한 특허권의 소진 여부 등을 중요하게 고려해야 한다.

일반적으로 특허권자 또는 특허권자로부터 정당한 권한을 부여받은 자가 계약상품을 판매하면, 일단 판매된 계약상품에 대한 특허권자의 권리는 소진된다고 볼 수 있다. 만약 특허권자가 판매한 상품의 재판매와 관련된 조건을 부과하는 등 특허권이 소진된 영역에서 사업활동을 제한하는 조건을 부과한다면 이는 특허권의 정당한 권리범위를 벗어난 행위로 판단할 수 있다. 마찬가지로 특허권 만료 이후까지 실시권자에게 조건을 부과하는 행위, 해당 특허권과 무관한 분야에 대하여 조건을 부과하는 행위 또한 특허권의 정당한 권리행사로 보기 어렵다.

(1) 계약상품 가격의 제한

정당한 이유없이 계약상품의 판매가격 또는 재판매 가격을 제한하는 행위

### (2) 원재료 등의 구매상대방 제한

부당하게 계약상품 생산에 필요한 원재료, 부품, 생산설비 등을 특허권자 또는 특허권자가 지정하는 자로부터 구입하도록 하는 행위[118]

### (3) 계약상품의 판매상대방 제한

부당하게 실시권자가 계약상품을 판매(재판매)할 수 있는 거래상대방 또는 판매(재판매)할 수 없는 거래상대방을 지정하는 행위[119]

### (4) 경쟁상품 또는 경쟁기술의 거래 제한

부당하게 계약상품을 대체할 수 있는 경쟁상품이나 계약기술을 대체할 수 있는 경쟁기술을 거래하는 것을 제한하는 행위[120]

### (5) 끼워팔기

부당하게 해당 특허발명의 실시를 위하여 직접 필요하지 않은 상품 또는 기술을 함께 구입하도록 하는 행위[121]

### (6) 부쟁의무 부과

무효인 특허의 존속 등을 위하여 부당하게 실시권자가 관련 특허의

---

118) 다만, 계약상품의 품질이나 성능의 보증을 위하여 불가피하게 원재료 등의 구매상대방을 제한하는 경우는 제외될 수 있다.

119) 다만, 특허권자의 권리보장을 위한 합리적 범위에서 계약상품의 종류나 실시지역·기간 등을 한정하여 실시허락을 함으로써 불가피하게 계약상품의 거래상대방이 제한되는 경우에는 제외될 수 있다.

120) 다만, 경쟁상품 또는 경쟁기술을 함께 거래함에 따라 특허권자의 영업 비밀이 경쟁사업자 등 제3자에게 공개되거나 누설되는 위험을 막기 위하여 불가피한 수단으로 인정되고, 그 제한의 정도가 특허권자의 권리보장을 위한 최소한에 그치는 경우에는 제외될 수 있다.

121) 하나의 또는 밀접하게 관련된 복수의 특허를 실시허락 하면서 다수의 특허들을 함께 실시허락 하는 패키지 실시허락(Package Licensing)은 관련 기술에 대한 탐색비용과 특허권자와의 교섭비용 절감, 특허침해에 따른 소송위험 감소, 연구개발을 위한 투자의 불확실성 제거 등을 통해 관련시장의 효율성을 제고하는 친경쟁적 효과를 발생시킬 수 있다. 그러나 불필요한 특허를 함께 구입하도록 강제하는 것은 끼워팔기에 해당될 수 있다. 특히 실시권자가 해당 비표준필수특허에 대한 대체 기술을 제3자로부터 실시받기를 원하고 있는 상황에서 표준필수특허의 실시허락을 조건으로 불필요한 비표준필수특허까지 함께 실시하도록 하는 행위는 부당한 행위로 판단될 가능성이 크다.

효력을 다투는 것을 금지하는 행위[122]

(7) 기술개량과 연구 활동의 제한

(가) 계약상품 또는 계약기술의 개량, 이와 관련된 연구 활동을 부당하게 제한하는 행위

(나) 계약상품 또는 계약기술과 관련하여 실시권자가 독자적으로 취득한 지식과 경험, 기술적 성과를 부당하게 특허권자에게 제공하도록 하는 행위[123]

(8) 권리 소멸 후 이용 제한

특허권이 소멸된 후에 실시권자가 해당 특허발명을 실시하는 것을 제한하는 행위

(9) 계약해지 규정

실시료 지급불능 이외의 사유로 특허권자가 적절한 유예기간을 부여하지 않고 일방적으로 계약을 해지할 수 있도록 하는 행위

### 3. 특허풀과 상호실시허락

가. 특허풀(Patent Pool)

특허풀이란 복수의 특허권자가 각각 보유하는 특허를 취합하여 상호간에 또는 제3자에게 공동으로 실시하는 협정을 의미한다. 특허풀은 보완적인 기술을 통합적으로 운영함으로써 관련 기술 분야에 대한 탐색비용, 복수의 특허권자에 대한 교섭비용 등을 절감하고, 침해소송에 따른 기술이용의 위험을 감소시켜, 관련 시장의 효율성을 제고하고 기술의 이용을 촉진시키는 친경쟁적 효과를 발생시킬 수 있다. 그러나 특허풀을 통한 다음과 같은 행위는 특허권의 정당한 권리범위

---

122) 다만, 해당 특허권의 침해 사실을 특허권자에게 통지하도록 하는 경우, 특허 관련 소송을 대행하도록 하거나 특허권자가 소송을 수행하는 데 협력하도록 하는 경우에는 제외될 수 있다.

123) 다만, 계약기술 등과 관련하여 실시권자가 이룩한 성과를 특허권자가 상호 대등한 조건으로 교환하거나 정당한 대가를 지불하고 취득하는 경우, 계약상품 또는 계약기술의 성능 보증이나 특허권자의 영업비밀 보호를 위하여 불가피하게 기술개량을 제한하는 경우에는 제외될 수 있다.

를 벗어난 것으로 판단할 수 있다.

특히 특허풀과 관련된 권리 행사의 부당성을 판단할 때는 특허풀의 구성 기술, 실시 형태, 운영 방식 등을 중요하게 고려한다.

나. 상호실시허락(Cross License)

상호실시허락이란 복수의 특허권자가 각각 보유하는 특허에 대하여 서로 실시를 허락하는 협정으로 특히 특허 분쟁과정의 합의 수단으로 이용되는 경우가 많다. 이러한 상호실시허락은 특허풀에 비해 연관된 사업자의 수가 적고, 운영방식 또한 덜 조직적인 특성을 갖는다. 그러나 기술이용의 촉진과 거래비용 절감 등의 친경쟁적 효과에도 불구하고 사업자 간 공동행위, 제3의 경쟁사업자 배제 가능성 등으로 인해 경쟁을 저해할 우려가 있다는 점에서 특허풀과 상당한 공통점이 있다. 따라서 특허풀과 관련된 이 지침의 4. 가. (1), (2), (3) 등의 규정은 상호실시허락을 통한 행위가 특허권의 정당한 권리범위를 벗어난 것인지 여부를 판단할 때에도 준용할 수 있다.

## 4. 표준기술 관련 특허권의 행사

가. 표준기술 관련 특허권 행사 일반

표준기술은 기술간 호환성을 높여 경제적 효율성을 창출하고, 관련 기술의 이용과 개발을 촉진시킨다는 점에서 산업 정책적으로 그 필요성이 강조된다. 그러나 표준기술은 관련 시장에서 막대한 영향력을 행사할 수 있게 되고, 일단 표준으로 선정된 기술을 다른 기술로 대체하는 데는 상당한 전환비용이 소요되어 이러한 영향력은 장기간 지속될 수 있다. 특히 표준기술이 배타적·독점적 특성을 갖는 특허권으로 보호받는 경우에는 관련 시장에 심각한 경쟁제한 효과를 초래할 수도 있다. 이러한 문제를 해결하기 위하여 많은 표준화 기구들은 표준기술 선정에 앞서 관련된 특허 정보를 미리 공개하도록 하고, 표준기술로 선정될 기술이 특허권으로 보호받는 경우에는 공정하고, 합리적이며, 비차별적인(FRAND: Fair, Reasonable And Non-Discriminatory) 조건으로 실시허락할 것을 사전에 협의하도록 하고 있다. 이와 같은 특허 정보 공개와 실시조건 협의 절차는 표준필수특허권의 남용을 방지한다는 측면에서 그 필요성이 강조되며, 해당 절차의 이행 여부는 표준필수특허권 행사의 부당성을 판단할 때 중요한 고려사항이 된다.

일반적으로 표준기술 선정을 위한 협의와 표준필수특허권의 행사는 관련 기술의 이용을 촉진하고, 효율성 창출을 통해 소비자 후생증대에 기여할 수 있다는 점에서 친경쟁적인 효과를 발생시킬 수 있다. 그러나 다음과 같이 표준화 절차를 악용하거나, 표준기술로 채택된 이후 부당한 조건을 제시하는 등의 행위는 특허권의 정당한 권리범위를 벗어난 것으로 판단할 수 있다.

(1) 표준기술 선정을 위한 협의과정에서 이와 관련된 거래가격·수량, 거래지역, 거래 상대방, 기술개량의 제한 등의 조건에 부당하게 합의하는 행위
(2) 표준기술로 선정될 가능성을 높이거나 실시조건의 사전 협상을 회피할 목적 등으로 부당하게 자신이 출원 또는 등록한 관련 특허 정보를 공개하지 않는 행위
(3) 관련 시장에서의 독점력을 강화하거나 경쟁사업자를 배제하기 위하여 FRAND 조건으로의 실시허락을 부당하게 회피, 우회하는 행위
(4) 부당하게 표준필수특허의 실시허락을 거절하는 행위
(5) 부당하게 표준필수특허의 실시조건을 차별하거나, 비합리적인 수준의 실시료를 부과하는 행위
(6) 표준필수특허의 실시허락을 하면서 실시권자가 보유한 관련 특허권의 행사를 부당하게 제한하는 조건을 부과하거나 부당하게 실시권자가 보유한 비표준필수특허에 대한 상호실시허락의 조건을 부과하는 행위


나. 표준필수특허권자의 침해금지청구

표준필수특허권자가 FRAND 조건으로 실시허락할 것을 확약한 경우 이는 잠재적 실시권자와 실시허락 계약에 대하여 FRAND 조건으

로 성실하게 협상할 의무를 부담한다는 것을 의미하며, 곧바로 해당 특허 관련 기술을 사용한 또는 사용하려는 불특정 제3자에게 해당 특허에 대하여 자동적으로 실시권을 부여해야 한다는 것을 의미하는 것은 아니다.

한편 표준필수특허권자는 자신의 특허권 침해를 방지하고 이로 인한 손해의 회복을 위하여 침해금지청구권과 손해배상청구권 등을 행사할 수 있다. 이 중 침해금지청구는 단순한 금전적 배상이 아닌 침해행위로 인한 상품의 생산, 사용, 판매 또는 수입의 금지를 구하는 것으로서 손해배상청구보다 강력한 권리보장의 수단이 된다.

그러나 침해금지청구가 아무런 제한 없이 이루어진다면 표준필수특허권자가 경쟁사업자를 시장에서 배제하거나 사업 활동을 방해하기 위하여 또는 잠재적 실시권자에게 과도한 실시료를 부과하거나 실시허락 시 부당한 조건을 부과하기 위하여 침해금지청구를 하는 특허억류(patent hold-up)가 발생할 수 있다. 따라서 FRAND 조건으로 실시 허락할 것을 확약한 표준필수특허권자가 실시허락을 받을 의사가 있는 잠재적 실시권자(willing licensee)에 대하여 침해금지청구를 하는 행위는 특허권의 정당한 권리 범위를 벗어난 것으로서 관련 시장의 경쟁을 제한할 우려가 있는 행위로 판단할 수 있다.[124][125]

---

124) 표준특허권자가 성실하게 협상의무를 이행하지 않고 침해금지청구를 하는 행위는 부당한 행위로 판단될 가능성이 크다. 표준필수특허권자가 성실하게 협상의무를 이행했는지 여부를 판단함에 있어서는 잠재적 실시권자에게 공식적으로 협상을 제안했는지 여부, 잠재적 실시권자와의 협상기간이 적절했는지 여부, 잠재적 실시권자에게 제시한 실시허락 조건이 합리적·비차별적인지 여부, 실시허락 조건에 합의하지 못하는 경우 법원이나 중재기관에 회부하기로 했는지 여부 등을 고려할 수 있다.

125) 실시허락을 받을 의사가 없는 잠재적 실시권자(unwilling licensee)에 대한 표준필수특허권자의 침해금지청구가 허용되지 않는 경우 잠재적 실시권자가 성실하게 협상을 하지 않거나 실시료 지급을 지연 또는 회피하는 역 특허억류(reverse hold-up)가 발생할 수 있다. 또한 특정한 경우에는 침해금지청구만이 표준필수특허권자의 유일한 권리구제 수단이 될 수도 있다. 따라서 다음과 같은 경우에는 표준필수특허권자의 침해금지청구가 부당한 행위로 판단될 가능성이 낮다.

① 잠재적 실시권자가 법원이나 중재기관의 결정에 따르기는 거절하거나, FRAND 조건에 관한 구체적인 내용이 법원이나 중재기관의 사건처리 과정에서 확인되는 등 객관적으로 드러난 상황에서 FRAND 조건으로의 실시계약 체결을 거부하는 경우
② 잠재적 실시권자가 파산에 임박하는 등의 사유로 인하여 손해배상을 기대하기 어려워 침해금지청구만이 유일한 구제수단으로 인정되는 경우

## 5. 특허관리전문사업자의 특허권 행사

특허관리전문사업자는 제3자로부터의 특허권 매입을 통해 강력한 특허 포트폴리오를 구축하고 이를 기반으로 다른 기업에 대한 실시허락이나 특허소송을 통해 수익을 실현하는 것을 주된 사업방식으로 한다.
그러나 특허관리전문사업자는 제조활동을 하지 않는 관계로 상대방과 특허권의 상호실시허락을 할 필요성이 없고 상대방으로부터 반대소송을 당할 위험도 낮기 때문에 일반적인 특허권자보다 특허권을 남용할 유인이 크다고 볼 수 있다. 특히 다음과 같은 행위는 특허권의 정당한 권리범위를 벗어난 것으로서 관련 시장의 경쟁을 제한할 우려가 있는 행위로 판단할 수 있다.[126]

가. 통상적인 거래관행에 비추어 볼 때 현저히 불합리한 수준의 실시료를 부과하는 행위[127][128]

---

[126] 특허관리전문사업자의 특허권 행사에도 일반적인 특허권자의 특허권 행사와 마찬가지로 이 지침에서 규정한 특허권 남용행위 판단기준이 기본적으로 적용된다. 따라서 특허관리전문사업자가 아래에서 예시된 행위 이외에 이 지침 III. 1.에서 6.까지 부분에서 규정된 행위를 하는 경우에도 특허권의 정당한 권리범위를 벗어난 것으로 판단할 가능성이 크다. 또한 특허관리전문사업자가 아닌 다른 특허권자가 아래 행위를 한 경우에도 역시 특허권의 정당한 권리범위를 벗어난 것으로 판단할 가능성이 크다.

나. 제3자로부터 취득한 특허권에 대하여 통상적인 거래관행에 비추어 볼 때 불합리한 수준의 실시료를 부과하면서 종전 특허권자에게 적용되던 FRAND 조건의 적용을 부인하는 행위

다. 컨소시엄을 통해 특허관리전문사업자를 설립한 복수의 사업자들과 함께 컨소시엄에 참여하지 않은 사업자들에게 특허의 실시허락을 부당하게 거절하거나 차별적인 조건으로 실시계약을 체결하기로 합의하는 행위

라. 상대방이 특허관리전문사업자의 특허권 행사에 대응하는 데 필요한 중요한 정보를 은폐 또는 누락하거나 오인을 유발하는 등의 기만적인 방법을 사용하여 특허소송을 제기하거나 특허침해 경고장을 발송하는 등의 행위129)

마. 특허권자가 특허관리전문사업자에게 특허권을 이전하고 특허관리전문사업자로 하여금 다른 사업자에 대하여 이 지침의 7. 가., 나. 등의 행위를 하도록 하는 행위130)

---

127) 제조활동을 하지 않는 특허관리전문사업자는 일반 특허권자에 비해 과도한 실시료를 부과할 유인이나 능력이 있는 만큼, 특허관리전문사업자의 행위는 일반 특허권자의 행위보다 부당한 행위로 판단될 가능성이 크다. 이때 실시료 수준이 합리적인지 여부를 판단함에 있어서는 특허의 객관적인 기술적 가치, 특허권자가 다른 실시권자로부터 받는 실시료, 유사한 특허에 대하여 실시권자가 지불하는 실시료, 실시허락계약의 성질과 범위, 실시허락 기간, 해당 특허를 이용하여 생산한 제품의 수익성 등 여러 가지 요소를 고려할 수 있다.

128) 특히 Ⅲ. 5. 가.'FRAND 조건'으로의 실시허락을 확약한 표준필수특허의 실시료인 경우에는 부당한 행위로 판단될 가능성이 크다.

129) 특허 보유자가 누구인지 알 수 없는 명의뿐인 회사를 통해 다수의 상대방을 대상으로 일괄적으로 실시료 지불을 요구하면서 침해되었다고 주장하는 특허와 관련된 구체적인 정보를 밝히지 않는 경우가 이에 해당될 수 있다. 특히 특허권을 보유하고 있지 않거나 특허권을 행사할 지위에 있지 않으면서 또는 만료된 특허권에 근거하여 실시료 지불을 독촉하거나 소송제기 위협을 하는 행위는 부당한 행위로 판단될 가능성이 크다.

130) 이 경우 원칙적으로 특허권자를 법위반의 주체로 본다. 다만 특허권자와 특허관리전문사업자의 관계, 부당한 행위의 구체적인 내용, 특허관리전문사업자의 부당한 행위에의 관여 정도 및 양태 등을 종합적으로 고려

고찰컨대, 개정된 심사지침에서는 적용범위를 확대하여 외국사업자가 행한 행위라 하더라도 국내시장에 영향을 미치는 경우에는, 해당 지침이 적용될 수 있다는 점을 명확하게 규정하고 있다.

심사지침은 지식재산권 행사에 공정거래법 적용 시 효율성 증대효과와 공정거래저해효과를 비교 형량하여 위법성을 심사하는 합리의 원칙이 기본 적용된다는 점을 분명하게 규정하고 있다.[131]

다만, 지식재산권의 제도적 취지를 반영한 정당화 사유가 부당하게 확대되어 공정거래법 집행근거를 잠식시키지 못하도록, 개정된 지침에는 동태적 효율성 증대효과의 입증수준이 함께 규정되었다. 즉, 이러한, 동태적 효율성 증대효과의 입증수준이 함께 규정되었다. 즉, 이러한 동태적 효율성이 존재할 것이라는 점이 단순하게 기대되는 것으로는 충분하지 않고, 해당 효과가 발생할 것이라는 고도의 개연성이 분명하게 입증될 수 있어야 한다.[132]

---

하여 특허관리전문사업자도 함께 법위반의 주체로 판단할 수 있다.

131) 김준범 · 고인혜, 앞의 논문, 7쪽.

132) 김준범 · 고인혜, 앞의 논문, 9쪽.

# 제3절 판례법적 고찰

## Ⅰ. 국 외

### 1. YETI 사건[133]

#### (1) 사건의 배경

YETI Coolers, LLC(이하 YETI라 한다)는 튼튼한 프리미엄 쿨러를 개발, 생산, 판매하는 기업이다. 2008년 무렵, YETI는 Roadie와 Tundra라는 브랜드의 쿨러를 시장에 공개한 바 있다. 그 쿨러들은 최고의 절연성과 내구성을 제공하도록 디자인되었고, YETI는 그 이후 40만 개의 Roadie와 100만 개의 Tundra 쿨러 판매량을 미국 내에서 기록하였다. YETI는 쿨러의 특정 사진을 위한 저작권과 일부 상표, 특허의 등록을 마치고 이를 소유한 상황이었다.

YETI는 RTIC와 그 설립자, 관리자, 오너인 John과 Jim Jacobse (통칭하여 Jacobsens라 한다)가 의도적으로 YETI의 권리를 침해하는 쿨러를 광고, 홍보, 판매 제안, 판매, 배포해 왔다고 주장하였다. YETI는 RTIC가 미국 특허 번호 8,910,819(이하 '819 특허'라 한다)와 9,187,232(이하 '232 특허'라 한다)를 침해하였다면서 고발하였다. 두

---

133) United States District Court, W.D. Texas, Austin Division, Yeti Coolers, LLC v. Rtic Coolers, LLC.

특허 모두 '절연 컨테이너와 래칭 메커니즘'에 관한 자격을 가지고
있었다.

YETI는 Markman 공판 기록의 일부를 수정하고자 하였다. YETI
의 소송에 대응하여 RTIC는 원고 YETI가 제시하지 않은 일련의 사
실 근거를 제출하였고 역소송을 제기하였다. YETI는 그러한 역소
송과 방어를 기각시키기 위하여, Jacobsens는 YETI의 특허 침해
소송을 기각시키기 위하여 노력하였다.

RTIC는 YETI가 서먼법 제2조를 위반하였다고 주장하였다. 해당
조항은 미국의 몇몇 주에서 이루어지는 거래 혹은 상업의 일부를
독점화하고자 시도하거나 독점하는 경우 이를 불법으로 간주한다
는 것이다. RTIC는 YETI가 튼튼한 프리미엄 쿨러 시장에서 상업을
독점하였고 대체시장에서 또한 독점화를 시도하고자 하였다고 주
장하였다.

Intergraph Corp v. Intel Corp., 195F. 3d 1346, 1353(Fed. Cir
1999) 사건에서 "독점화가 불법이 되기 위하여서는 독점의 힘과 반
경쟁 행위 모두 충족해야 한다."고 하였다. 독점의 힘은 일반적으
로 "관련 시장에서 경쟁을 배제하거나 가격을 통제하는 힘"으로 정
의된다. 반경쟁 행위는 일반적으로 "그 목적이 경쟁을 배제하거나
통제하기 위한 힘을 취득하거나 보존함에 있는 행위"로서 정의된
다. 상업적 제품과 이에 따른 시장 수요의 우월성에 기초한, 생산자
의 유리한 지위 또는 시장지배적 지위는 서먼법에 의해 금지되는
독점적 권력의 불법적 사용은 아니다.

독점화 시도는 독점화하고자 하는 구체적인 의도와 독점화될 가
능성이 위험한 수준으로 높은 경우에 피고가 약탈적 혹은 반경쟁
적 행위에 참여하는 것을 전제로 성립된다.[134]

---

134) 관련 판례로는 Spectrum Sports, Inc. v. McQuillan, 506 U.S.
447,456(1993)을 참조할 것.

### (2) 법리 논쟁

#### 1) 독점의 힘

RTIC는 '관련 상품 시장'이 미국에서의 고품격 프리미엄 쿨러 시장이고, YETI가 그 시장에서 독점적 지위를 가지고 있으며 YETI가 90% 이상의 시장을 통제하고 있다고 한 YETI의 마케팅 부사장 Corey Maynard의 발언을 인용하였다.

YETI는 RTIC가 본 사건에서 주장하는 '관련 시장'의 정의를 뒷받침할 사실을 제시하지 못하였다고 반박하였으며, 비록 법원이 RTIC가 제시한 시장의 개념을 수용할지라도 RTIC가 인정하는 바와 같이 프리미엄 쿨러 시장에는 다른 경쟁자들이 존재하기 때문에 YETI가 독점적 힘을 소유하는 것은 아니라고 하였다.

법원은 RTIC의 사실 주장이 관련 제품 시장을 정의하기 위하여 충분하다고 판단하였고 YETI가 고품격 프리미엄 쿨러 시장에서 독점적 힘을 가진다는 RTIC의 주장이 사실에 근거한 것임을 확인하였다.

#### 2) 반경쟁적 행위

YETI가 반경쟁적 행위 즉, "그 목적이 경쟁을 배제하거나 통제하기 위한 힘을 취득하거나 보존함에 있는 행위"에 참여하였음을 증명하기 위한 사실들을 제시하였는지 여부에 관한 의문이 남는다. 그러한 목적성을 입증하기 위한 사실 근거는 RTIC의 불법 독점화 및 독점화 시도 소송에서 필수적인 것이었다.

RTIC는 YETI가 '반경쟁적, 배제적 행위들'을 통해 '독점적 힘'을 유지, 남용하고자 하였다고 주장하였다. RTIC가 주장한 2가지 반경쟁적, 배제적 행위들은 다음과 같다. "RTIC의 쿨러를 시장으로 배제하고자 의도적으로 의미 없는 소송을 남발한 일"과 "RTIC가 Persico의 스마트 전자회전주형기술에 대한 접근을 배제한 일"이었다.

첫째, RTIC는 YETI가 불필요한 소송을 남발함으로써 그들의 독점적 힘을 남용하였다고 주장하였다. 대법원은 정부에 시정을 위

한 탄원서를 제출하는 경우 일반적으로 반독점 책임으로부터 면제
된다고 하였다.[135] 이러한 면제에는 한계가 있다. 탄원 행위가 단
순히 경쟁자의 비즈니스 관계의 방해를 막고자 하는 '허위' 행위인
경우에 면제는 보류된다.[136]

RTIC는 YETI의 소송이 객관적으로 근거 없는 것[137]이며 YETI가
주장하는 특허가 무효이며 YETI가 특허 적용 1년 이상 이전에 그
들의 쿨러를 마케팅 및 판매해 왔다고 주장하였다. 그 특허가 무효
라는 주장에 입각하여 RTIC는 지역 내에서 YETI가 제기한 수많은
소송들을 선동적, 위협적인 소송을 통해 경쟁을 억제하기 위하여
시장지배적 지위를 남용한 것으로 간주하였다.

둘째, RTIC는 YETI가 Persico의 스마트 전자회전주형기술에 대
한 접근을 배제함으로써 독점적 힘을 남용하였다고 주장하였다.
구체적으로, RTIC는 YETI가 스마트 전자회전주형기술을 개발한
이탈리아 회사인, Persico와 독점계약을 맺었다고 하였다. 비록
YETI의 독점계약이 원래 오직 회전 주형 기계와 주형만을 포함하
는 것일지라도, RTIC가 스마트 주형 기계를 구매하려는 의사를 가
지고 있음을 알게 되자, Persico로 하여금 스마트 주형 기술을 포함
하여 독점계약의 범위를 확장하도록 압력을 행사하였다. YETI의
배제 행위로 인하여 RTIC는 저효율 고비용의 기존의 회전주형 공
정을 사용하여 쿨러를 생산할 수밖에 없게 될 것이고 또한 소비자
들에게 고비용을 전가하도록 사실상 강요될 것이며, YETI의 스마

---

135) 관련 판례로는 E. R. R. Presidents Conf. v. Noerr Motor Freight, Inc.,
365 U.S. 127(1961)을 참조할 것.
136) 관련 판례로는 Prof'l Real Estate Inv'rs, Inc. v. Columbia Pictures
Indus., Inc., 508 U.S. 49(1993)을 참조할 것.
137) 객관적 근거가 없다는 것은 '어떠한 합리적 소송 당사자도 현실적으로
소송을 통해 이익을 취할 수 있을 것으로 기대하지 못한다는 것'을 의미
한다. 이와 관련한 판례로는 Columbia Pictures Indus., Inc., 508 U.S. at
60을 참조할 것.

트 주형 공정에 대한 경쟁자 접근을 배제하는 행위는 결국 고비용
과 혁신의 감쇄를 야기할 것이라고 주장하였다. YETI는 연방 반독
점법은 경쟁을 보호하는 것일뿐 경쟁자를 보호하는 것은 아니라고
주장하였다.[138]

RTIC는 Persico가 생산을 위한 유일한 공정을 제공하는 것이라
고 주장하지는 않았다. 다른 경쟁자들이 Persico 기계를 구매 혹은
사용하고자 하였다는 것, RTIC 또는 다른 경쟁자가 YETI의 독점적
거래 행위에 의해 경쟁으로부터 배제되었다는 것 또한 주장하지
않았다. RTIC는 요구되는 바와 같이 반경쟁적 효과 및 목적을 주장
하지 않았다. 법원은 RTIC가 반경쟁 행위에 대한 주장을 뒷받침할
만한 충분한 사실 근거를 제시하지 못하였다고 판단하여 반독점
역소송을 기각하였다.

## 2. Intellectual Ventures 사건[139]

### (1) 사건의 내용

2015년 3월 2일 미국 메릴랜드 주 지방 법원 판사 Paul W.
Grimm은 '특허 괴물'로 유명한 Intellectual Ventures의 행위에 관
한 반독점 소송에 대하여 폭넓게 분석하였다. 원고는 피고 Capital
One이 특허를 침해하였다면서 소송을 제기했고 Capital One은 반
독점 역소송을 제기하였다.

법원이 판단한 첫 번째 문제는 Capital One의 소송이 기결 사건

---

138) 관련 판례로는 Jebaco, Inc. v. Harrah's Operating Co., Inc., 587 F. 3d
    314, 320(5th Cir. 2009)을 참조할 것.

139) Michael Carrier, A U.S. district court upholds antitrust action against
    patent troll (Intellectual Ventures, Capital One), e-competitions, 2015;
    Intellectual Ventures I LLC v. Capital One Financial Corp., No.
    PWG-14-111, at 5 (D. Md. Mar. 2, 2015).

에 의해 금지되었는지 여부였다. 이미 유사한 문제에 관하여 2013년 1월 Intellectual Ventures가 버지니아 동부 지방법원에 먼저 소송을 제기하고 Capital One이 2013년 10월 반독점 역소송을 제기한 바 있다.

본 사건에서 원고(Intellectual Ventures I LLC, Intellectual Ventures II LLC)는 Capital One(Capital One Financial Corp., Capital One Bankd(USA), N.A., Capital One, N.A.)이 제공하는 온라인 뱅킹 서비스와 다른 전자 시스템 및 서비스와 관련하여 4개의 특허를 침해하였다고 주장하였다. Capital One은 각각의 특허에 대하여 자신들의 위반 여부 및 특허의 유효성 여부를, 또한 하나의 특허에 대하여서는 불공정 행위에 의한, 실시 불가능성에 대하여 판결을 요청하였다. Capital One은 원고가 Capital One과 다른 은행들을 배제하고자 독점적 힘을 남용한 것은 셔먼법 제2조와 클레이튼법 제7조를 위반한 것이라고 주장하는 3개의 반독점 역소송을 제기하였다.

이전의 사건에서 버지니아 동부지방법원은 반독점 역소송을 기각한 바 있다. Capital One은 원고가 먼저 소송을 제기하였고 이를 통해 Capital One을 상대로 독점적 권력을 행사하기 시작하였다고 주장하였다. 반면에 이 소송에서 Capital One은 첫 번째 소송에서 획득한 문서를 통해 반독점 역소송을 뒷받침할 만한 더 많은 근거를 제시할 수 있다고 단언하였다. Capital One은 또한 원고가 첫 번째 소송에서 성공하지 못하였고 단지 '독점화하고자 하는 의도적 전략'의 일부로서 소송을 제기하였으며 그들의 침해 주장이 새로운 반경쟁적 행위를 대표한다고 주장하였다.

법원은 역소송을 유발한 사건들은 피고가 버지니아 법원에 역소송을 제기하고 버지니아 법원이 이를 기각한 이후에 발생하였다고 하였다. 게다가 적어도 하나의 중요한 사건(버지니아 동부 지방 법원의 판결)은 피고가 사건 종결까지 알 수 없었던 사건이라고 판결하였다. 결과적으로 역소송들은 기결 사건에 의해 금지된 것은 아니었다.

### (2) 독점 여부에 관한 논쟁

법원은 Intellectual Ventures가 독점적 권력을 가지고 있음을 충분히 주장하였다고 결론지었다. 피고는 원고가 관련 시장을 100% 점유하고 있다고 주장하였다. 왜냐하면 원고가 오직 특허에 필수적인 조직에만 라이선스를 판매하며 다른 법인에 의한 특허의 라이선스를 취득하는 일은 금융 서비스 포트폴리오와 관련하여 원고의 행위를 관리할 수 없기 때문이다. 법원은 특허들이 '흔한 시장 장벽들'이고 '특허 보장의 본질은 배제의 권리에 있다'고 하였다. 원고가 통제한다고 주장되는 시장은 특허로 구성되어 있고, 각각의 특허를 침해하지 않을 수 있으며 '특허에는 은행의 현존 온라인 시스템의 중요한 부분을 포함'하며, '원고의 현재 경쟁자가 원고의 높은 가격에 대항하여 생산을 늘릴 수 있는 능력이 부족함을 피고가 충분히 주장하였다고 판단되었다. 결국 법원은 은행들이 금융 서비스 산업과 관련된 3,500개의 특허에 대한 라이선스를 구매하도록 하는 원고의 요청 또는 이를 거절하는 경우 악의적으로 근거 없는 소송을 남발하여 피고의 생산 등에 지장을 주는 것을 피할 수 없다는 피고의 주장을 인정하였다.

### (3) 독점화 행위에 관한 논쟁

법원은 다음으로, 독점화 행위에 대하여 언급하였다. 피고는 원고가 금융 서비스 산업에서 현존하는 상품들의 디자인 방식과 관계없이 이에 투자한 은행들을 배제하기 위하여 3500개의 특허를 망라하는 대량의 특허 포트폴리오를 의도적으로 취득하였다고 주장하였다. 피고는 원고가 현존 상품들의 디자인을 주문제작형 특허 포트폴리오를 위한 목표로서 사용함으로써 기존의 특허 포트폴리오의 특허-상품의 과정(절차)를 뒤집었다고 주장하였다. 이 '상품

—특허의 과정(절차)'는 현존하는 상품의 디자인에 이미 상당한 투자를 마친 Capital One과 같은 회사들을 이용한다는 것이다.

법원은 원고가 의도적으로 그들의 독점적 권력을 획득하였음을 피고가 충분히 입증하였으며 독점화에 관한 소송에 서먼법을 포함시키는 것은 결코 헛된 일이 아니라고 판결하였다.

Intellectual Ventures 사건의 결정은 특허 괴물에 대한 반독점법적 관점의 분석에 있어서 지침을 제공하고 있다. 법원은 재판의 진행에 따라 더 많은 가이던스를 제공할 수도 있을 것이다. 특히 특허 포트폴리오의 획득과 사용에 있어서 특허 괴물에 대한 판단에 중요한 프레임워크를 제공할 것이다.

## 3. Commercial Solvents 사건[140]

CSC는 일종의 화학 물질인 아미노-부타놀의 주요 공급자이며 시장의 지배적 기업이었다. Zoja는 다른 화학물질인 Ethambutol을 생산하기 위하여 아미노-부타놀을 구매하는 CSC의 고객이었고, Ethambutol의 주요 생산자 중 하나였다. CSC는 아미노 부타놀을 Zoja에 공급하는 것을 중단하였고, 유럽 위원회는 공급 거절 행위가 TFEU 102조를 위반하는 시장지배적 지위의 남용을 구성한다고 판단하였다. CSC는 이에 항소하였지만 ECJ는 항소심을 파기하고 위원회의 결정을 유지하였다.

ECJ는 CSC의 공급 거절 행위가 하류 시장에의 접근성을 용이하게 하기 위한 목적으로 의도되었고, 이것이 하류 시장에서 경쟁을

---

140) Yuan Zhou, Refusal to License in EU and its Influences in China, Lund University Master Thesis, pp.16-17; Joint case 6 and 7-73, Commercial Solvents, ECLI:EU:C:1974:18.

제거할 위험을 가지고 있었다고 판단하였다.[141] B&I Sealink 사건에서 위원회는 '필수 설비'를 "그것이 없을 경우 경쟁자들이 고객에게 서비스를 제공할 수 없는 설비"로 정의하였다. 이 정의에 따르면, 원재료 아미노-부타놀은 본 사건에서 필수 설비에 해당된다. 왜냐하면 Zoja는 아미노-부타놀 없이 Ethambutol을 생산할 수 없기 때문이다.

그러므로 '필수 설비'라는 용어를 인용하지 않더라도 필수 설비의 원칙은 실질적으로 본 사건에 적용되었다. 판결에 따르면, 필수 설비 원칙에 의하여, 시장지배적 지위에 있는 자의 공급 거부 행위는 다음과 같은 3가지 조건이 충족되는 경우에는 시장지배적 지위의 남용으로 간주된다.

(ⅰ) 필수적 조건: 관련 제품이 하류 시장에서 경쟁자들에게 필수적인 경우

(ⅱ) 경쟁의 배제: 관련 제품의 소유자가 상류 시장에서 지배적 지위를 행사하고 이를 통해 하류 시장의 경쟁자들을 제거할 목적을 가지는 경우

(ⅲ) 어떠한 객관적 정당화도 존재하지 않는 경우

## 4. Volvo 사건[142]

영국에서 Volvo는 Volvo 시리즈 200대의 자동차 모델의 프론트 윙 패널에 대한 디자인 등록 특허를 가지고 있었다. Veng은 Volvo의 허가 없이 이러한 패널들을 수입하였고 Volvo는 Veng이 Volvo

---

141) Joint case 6 and 7-73, Commercial Solvents, ECLI:EU:C:1974:18., para. 24.

142) Volvo v. Veng(1988) ECR 6211; Ioannis Lianos, Competition Law and Intellectual Property Rights: Promoting Innovation, 2017, pp.86~88.

가 패널을 포함한 지식재산권을 소유하고 있지 않은 다른 회원국으로부터 패널을 수입하여 영국에서 마케팅하는 행위를 금지시킬 것을 요구하였다. Veng은 합리적인 로열티를 지불할 준비가 되어 있었지만 로열티 산정 방식은 드러내지 않았다고 주장하였다. 잉글랜드 고등법원은 CJEU에 이것이 TFEU 102조의 위반에 해당되는지 여부를 결정하는 데 도와줄 3가지 질문에 대한 답변을 요청하였다.

변호사 Mischo는 그의 견해서에서 비록 운전자가 자동차를 구매할 때 예비부품의 가격을 고려했을지라도, 일단 자동차가 구매되면 Volvo의 디자인 등록 특허를 침해하지 않는 프론트 윙 패널에 대한 대체재가 존재하지 않는다는 점을 지적하였다. 결과적으로 Volvo는 명백하게 시장지배적 지위를 이용한 것이다. 변호사 Mischo는 단지 관련 시장의 상당 부분에 걸쳐 효율적 경쟁을 유지하는 데 방해가 되는 경우에만, 지식재산권의 소유자가 그들이 보호하는 상품에 대하여 지배적이라고 할 수 있다고 결론 내렸다. 그러나 그는 어떠한 대체 부품도 존재하지 않기 때문에 일단 Volvo가 디자인 특허권을 행사하기 시작하면 부품에 대한 시장지배적 지위를 가지는 것이라고 덧붙였다. 그러므로 라이선스 실시 거절 행위 즉, 특허 등록 디자인과 관련한 권리의 직접적 행사는 그 자체로 지배적 지위의 남용을 구성하는 것은 아니었다. 지배적 지위와 지식재산권과 더불어 더 많은 환경 또는 요소가 필요하였다. 예를 들어서 그 요소는 판매의 무차별 조건(독립적인 수리업체에 예비부품 공급을 거절하는 행위 등) 또는 비록 해당 모델의 자동차가 여전히 많이 사용되고 있을지라도 생산 중단한 자동차를 위한 예비 부품을 생산하지 않는 거절 행위와 같은 것이다. 그러나 TFEU 102조 2항 (a)호의 의미 내에서 '불공정 가격'의 개념을 적용하는 것이 중요한 사항이었다. 사실 Veng은 Volvo 시리즈 200대의 자동차 모델의 프론트 윙들이 Volvo 영업권자들에 의해 지나치게 높은 가격으로 판매되고 있었다고 주장하였다. "발명자는 엄밀한 의미의 생산 비용과 합리적인 이윤 마진뿐만 아니라 연구 개발 비용을 회수할 자격을 지닌다"고 한 Parke Davis의 주장을 고려하였다.

법원은 시장지배적 지위에 대한 문제를 고려하려 하지 않았지만 그것이 존재한다고 판단하여 남용의 문제를 다루었는데 다음과 같이 판결하였다.

제3자가 디자인 특허권자의 동의 없이 그 디자인을 결합하여 상품을 생산, 판매 또는 수입하는 행위를 방지하기 위하여 권리를 행사하는 것은 특허권자의 독점적 권리에 해당됨을 강조한다. 디자인 특허권자가 합리적인 로열티 비용을 받고 그 디자인을 결합시키는 상품의 공급에 대하여 라이선스를 허가하도록 하는 의무는 그의 독점적 권리를 사실상 박탈하는 것과 같으며 그러한 라이선스 실시 거절 행위 그 자체로 시장지배적 지위의 남용을 구성하지는 않는다.

그러나 자동차 패널에 관련하여 디자인 특허권자에 의한 독점적 권리의 행사는 지배적 지위에 있는 하나의 사업체로서 만일 독립적 수리업체들에게 예비 부품 공급을 거절하거나 불공정한 수준으로 예비부품에 대한 가격을 고정시키거나 현재 다수가 이용 중인 특정 모델의 자동차들의 예비부품을 생산하지 않아 결국 회원국들 간의 거래에 영향을 미치는 경우와 같은 특정 남용 행위를 포함하는 경우에는 TFEU 102조에 의거 금지될 수 있다고 판시하였다.

본 사건에서 법원은 그러한 남용 행위에 대하여 언급하지 않았다. 그러므로 법원에 의해 제출된 2번째 질문에 대한 답변에서 합리적인 로열티 지불에 대한 대가로서 제3자에게 그 디자인을 결합시킨 부품을 공급하기 위한 라이선스를 거부한 행위가 그 자체로 TFEU 102조에 의거하여 시장지배적 지위의 남용으로 간주될 수는 없다.

## 5. Ladbroke 사건[143] ― 예외적 상황의 대체 가능한 조건에 관한 기준[144]

Ladbroke는 마권 판매소를 운영하는 벨기에의 사업체이다. PMU는 프랑스의 장외 배팅에 관한 독점적 책임을 가지고 있다. PMU는 프랑스 경마에 관한 방송을 Ladbroke에 공급하는 것을 거절하였다. 유럽 위원회는 이 거절이 시장지배적 지위의 남용을 구성하지 않는다고 결정하였고, 사건은 GC로 이관되었다. GC는 위원회의 결정을 유지하였다.

GC는 본 사건의 상황을 Magil 사건과 구별하였다. 먼저, GC는 어떠한 행위(생산 등)에 필수적이면서 동시에 새로운 제품의 소개가 금지되는 것이 아니라면, 공급 거절 행위는 TFEU 102조에 명시된 금지의 범위에 포함되지 않는다고 보았다.[145]

즉, 본 사건에서 텔레비전 경마 방송은 '필수설비'가 아니며, 고객들의 잠정적 수요를 가졌지만 금지된 새로운 상품이 아니라는 것이다. 그러므로 TFEU 102조를 위반한 것이 아니었다. GC는 '필수 조건'과 '새 상품 조건'이 대체 가능하지만, 추가적인 것은 아니라고 명백하게 의사를 표시하였다.[146]

둘째, GC는 '경쟁 배제의 조건'을 조사하였다. GC는 경마 방송과 배팅은 서로 독립된 2개의 시장이며 프랑스와 벨기에를 지리적 구분에 따라 서로 다른 시장이라고 보았다. PMU가 벨기에에서 2개의 상품 시장 모두에 관련되어 있는 것은 아니었기 때문에, PMU는 Ladbroke를 배제할 의도를 가지고 있지 않았다. 따라서 본 사건에

---

143) GC, T-504/93, Ladbroke, ECLI:EU:T:1997:84.

144) Yuan Zhou, Refusal to License in EU and its Influences in China, Lund University Master Thesis, p.18.

145) GC, T-504/93, Ladbroke, ECLI:EU:T:1997:84., para. 130.

146) GC, T-504/93, Ladbroke, ECLI:EU:T:1997:84., para. pp.131~132.

서 경쟁 배제 조건 또한 구성되지 아니하였다.147)

## 6. AstraZeneca 사건148)

### (1) 사건의 배경 및 사실관계149)

의약품 분야에서의 남용에 관한 첫 번째 사건은 의약품 특허의 에버그리닝에 참가하는 것이 TFEU 102조를 위반함을 확인한, AstraZeneca 사건이다.150) 이는 또한 유럽 기구가 의약품 분야에서 관련 시장을 평가, 조사해야만 했던 첫 번째 사건이기도 하다.151) 본 사건은 다시 발생하지 않을 가능성이 큰, 매우 일시적인 성격의 상황을 다루고 있다. 그럼에도 불구하고 에버그리닝 행위에 경쟁법을 적용하였다는 점에서 본 사건은 매우 중요하다.

AstraZeneca AB와 AstraZeneca plc는 의약품을 발명, 개량, 상품화시키는 하나의 그룹에 속해 있다. AstraZeneca에 의해 판매되는 주요 약물 중 하나는 Losec이고 이것은 위궤양 치료제이다.152) Losec에 대한 특허권은 1979년에 취득하였으며 한동안 세계에서 가장 많이 판매되는 처방약이었다.153)  1999년에 유럽위원회는

---

147) GC, T-504/93, Ladbroke, ECLI:EU:T:1997:84., para. p.133.

148) Maria Durnel, End of a blockbuster? Preventing evergreening of pharmaceutical patents under EU competition law, Faculty of Law Lund University, 2017. pp.38~44.

149) Ibid., pp.38~39.

150) Case C-457/10P AstraZeneca v. Commission.

151) Outside the area of merger control; Drexl, Josef, "AstraZeneca and the EU Sector Inquiry: When do Patent Filings Violate Competition Law?" in Max Planck Institute for Intellectual Property and Competition Law Research Paper Series, 2012, p.2.

152) The active pharmaceutical ingredient is omeprazole. Losec is the brand name under which AstraZeneca markets the medicine.

153) European Commission, Press Release, IP/05/737, "Competition:

AstraZeneca가 몇몇 국가에서 시장지배적 지위를 남용하고 있다고 주장하는 두 회사로부터 고발장을 받았다. 피의 행위는 2가지 남용과 관련되어 있었다. 첫째, 국가 특허청에 고의로 잘못된 정보를 전달하였다는 것, 둘째, 상표 없는 상품의 허가를 더욱 어렵게 하면서 마케팅 권한을 철회하였다는 것이다.

위원회는 AstraZeneca의 행위가 시장에서 경쟁을 제거하기 위하여 고안된 전략적 행위 중 일부라고 주장하였다. 2005년에 위원회는 TFEU 102조를 위반하여 시장지배적 지위를 남용한 2건의 남용에 대하여 AstraZeneca에 6천만 유로의 벌금을 최초로 부과하였다.[154] 2010년 항소심에서 법원은 대체적으로 위원회의 결정을 유지하였다. 그러나 법원은 벌금을 6천만 유로에서 5250만 유로로 감소 부과하였다. 왜냐하면 위원회가 덴마크와 노르웨이에서의 마케팅 권한 말소가 반경쟁적 효과를 가지는지에 대하여 증명하지 못했기 때문이다. 2012년 12월에 유럽사법재판소(ECJ)는 GC의 판결을 확정하였다.

## (2) 첫 번째 남용 행위

AstraZeneca는 Losec을 위한 SPCs를 확보 혹은 유지하기 위하여 일부 국가들의 특허청에 잘못된 정보를 전달하는 남용을 범하였다. 위원회는 AstraZeneca가 해당 국가 당국에 잘못된 정보를 제출함으로써 부정확하게 SPCs를 허가하도록 유도하였다는 사실을 확인하였다. AstraZeneca는 사실상 SPCs에 대한 자격을 가지고 있지 않았고 또는 단지 단기간 SPCs에 대한 자격을 가지고 있었다. 이러한 특허 시스템을 부정 이용하여 AstraZeneca는 특허권을 연장할 수 있었다.

---

Commission fines AstraZeneca €60 million for misusing patent system to delay market entry of competing generic drugs"; Ibid. p.38.
154) Case COMP/A. 37.507/F3, AstraZeneca.; Ibid. p.39.

당국을 오인시키고 불법적인 SPCs를 획득함으로써 AstraZeneca는 특허권을 통하여 시장지배적 지위를 유지하였다. 특허권 연장의 목적은 Losec의 생산자들을 시장으로부터 배제시키기 위함이었다.

본 사건에서 특허 당국들은 SPCs에 관하여 AstraZeneca가 제출한 정보가 정확한지를 확인할 의무를 가지고 있지 않았다. 그러므로 특허 당국들은 AstraZeneca가 제출한 정보에 의존하고 제품들이 SPCs의 상세한 조건을 충족시키는지 여부는 확인하지 않았다.

AstraZeneca는 위원회가 남용을 정의함에 있어서 법률적 오류를 범하고 있으며 남용에 대한 충분한 사실 근거를 제시하지 못하였다고 주장하였고 나아가 남용의 구성 요건으로서 고의적 기만, 사기 행위가 존재해야만 한다고 하였다. AstraZeneca는 그들이 신의성실하게 행동하였으며 특히 위원회에 의해 정의된 협의의 시장 개념에 따른다면, 남용에 대하여 처벌을 받아서는 아니 된다고 주장하였다.[155]

GC는 첫 번째 남용 행위와 관련하여 전적으로 위원회의 결정에 동의하였다.[156] GC는 오인의 본질이 객관적 요소에 의하여 평가되어야 하며 시장지배적 지위를 이용하여 불성실하게 행동하는 것이 남용의 구성 요건이 되는 것은 아니라고 판결하였다.[157] GC는 더 나아가 Astra Zeneca가 비록 내부 문서가 SPCs에 대한 잘못된 정보를 전달하고 있음을 인지하였음에도 불구하고 그 정보를 수정하지 않았다는 사실을 확인하였다.[158] GC는 불법적인 SPCs가 중대한 배제의 효과를 가지며 경쟁에 부정적 영향을 끼침으로써 발생한 시장 구조의 변화에 책임을 가진다고 판시하였다. GC는 AstraZeneca의 행위가 경쟁의 범위 밖의 행위를 구성하므로 시장지배적 지위의

---

155) GC, para. 387; ECJ, para. 71.
156) GC, para. 3550.
157) GC, para. 356.
158) GC, paras. 508, 527, 530, 594.

남용에 해당된다고 확정하였다.159) ECJ는 AstraZeneca가 경쟁자를 배제함으로써 시장 내 지위를 강화시키고자 하였기 때문에 시장지 배적 지위의 남용을 구성한다고 판결하였다.

### (3) 두번째 남용 행위: 마케팅 권한 부여의 철회

AstraZeneca가 덴마크, 노르웨이, 스웨덴에서 그들의 상품과 이를 병행 수입하는 무역업체들의 마케팅을 지연하거나 금지함으로써 Losec에 대한 마케팅 권한을 말소(제거)시키고자 하였다는 사실에 따라 2번째 남용 행위가 구성된다. 만일 해당 제품에 대한 마케팅 권한이 부여되었다면 오직 상표 없는 제품들만이 상품화될 수 있었다. 위원회는 AstraZeneca가 마케팅 권한을 철회함으로써 다수의 회사로 하여금 상표 없는 Losec의 판매 권한을 방해하였음을 확인하였다.

AstraZeneca에 의해 제기된 주요 주장은 관련 EU 규제가 마케팅 권한을 부여할 수 있는 특허권자에게 그러한 권한을 철회할 수 있는 권리를 부여하고 있다는 것이었다.160) 그들은 그저 마케팅 권한을 철회할 수 있는 권리를 사용한 것이며 논리적으로 볼 때, 금지와 허용이 동시에 발생할 수는 없다고 주장하였다.161)

---

159) GC, paras. 355, 361; It is not the purpose of Article 102 TFEU to prevent an undertaking from acquiring, on its own merits, a dominant position. Nor is it the purpose to ensure that less efficient competitors remain on the market, see Case C-209/10 Post Danmark v. Konkurrencerådet, para. 21.

160) Article 14(d), Regulation 1768/92 of June 1992 concerning the creation of a supplementary protection certificate for medicinal products. The regulation has since then been replaced by Regulation 469/2009 of 6 May 2009 concerning the supplementary protection certificate for medicinal products.

161) ECJ, para. 125.

GC는 법적으로 가능한 절차를 이용하였어도 경쟁 원칙의 위반이 될 수 있다고 하였다. TFEU 102조에서 불법성은 다른 법률적 원칙의 준수와 관련되어 있지 않다.162) 비록 마케팅 권한 부여를 철회하는 것이 합법적이었을지라도 그것은 포괄적인 경쟁을 방해하였으므로 경쟁법 위반을 구성하였다. GC는 지배적 지위에 있는 자가 경쟁이 왜곡되는 방식으로 행동해서는 아니 된다는 특별한 책임을 언급하였다. 이 특별한 책임으로 인하여 지배적 지위에 있는 자는 해당 시장에서 경쟁자의 진입을 어렵게 하거나 방지하는 방식으로 규제 절차를 악용할 수 없는 것이다.163)

GC는 2번째 남용이 상표 없는 상품의 생산자들이 시장에 진입하는 것을 방지하고자 고안된 것임을 확인하였다. GC는 마케팅 권한 부여의 철회가 단지 상표 없는 상품들의 시장 진입을 방해하거나 지연시키기 위한 것이 명백함을 알아냈다.164) 위원회가 부과한 벌금은 GC에서 탕감하였다. 왜냐하면 위원회는 덴마크와 노르웨이에서 마케팅 권한 부여의 철회가 반경쟁적 효과를 가지고 있음을 증명하지 못하였기 때문이다.

ECJ는 대체적으로 GC의 판결을 유지하였고 특허가 만료된 이후에 마케팅 권한 부여를 철회하는 행위는 TFEU 102조를 위반한다고 하였다. 어떠한 행위가 TFEU 102조를 위반하는 것이 되려면, 2가지 조건이 충족되어야 한다. 첫째, 그 행위가 반경쟁적 효과를 가지고, 둘째, 그 행위에 대한 어떠한 객관적 정당성도 존재하지 않아야 한다.165) AstraZeneca는 Losec 캡슐에 대한 마케팅 권한을 철회함에 있어서 어떠한 정당성 혹은 그 사유를 제시하지 못하였다. 결국 ECJ는 그 행위가 EU 경쟁 원칙을 심각하게 위반하고 있으므로,

---

162) GC, para. 677.

163) GC, paras. 672, 817; ECJ, para. 134.

164) GC, paras. 675-676.

165) ECJ, paras. 134, 140.

GC가 부과한 벌금을 확정하였다.

## 7. Huawei 사건[166]

### (1) 기본적 사실[167]

1) 소송 당사자

데이터 통신 장치·브로드밴드 멀티미디어 장치·무선 통신 장치·전자 기기·단말기기의 개발, 생산, 판매, 유지, 보수 및 기술적 조언 서비스 등을 주력 사업으로 하는 본 사건의 원고 Huawei Technologies Co., Ltd.(이하 Huawei라 한다)는 전 세계 주요 통신 단말기 제조업체 중 하나이다. 원고인 Huawei는 중국 국내외에서 수많은 특허 기술을 소유하고 있으며, 123개의 주요 세계 표준화 기구에 가입한 상태이다.

본 사건의 피고 Inter Digital Group(이하 IDC라 한다)은 국제 통신 표준 특허를 대량 보유하고 있다. IDC는 2G, 3G, 4G를 적용함에 있어서 핵심 표준이 되는 국제 무선 통신 기술 분야에서 다량의 SEP를 보유하고 있다. 피고 IDC는 어떠한 실질적 제품도 생산하지는 않지만, 특허권에 대한 라이선스를 Huawei와 같은 회사들에 허가함으로써 방대한 이익을 창출하고 있다.

2) 소송의 주요 사실

원고 Huawei와 피고 IDC는 유럽 텔레커뮤니케이션 표준 기구(European Telecommunications Standards Organization, 이하 ETSO라 한다)의 회원이다. 표준 특허와 관련된 ETSO의 정책 조항에 따르면, 특허 소유자가 특허 기술을 ETSO 표준에 등록하기 위하여서는

---

166) Zeqin Wu, Anti-monopoly Regulation on the Standard Essential Patent-On Huawei v. the US IDC, 2017. pp.178~187.

167) Ibid., pp.179~180.

FRAND 원칙에 의하여 특허 기술에 대한 불가역적 라이선스를 허가할 의무를 준수할 수 있을 정도로 헌신적이어야만 한다. 2008년 9월부터 2012년 8월까지 피고는 원고에게 총 4차례 특허 라이선스를 제안하였다. 그 제안에서 피고는 2G, 3G 국제 통신 분야에서의 SEP를 Huawei에게 허가하고 원고 Huawei는 이에 대한 필수적인 라이선스 비용을 지불해야만 한다고 하였다. 그러나 제안된 라이선스 비용은 애플, 삼성 등과 같은 경쟁 회사에 비하여 명백히 지나치게 높게 책정되었다. 게다가 피고는 원고의 모든 특허에 대하여 피고에게 무료로 라이선싱할 것을 요구하였다. 협상의 과정에서 원고 Huawei가 이러한 불합리한 조건들을 허락하도록 강요하기 위하여 피고 IDC는 2011년 7월 26일 미 국제무역위원회에 이를 조사하도록 요청하였다. 이와 동시에 IDC는 Huawei가 IDC의 7가지 SEP를 위반하였다고 주장하면서 미 연방법원에 SEP 위반에 관한 손해배상을 청구하고 특허 사용 금지 명령을 내릴 것을 요청하였다. 그 결과 연방법원은 하나의 SEP에 대한 위반을 결정하였지만 Huawei에 대한 특허 사용 금지 명령 요구는 거부하였다.

### (2) 주요 법리 논쟁[168]

세계 시장의 관점에서 SEP에 관한 법률적 논쟁은 크게 2가지 측면을 포함하고 있다. 첫 번째 문제는 SEP를 소유하는 특허권자가 시장 독점을 위하여 그의 시장지배적 지위를 오용할 수 있다는 것이다. 두 번째 문제는 FRAND 원칙의 적용에 관한 것이다. 본 사건에서 주요 쟁점은 IDC가 중국의 반독점법에 의거하여, 시장지배적 위치를 남용하였는지 여부이다. SEP 특허권자가 시장지배적 위치를 남용하는 방법은 대개 높은 가격 설정, 광고 및 기타 FRAND 조건을 위반하는 행위에 있어서 표준 시장의 지배적 지위를 남용하

---

168) Ibid., pp.180~181.

는 것에 관련되어 있다. 표준의 배타성 때문에 SEP 특허권자들은 일반적으로 시장지배적 지위를 갖는 것으로 간주된다. 만약 SEP 특허권자가 '공정하고 합리적이며 무차별적인 라이선싱'의 원칙을 준수하지 않는다면 이를 시장지배적 지위의 남용으로 평가할 수 있다. 본 사건에서 주요 법리 논쟁의 대상은 특별한 상황에서 IDC 가 시장지배적 지위를 남용하였는지 여부를 판단하는 것이었다. 반독점법에서 SEP 관련 문제는 주로 '관련 시장', '시장지배적 지위', '시장지배적 지위의 남용'을 어떻게 정의하는가에 관한 것이다.

### (3) 시장지배적 지위의 남용[169]

#### 1) 높은 가격 또는 차별적 가격 설정의 요구

본 사건에서 피고 IDC가 원고 Huawei에 요구한 SEP 라이선스 비용은 삼성, 애플, 기타 회사와 비교하여 볼 때, 지나치게 높은 수준이었다. Huawei의 휴대폰 판매량은 휴대폰 시장에서 애플, 삼성과 같은 거대 기업들에 비하여 매우 낮은 수준이지만 그 승인율은 애플의 19배, 삼성의 2배 이상이다. 게다가 다른 데이터에 따르면, 피고가 원고에게 요구하여 원고의 전체 판매량에 따른 비율로 산정된 라이선스 비용조차도 다른 주요 경쟁자들에 비해 높은 수준이었음이 드러났다. 피고는 실질적으로 제품을 생산하지 않기 때문에 원고가 피고와의 어떤 교차 라이선스 합의에 도달하는 것도 불가능하였다. 그러나 미국에서 피고 IDC는 원고 Huawei가 전 세계에서 피고에게 무료 라이선스를 제공하도록 강요하였다. 이는 곧 원고에게 사업상 '손실'을 의미하는 것이었다. 이것이 실현되는 경우 피고는 높은 라이선스 비용을 수수할 뿐만 아니라 원고로부터 추가적이익을 압착하여 확보할 수 있다. 이러한 행위가 FRAND 조건의 '공정하고 합리적이며 무차별적인' 원칙을 위반함은 물론 과도하고

---

169) Ibid., pp.185~186.

차별적인 가격을 설정하는 등 거래 이익의 불균형을 초래하는 것은 매우 명백하다.

### 2) 부당한 끼워팔기의 남용

SEP는 대체 불가능하다는 성질을 갖는다. 본 사건에서 피고가 원고와 협상하던 때 피고는 원고의 생산에 필요한 특허에 불필요한 특허를 끼워 팔았다. 피고는 이 거래 행위가 산업계의 관습에 따른 것이고 시장의 효율적 경쟁을 촉진할 수 있으며 끼워 팔기에 해당되지 않는다고 주장하였다. 법원은 보다 명확한 판결을 위하여 필요 특허와 불필요 특허를 구분하였다. 피고의 SEP는 명백하였기 때문에 원고가 불필요 특허를 구매할 이유는 없었다. 피고는 오직 원고에게 필수특허만을 허가할 수 있고 불필요 특허는 협상의 대상이 될 수 있었지만 특허 라이선스의 필수 전제 조건으로서 원고에게 불필요 특허를 강요, 판매할 수는 없는 것이다. 본 사건에서 피고 IDC는 미국에서 불필요 특허를 필요 특허에 끼워 판매함으로써 시장 경쟁에 부정적 영향을 끼쳤으므로 이 행위가 합리적 범위를 벗어나 비정상적인 판매 행위임이 명백하였다. 결과적으로 법원은 피고가 자신의 이익을 극대화하기 위하여 SEP의 혜택을 이용하며 불필요 특허를 끼워 판매하는 행위를 금지해야만 한다고 판결하였다. 왜냐하면 특허는 표준 그 자체의 합리적 가치를 벗어나 행사되어서는 안 되기 때문이다. 즉, 피고의 판매 행위는 시장지배적 지위의 남용을 구성하는 것이다.

### (4) 소결[170]

특허권 남용은 전형적인 지식재산권 남용에 해당된다. 특허권이 기술 표준과 결합되는 경우 권리 남용의 문제는 더욱 복잡해진다. 기술 표준의 공공적 성격과 특허의 사익적 성격 간의 갈등이 발생

---

170) Ibid., p.186.

하기 때문이다. Huawei v. The US IDC 사건을 통해, SEP의 남용을 규제하기 위하여 시장 경쟁을 유지하는 데 목적을 두는 반독점법을 활용해야만 하며 SEP에 관한 시장 경쟁을 유지하기 위하여 보다 많은 의무를 부과할 필요성도 제기된다. 따라서 SEP의 남용과 독점에 관하여 보다 엄격하게 인식, 규제하여야 할 것이다.

## 8. Google v. Fair Trade Commission & N-Data v. Fair Trade Commission[171]

2013년 미국 연방 공정거래위원회는 구글이 새로 취득한 자회사 Motorola Mobility가 이전에 합의한 특정한 SEP들을 FRAND 조건에 따라 라이선싱하도록 하는 의무를 위반한 행위가 연방거래위원회법 제5조를 위반하였다면서 소송을 제기하였다. 특허 소유자들은 일반적으로 그들의 특허가 침해받았을 경우 가처분 명령을 요청하는데 FRAND 조건에 따른 SEP의 문제를 다루는 경우 왜 그러한 구제방법이 '불공정한 경쟁방법'을 요구하는가? 위원회는 다음과 같이 설명하였다. 특허 실시자로부터 미래 판매의 기회를 박탈하기 위하여 가처분 금지 명령을 활용하는 행위는 구글이 FRAND 범위를 벗어나는 라이선싱 조건을 요구하도록 허용하는 위험성을 가지고 있다. 이 행위의 '반경쟁 효과'는 위원회가 정의한 '실질적인 소비자 피해' 즉, 비용의 증가이다. 위원회는 구글의 관행이 지속되어 왔고 많은 소비자, 전자 제품 제조업체들은 단지 가처분 금지 명령을 회피하기 위하여 불합리한 로열티를 지불하는 데 합의할 것이라고 주장하였다. 또한 제조업체들이 그러한 비용의 일부를 소

---

171) Harry First, Exploitative Abuses of Intellectual Property Rights, LAW & ECONOMICS RESEARCH PAPER SERIES WORKING PAPER NO. 16-26, NEW YORK UNIVERSITY SCHOOL OF LAW, 2016, pp.9~11.

비자에게 전가시킬 것이라고 하였다.172)

미 공정거래위원회는 구글 사건에 5년 앞서, Negoitated Data Solutions(이하 N-Data라 한다) 사건에서 높은 라이선싱 비율에 대하여 조사한 바 있다. N-Data는 표준 설정 절차를 가지고 있었지만 FRAND 조건에 따라 라이선스를 허가하지 않았다. SSO가 하위 호환성을 가능하게 하는 이더넷 표준을 채택하는 과정에서 N-Data의 전임 대표이사는 오히려 특허를 요청하는 당사자 누구에게나 기술을 포함한 특허를 라이선싱함에 있어서 1회 사용당 1000달러의 라이선스료를 받고 이를 허가하기로 약속하였다. 관련 특허는 나중에 다른 회사로, 결국에는 N-Data로 이전되었다. 이 약속을 인지하고 있었음에도 불구하고 이후에 양수인들은 그 특허가 더 높은 가치를 지니며 많은 대형 컴퓨터 하드웨어 제조업체를 포함한 일련의 목표 기업들로부터 더 많은 로열티를 받아야 한다고 결정하였다. 요구 로열티는 기존의 1000달러보다 훨씬 큰 폭으로 상승한 가격이었다.173)

공정거래위원회는 소송에서 N-Data의 행위가 연방거래위원회법 제5조를 위반하는 '불공정 경쟁방법'에 해당된다고 주장하였다. 공정거래위원회는 표준을 실시하는 상품들의 제조 또는 판매에 대한 증가된 로열티가 실질적인 반경쟁 효과를 가진다고 하였다.174) 위원회가 설명한 바와 같이 비록 N-Data의 행위가 서면법을 위반한 것은 아니라 할지라도 그 행위는 해당 산업 전반에 가격인상 파급

---

172) In the Matter of Motorola Mobility LLC and Google, Inc., Docket No. C-4410, Complaint 25-28, 30(2013), https://www.ftc.gov/sites/default /files/documents/cases/2013/07/130724googlemotorolacmpt.pdf..

173) In the Matter of Negotiated Data Solutions, LLC., Docket No. C-4234, Complaint, 28 (2008), https://www.ftc.gov/sites/default/files/documents/ cases/2008/09/080923ndscomplaint.pdf.

174) Ibid., 37a.

효과를 가질 수 있다.175)

위원회가 오직 가격 인상에만 집중한 것은 아니었다. 이 사건들은 표준 설정 절차의 맥락에서 제기된 것들이다. 위원회는 그 절차의 진실성을 보호하는 것이 전반적인 문제로서의 혁신에 매우 중요함을 강조하였다. 이는 단순히 구매자(라이선시와 하류 소비자들)들이 과도하게 높은 가격으로부터 자유로워야만 함을 의미하는 것은 아니었다. 위원회는 표준 실시 로열티가 더 공정하고 참여자들이 그들의 약속을 지키는 경우 다양한 산업들에서 표준을 둘러싼 혁신이 발생할 것이라고 생각한 것이다.176)

그러나 두 사건 모두에서 위원회는 특허 소유자가 잘 정의된 시장에서 독점적 권력을 소유하는지 여부 또는 그들이 경쟁을 배제하기 위하여 그 권력을 행사하였는지 여부에 초점을 둔 것은 아니다. 그 관행들이 생산을 제한하거나 진입 장벽을 형성하는 것이 아니라면, 문제가 되지 않았다. 오히려 위원회는 '착취적 지식재산권 남용행위'에 관하여 언급하였다. 위원회는 특허 실시 회사들이 하나의 표준에 구속되기 때문에 실질적 대안(대체 표준 등)이 부족한 회사들에 대하여 착취적으로 그 힘을 행사하도록 허용되어서는 아니 된다고 기술하였다.177)

---

175) N-Data, Analysis of Proposed Consent Order to Aid Public Comment, at 4, https://www.ftc.gov/sites/default/files/documents/cases/2008/01/080122analysis.pdf.

176) E.g., id. at 6; Motorola Mobility/Google, Analysis of Proposed Consent Order to Aid Public Comment, at 2-3, https://www.ftc.gov/sites/default/files/documents/cases/2013/01/130103googlemotorolaanalysis.pdf.

177) N-Data, Analysis to Aid Public Comment, at 5. See Motorola Mobility/Google, Analysis to Aid Public Comment at 5 ("opportunistic breach of its licensing commitment had the tendency of leading to higher prices for consumers and undermining the standard-setting process").

## 9. Zenith 사건[178]

원고 Zenith Radio Corporation(이하 'Zentith'라 한다)은 미국 국내외에서 수년간 라디오와 텔레비전을 성공적으로 제조, 판매해 온 델라웨어 주의 회사였다. Zenith의 운영에 있어서 필요했던 것은 라디오와 텔레비전에 특허받은 장치들을 사용하기 위한 라이선스를 획득하는 일이었고 그 거래는 라디오와 텔레비전 산업에서 미국 내 특허를 소유한 일리노이 주의 회사인 Hazeltine Research, Inc.(이하 'HRI'라 한다)과의 라이선싱 계약을 포함하고 있었다. HRI는 HRI의 국내 특허에 상응하는 수많은 외국 특허 자산을 가진 실질적으로 규모가 더 크고 다각적 회사인 Hazeltine Corporation(이하 'Hazeltine'이라 한다)가 지분을 100% 소유하고 있는 자회사였다.

1959년까지 Zenith는 HRI의 소위 '표준 패키지 라이선스'에 따라 모든 HRI의 국내 특허를 사용할 권리를 가지고 있었다. 그러나 1959년 Zenith는 라이선스 만료와 동시에 HRI로부터 라이선스를 받아야 할 이유가 없다고 주장하면서, 라이선스 계약 갱신을 위한 HRI의 제안을 거절하였다. 협상이 지지부진하자 1959년 11월 HRI는 Zenith의 텔레비전이 특정 자동 컨트롤 시스템에 대한 HRI의 특허들을 침해하였다면서 일리노이 주 북부 지방법원에 소송을 제기하였다. Zenith는 특허의 무효를 주장하고 따라서 특허를 침해하지 않았으며, 외국의 특허풀들과의 공모와 특허의 부정이용을 이유로 HRI의 주장이 잘못되었다고 주장하였다.

1963년 5월 22일 Zenith의 답변서가 제출된 지 3년 이상 지난 이후 Zenith는 HRI를 상대로 트레블(고음역) 손상과 가처분 명령 구제를 위한 역소송을 제기하면서 HRI, Hazeltine, 캐나다, 잉글랜드,

---

178) Zenith Radio Corp. v. Hazeltine Research, Inc., Supreme Court of the United States, 1969.

오스트레일리아의 특허풀들과 공모하였을 뿐만 아니라 HRI의 특허들을 부정 이용하였다는 이유로 셔먼법을 위반하였다고 주장하였다. Zenith는 그 3개의 특허풀들이 외국 시장에 미국에서 생산한 라디오와 텔레비전들을 수출하기 위하여 그들의 독점적 라이선싱 권한을 이용함으로써 Zenith에 대한 Hzeltine 특허들을 포함한, 특허의 라이선스 실시 허락을 거절해 왔다고 주장하였다.

역소송에서 지방법원은 처음으로 HRI가 Zenith로 하여금 5년계약 패키지 라이선스를 수락하도록 강제하고 비특허 상품에 대하여도 로열티를 지불하도록 주장함으로써 그들의 국내 특허들을 부정이용하였다고 판단하였다. 법원은 약 5만 불 상당의 실질적 손해를 입은 Zenith의 손을 들어주었고 더 이상의 특허 부정이용이 발생하지 않도록 가처분 금지 명령을 내렸다. 또한 HRI와 Hazeltine이 Zenith를 캐나다, 잉글랜드, 오스트레일리아 시장으로부터 배제하기 위하여 해당 국가들의 특허풀들과 공모한 것으로 밝혀졌다. Hazeltine은 그 특허풀들에게 그들 국가에서 Hazeltine 특허를 라이선싱할 수 있는 배타적 권리를 부여하였고 각각의 특허풀들이 수입을 위한 특허 라이선스 취득을 허가하지 않고 특허 침해 소송을 하겠다면서 수입을 금지하도록 한 사실을 알면서도 그 풀들의 이익을 공유하였다. 공모자와 함께 HRI와 Hazeltine이 셔먼법 제26조 209항을 위반하면서 미국의 상거래를 제약하기 위하여 특허풀들과 공모하였다는 사실이 드러났다. 3개의 시장과 관련한 전체 손해는 거의 3500만 불에 달하였다. 항소심과 대법원에서 또한 특허의 부정이용 사실을 인정하였다. 특허부정이용 판결례로서 대표적 사건이다.

## 10. St. Paul Mercury Insurance Company 사건[179]

### (1) 사건의 개요

2012년 4월 12일 원고 St.Paul Mercury Insurance Company는 원고 Tessera, Inc.를 상대로 소송을 제기하였다. 원고는 St.Paul이 Powertech Technology Inc. v. Tessera, Inc. 사건 번호 11-06121 의 소송에서 Tessera를 변호할 의무를 가지지 않는다는 판결을 요구하였다. St.Paul이 권리 유보에 의하여 Tessera를 변호하는 데 있어서 지불한 금액의 상환에 대한 의무가 없다고 주장하였다. Tessera 는 St.Paul이 변호의 의무, 보험 계약 위반 손해에 대한 의무, 신의 성실한 거래 계약 위반에 대한 의무, 보험 계약 공정 거래에 관한 의무를 위반하였다면서 역소송을 제기하였다.

2012년 10월 26일 양측은 St.Paul이 변호의 의무를 가지고 있었는지 여부에 관한 부분 약식 판결에 대하여 이의를 제기하였다. 변호의 의무가 없음을 확인한 법원은 St.Paul 약관에서 지식재산권이 St.Paul로 하여금 변호의 의무로부터 구제하였는지 여부에 대한 문제는 다루지 않았다. Tessera는 항소하였고 제9 연방 순회법원은 지식재산권 배제의 적용 여부를 고려하기 위하면서, 원심 판결을 뒤집었다.

2016년 5월 13일 양측은 약식 판결에 대한 이의를 제기하였다. 2016년 7월 17일 법원은 양측의 주장을 듣고 난 후 지식재산권 배제가 Powertech 사건에서 PTI의 소송으로부터 Tessera를 변호해야 하는 St.Paul의 의무를 무효화시키지 않는다고 하였다. 법원은 부분 약식 판결에 대한 Tessera의 주장을 받아들였고 St.Paul의 주장은 기각하였다.

---

179) St. Paul Mercury Insurance Company v. Tessera, Inc., United States District Court, N.D. California, San Jose Division, 2016.

## (2) 사건의 배경

2003년 10월 20일 PTI와 Tessera는 Tessera Compliant Chip License Agreement(이하 TCC 라이선스라 한다)를 시작하였다. 2007년 12월 Tessera는 반도체 패키지를 판매 및 수입하여 Tessera의 특허를 침해하였다는 이유로 몇몇 회사들을 고발하면서 ITC Investigation 337-TA-630을 시작하였다.

2011년 12월 6일 PTI는 캘리포니아 북부 지방 법원에서 Tessera를 상대로 소송[180]을 제기하였다. 소송 사유는 첫째, TCC 라이선스를 종결할 PTI의 권리에 관한 판결을 요구하기 위함이었고, 둘째, TCC 라이선스 위반, 셋째, 신의성실하고 공정한 거래 및 계약에 대한 위반이었다. 소송장에서 PTI는 Tessera가 PTI의 패키지 상품들을 고발하는 ITC 조사를 요청, 참여, 유지하고 미국에서 PTI 패키지 상품들을 판매 금지토록 하는 배제 명령을 추구함으로써 TCC 라이선스 계약을 위반하였다고 주장하였다.

2012년 3월 19일 St.Paul은 PTI에 대한 Tessera의 변호에 참여하기로 합의하였지만 변호 의무에 이의를 제기하고 미래에 손해배상을 청구하기 위하여 그 권리를 유보하였다.

2012년 7월 3일 PTI는 소송의 3가지 이유 즉, 사기, 특허의 부정이용, TCC 라이선스를 해석하기 위한 판결 요청을 추가하였다. 2012년 8월 10일 캘리포니아 북부 지방 법원은 특허의 부정 이용은 소송의 독립적인 원인이라기보다는 피고가 원고의 주장을 반박하고 판결을 뒤집을 수 있는 새로운 사실[181]에 해당된다는 취지에서, 특허의 부정이용에 대한 로열티를 요구하는 PTI의 소송을 기각

---

180) Powertech Technology Inc. v. Tessera, Inc., Case No. 4:11-cv-06121-CW.
181) Affirmative defense.

하였다. 법원은 PTI가 특허의 부정이용이라는 새로운 사실에 관하여 확정 판결을 수정 요구하도록 명령하였고 PTI는 이에 따라 소송장을 수정하였다.

제9 순회법원은 PTI의 소송에서 주장된 사실들이 잠정적으로 상품 비하에 대한 소송을 주장하기에 충분한 근거가 됨을 확인하였다.

### (3) 특허의 부정이용에 관한 미 법원의 결론

Tessera는 특허의 부정이용이 지식재산권 또는 지식재산권법의 제정의 이유임을 보여 주는 것은 아니라고 주장하였다. 법원은 PTI의 특허 부정이용 주장이 지식재산권의 침해 또는 위반에 대한 소송이 아님을 인식하고 있었다. 제9 순회법원이 소수 의견에서 설명한 바와 같이 특허의 부정이용으로부터 자유로울 수 있는 지식재산권은 존재하지 않기 때문에 PTI의 특허의 부정이용에 관한 소송은 지식재산권 위반으로부터 기인하는 독립된, 손해배상 청구를 구성한다고 St.Paul이 주장할 정도로 지식재산 배제 조항이 큰 의미를 가지는 것은 아니었다. 법원은 특허의 부정이용과 관련하여 다음과 같은 결론에 도달하였다. 관련 당국은 특허의 부정이용에 관한 소송이 진정한 의미의 지식재산 소송이 아니기 때문에 이는 지식재산 배제의 범위에 해당되지 않는다는 것이었다.[182]

## 11. Loestrin 24 FE 사건[183]

### (1) 사건의 개요

본 다구역 소송(Multidistrict Litigation)에서 서로 다른 4그룹의 원

---

182) Aurafin-OroAmerica, 188 Fed. Appx. at 566.
183) United States District Court, D. Rhode Island, 2017.

고들은 피고 제약회사들이 24개의 노르에신드론, 아세트산염, 에티닐, 에스트라디올(1mg/20mcg) 알약과 4개의 철을 함유한 푸마르산염 알약으로 구성된 Loestrin 24 FE(이하 Loestrin 24라 한다)와 관련하여 반경쟁적 행위를 하였다면서, 각각 손해배상을 청구하였다. 해당 제품을 구매한 원고들은 피고 중 하나인 Warner Chilcott으로부터 Loestrin 24를 직접 구매한 법인이었다.[184] 소매업체 원고들은 Walgreen 원고와 CVS(편의점) 원고들로 구성되어 있었다. EPP는 제3자 지불인 또는 간접 구매인들이었다. 그들은 일반적으로 Loestrin 24를 구매한 구독자들에게 배상하는 복지 프로그램의 피고용인들로 구성되어 있었지만 자가 사용 목적으로 Loestrin 24를 구매한 3명의 개인도 포함하고 있었다.

피고는 제약회사들이었다. 제약 산업에서 다양한 합병 인수로 인하여 그들 간의 관계는 계속 변화를 거듭해 왔고 심지어 이 소송의 기간 중에도 변화하였다. Warner Chilcott Company, LLC(이하 Warner Chilcott이라 한다)는 현재 Loestrin 24를 포함한 특허의 수탁인이며 그것은 FDA로부터 새 의약품 승인을 받은 것이었다. 피고 Watson Labatories는 2013년 Actavis를 인수한 Watson Pharmaceuticals가 지분을 전부 소유하고 있는 자회사이고 Actavis의 이름으로 실험을 지속하였다. 법원은 Actavis에 관하여 명백하게 토론하는 경우를 제외하고 피고를 Watson이라 통칭하였다. 나머지 피고들은 Lupin과 Lupin Pharmaceuticals였다(이하 Lupin이라 한다). Warner Chilcott과 Watson의 이해관계가 일치하였기 때문에 그들은 합동 브리핑을 제출하였고 법원은 이들을 'Warner Chilcott 피고들'로 통칭하였다.

---

184) The DPPs are American Sales Company, LLC, who filed a Complaint on its own behalf and as an assignee of McKesson Corporation; and Rochester Drug Cooperative(DPP Compl. ¶¶ 16-17.).

## (2) 사건의 진행 상황

2006년 7월 Chilcott이 새 의약품 승인을 받은 몇 달 후 Watson은 Warner Chilcott에게 제네릭 약품[185]이 특허번호 394를 침해하지 않았다는 인증에 의거하여 Loestrin 24의 제네릭 버전을 상품화시키기 위하여 제네릭 품목 허가를 요청하였다고 전달하였다. 예측 불가능하게 Warner Chilcott은 Watson을 상대로 소송을 제기함으로써 대응하였다. Lupin과 Mylan 또한 특허번호 394에 대하여 유사하게 행동하였다. 이에 Warner Chilcott은 Loestrin 24와 유사한 약품을 개발하였고 FDA로부터 승인받았다. 소송장에서는 "Warner Chilcott이 Watson의 제네릭 약품이 2014년 1월 시장에 판매되기 이전에 Loestrin 24를 Minastrin 24로 성공적으로 전환시켰다"고 주장하였다.

원고들은 394번 특허를 Minastrin 24 약품의 개발에 적용함으로써 발생하는 반경쟁적 전략의 순수 효과는 적어도 2014년 1월까지 제네릭 시장의 경쟁을 지연시켰다고 주장하였다. 원고의 주장에 따르면, 이러한 노력이 없었다면, Loestrin 24는 FDA가 Watson의 제네릭 품목을 허가한 2009년 9월에 이미 제네릭 시장 경쟁에 직면했을 수 있었다. 당시 Warner Chilcott은 공식 제네릭 약품을 포함한 Loestrin 24의 다른 버전들이 시장에 진입함으로써 그 독점적 지위를 상실하고 있었으며 소비자들은 24개의 노르에신드론, 아세트산염, 에티닐, 에스트라디올(1mg/20mcg) 알약과 4개의 철을 함유한 푸마르산염 알약으로 구성된 경구 피임약을 보다 적게 구매하였다. 이는 가격이 보다 비싼 브랜드 Loestrin 24를 구매하는 대신 덜 비싼 제네릭 Loestrin 24를 구매하기 시작하였고 남아 있는 브랜드 Loestrin 24를 할인구매하였다. 원고들은 피고들의 전략과 불법적 지불행위들이 다음과 같은 행위에 의하여 원고에 손해를 끼쳤다고

---

185) 일반적으로 회사명이 붙지 않은 채로 판매되는 약품들을 말한다.

주장하였다. 미국 내에서 덜 비싼 제네릭 버전의 Loestrin 24의 시장 진입을 지연하고 Loestrin 24의 가격을 고정, 인상, 유지 또는 안정화하였으며 미국 내 Loestrin 24 시장을 독점하였다는 것이다.

법원은 2017년 7월 21일 Warner Chilcott 사건 피고들에 대한 미 25개 주와 푸에르토리코에서 피고가 반독점법, 소비자 보호를 위반하였다는 원고의 주장을 받아들이고 피고의 기각 신청을 거절하였다. 현재 항소심이 진행 중이다.

## 12. 악의적 지식재산권 남용을 인정한 중국 최초의 소송 사건[186]

### (1) 서론[187]

중국 특허법[188]은 "특허를 무효화하는 결정은 특허가 무효로 되기 전에 지식재산권을 행사하고 그에 따라 법원이 내린 판결, 중재 또는 강제 집행 명령의 결정, 또한 이미 이행된 실시 허락 계약 또는 양도 계약에 대한 소급력이 없다"고 규정하고 있다. 한편, 권리자가 악의적 목적으로 타인에게 손해를 입히는 경우 배상해야 한다고 규정되어 있다.[189] 그러나 재판 실무에서 권리를 행사하는 권

---

186) 北京三友知識産権代理有限公司 呉学鋒, 知的財産権濫用の悪意を認めた中国初めての訴訟事例, 海外知財の現場⑬, 2011.

187) Ibid., p.1.

188) 中国では、「専利法」と言い、日本 の特許法、実用新案法及び意匠法をまとめた法律である。さらに、中国特許法では、特許権 ﹅実用新案権及び意匠権を含めて専利権と称する。本稿では、表記を分かりやすくするために、「専利法」を「特許法」と記し、中国特許法で言う発明専利を「特許」と称し、実用新案専利を「実用新案」と称する.

189) 中国特許法第47条: 無効宣告された特許権は初めから存在しなかったものと見なされる。特許権無効宣告の決定は、特許権無効宣告の前に人民法院が下し、かつ既に執行された特許権侵害の判決及び調停書、既に履行又は強制執行された特許権侵害紛争の処理決定、及び既に履行

리자의 악의를 입증하기 어려운 경우가 많기 때문에 지금까지의 재판 사건에서 권리자가 권리를 남용하였다고 인정하여 손해배상을 명령했던 판례는 극히 드물었다. 여기서는 강소성 남경시 중급 인민법원에 의해 심리된, 권리자의 악의를 인정한 판결190)을 중심으로 검토한다.

### (2) 사건의 개요191)

이 소송 사건은 산업상 이용할 수 있는 물품의 형상·구조 또는 조합에 관한 고안으로서 특허청에 이를 등록함으로써 권리에 대한 효력이 발생하는 실용신안권자에 의한 실용신안권 침해 소송과 피고에 의한 손해 배상 청구 소송 2건의 소송이 제기된 사건이다. 해당 사건을 심리한 강소성 중급인민법원은 2건의 소송을 병합하여 심리한 끝에 실용신안권에 대하여 권리남용의 악의를 인정하고 손해 배상금 지불을 명령하였다.

실용신안권 침해 소송의 원고 원씨는 1977년부터 강소성에 있는 밸브 제조회사에 근무하며 공장장을 역임하였다. 2001년 2월 원씨는 개인 명의로 "소방 볼 밸브(Ball Valve)"의 실용신안 등록 출원을 하여 2001년 12월에 실용신안 번호 ZL01204954.9로 등록하였다.

2003년 8월 6일 원씨는 강소성 양중시에 있는 2곳의 밸브 제조

---

された特許実施ギ許諾契約又は特許譲渡契約に対して、遡及力を持たないものとする。但し、特許権者の悪意により他者に損失をもたらした場合は、賠償しなければならない。前項の規定に従い、特許権侵害の賠償金、特許使用料、特許権譲渡料を返還する必要はない一方で、公平の原則に明らかに違反している場合は、全額又は一部を返還しなければならない.

190) 江蘇省南京市中級人民法院2006年8月24日判決(2003)寧民三初字第188号.

191) 北京三友知識産権代理有限公司 呉学鋒, 知的財産権濫用の悪意を認めた中国初めての訴訟事例, 海外知財の現場⑬, 2011, pp.1~2.

회사가 제조·판매한 밸브가 자신의 실용신안권을 침해하였다며 강소성 남경시 중급 인민법원에 제소하였다. 피고는 2003년 12월에 국가지식산업권리국 복심위원회(이하 위원회라 한다)[192]에 원고 원씨의 실용신안권의 무효를 요구하는 심판을 청구하였다. 복심위원회는 청구인이 제출한 증거물을 바탕으로 심리한 결과, 2004년 8월 실용신안권을 모두 무효라고 선언하는 심결을 내렸다. 원고 원씨는 복심위원회의 이 결정에 불복해 북경시 제일 중급인민법원에 심결 취소 소송을 제기하였다. 2005년 3월 북경 제일 중급인민법원은 위 심결을 유지하는 판결을 확정하였다. 양 당사자 어느 쪽도 이 판결에 항소하지 않음으로써 판결은 최종 확정되었다.

북경시 제일 중급인민법원의 확정 판결을 받아 원고 원씨는 강소성 남경시 제일 중급인민법원에 침해 소송 취하 제안을 하였다. 그러나 피고는 "원고 원씨의 행위는 분명 악의를 가지고 있으며 피고는 소송에 응소하기 위하여 실제로 피해를 받고 있다. 원고는 손해배상 책임을 져야 한다"고 하여 손해배상 소송을 제기하였다. 강소성 남경시 중급인민법원은 침해 소송 이후 제기된 권리자의 악의가 권리남용에 대한 손해 배상 소송을 제기하는 데 그 침해 소송이 진행 중이라는 사실이 그 조건이 될 수 있다면서 침해 소송 취하를 인정하였고 동시에 권리 남용에 대한 손해 배상 재판은 그 근거를 잃어 취하를 인정하지 않으면서 2개의 재판을 병합하여 심리하기로 결정하였다.

### (3) 사실 관계[193]

분쟁 쌍방이 제출한 증거물과 법정 심리에서 당사자의 진술에

---

192) 復審委員会: 中国において、復審委員会は、国家知識産権局によって設立された組織であり、日本5国 特許庁審判部に相当する。拒絶査定不服審判及び無効審判の事件を扱い、請求を審理し、決定、審決を下す.

193) Ibid., pp. 2~4.

의해 강소성 남경시 중급인민법원은 다음과 같은 사실을 인정하였다.

실용신안권 침해 소송을 제기한 원고 원씨는 1977년부터 1998년까지 20년간 밸브 제조 회사에서 근무한 경력이 있으며 그중 1986년부터 밸브 제조 회사의 공장장을 맡고 있었다. 1998년 원씨는 스스로 출자하고 개인이 경영하는 밸브 제조 회사를 설립하고 사장을 지냈다. 원씨는 밸브 제조 회사의 사장을 맡고 있던 지난 2001년 2월 8일 국가지식 산업 권리국에 '소방 볼 밸브'의 실용신안 등록 출원을 하고 같은 해 12월 12일 실용신안 번호 ZL01204954.9로 신안 등록을 받았다. 그 내용은 "밸브 몸체와 밸브 몸체 내에 설치되는 볼, 볼과 밸브 바디 사이에 설치되어 있는 볼시트, 공을 연결하는 시스템을 갖고, 스레드를 보유하며 중간부에 관통구멍을 공시트 뚜껑이 밸브 몸체에 나선의 형태로 합쳐 밀봉하는 것을 특징으로 하는 볼 밸브"였다.

본건의 실용신안이 등록된 이후 2003년 8월 6일 실용신안권자 원씨는 또한 장쑤성에 있는 밸브 제조 회사 및 판매 회사를 상대로 자신의 실용신안권을 침해한 밸브 제품을 공동으로 생산, 판매하였다며 강소성 남경시 중급인민법원에 제소하였다(실용신안권 무효심판 청구).

무효심판의 청구인 즉 피고는 원고 원씨의 실용신안이 신규성과 진보성을 만족하지 않는 것을 이유로 실용신안권의 무효를 주장하였다. 그 증거로 중국 표준 출판사가 2000년 7월에 출판한 「중국 기계 공업 표준 총집편-밸브권」(증거물 1) 외에 1997년 출판된 「밸브 제품 양식」(증거물 2)과 1992년 출판된 「밸브 설계 핸드북」(증거물 3)의 간행물을 제출하였다. 이 간행물들의 출판 시기는 모두 원고의 실용신안 등록 출원일 이전이었다.

복심위원회는 구술 심리를 거쳐 2004년 8월 24일 본건 실용신안이 무효라고 하는 심결[194]을 내렸다. 그 이유는 "실용신안의 청구항에 기재된 볼 밸브가 이미 증거물의 표준 규격서에 게재되어 있었던 것을 인정하며 본건 실용신안은 신규성을 구비하지 않기 때문"이라는 것이다. 사실 증거물1의 182쪽의 그림3에 볼 밸브가 나와 있었다. 해당 볼 밸브는 밸브 바디, 밸브 몸체의 내부에 설치되는 공, 공과 밸브 몸체 사이에 설치되는 볼 시트, 공을 연결하는 밸브 시스템, 스레드가 있고 중부에 관통 구멍이 형성되며 밸브 몸체에 나선의 형태로 합쳐져 있는 밸브 뚜껑 등으로 구성되어 있었다.

여기에서 알 수 있듯이 증거물 1에 의해 공개된 볼 밸브의 기술적 체계와 본건 실용신안의 청구항에 기재된 기술 내용은 동일하다. 또한 이 증거물로 공개된 밸브 및 본건 실용신안의 밸브는 모두 볼 밸브에 속하고 해결하려 하는 기술적 문제도 기대되는 기술 효과도 모두 동일하다. 따라서 본건 실용신안은 특허법 제22조 제2항에 규정된 신규성의 요건을 충족하지 못하므로 무효로 해야 한다고 복심위원회가 인정한 것이다.

이에 불복해 실용신안권자 원씨는 북경시 제일 중급인민법원에 심결 취소 소송을 제기하였다. 북경시 법원은 심리 끝에 실용신안과 무효 심판 청구인이 제출한 증거물의 기술적 체계가 실질적으로 동일하고 예상되는 기술적 효과도 동일함을 근거로 본건 실용신안이 신규성을 구비하지 않는다고 인정하였다. 또한 법원은 복심위원회에 의해 밝혀진 위 심결에 대한 사실의 인정이 정당함은 분명하고 법률의 적용도 적절하며, 심리 절차 또한 적법이었다고 인정하였다. 결국 2005년 3월 21일에 무효 심결이 유지되는 판결195)이 확정되었다.

---

194) 復審委員会2004年8月24日第6355号無効宣告決定.
195) 北京市中級人民法院2005年3月21日(2004)一中行初字第955号判決.

### (4) 재판의 쟁점[196]

#### 1) 실용신안권의 본질

본건 실용신안권은 무효심판의 심결 및 이에 대한 취소 소송의 판결 내용을 참고하여 실용신안 등록 청구 범위의 기술적 내용이 피고가 제출한 증거물의 내용과 실질적으로 일치하며 해당 실용신안은 신규성이 없는 것으로 판단하였다. 즉, 등록 실용신안 번호 ZL01204954.9 소방 볼 밸브는 국가지식산업권리국에 의해 권리가 부여되어 등록된 실용신안임에도 불구하고 그 기술 체계는 이미 선행 기술 문헌에 의해 공개되어 신규성의 요건을 충족하지 않는다. 따라서 본건 실용신안 등록은 실질적 요건을 구비하지 않았으므로 처음부터 무효이다.

#### 2) 악의의 유무

중국 특허법은 1985년에 실시된 이래 여러 차례 개정되었지만 실용신안 등록 출원에 관한 권리 부여 요구 사항에는 변화가 없었다. 즉, 권리가 "부여되는 발명 및 실용신안은 신규성 및 진보성을 구비해야 한다. 신규성이란 출원일 이전에 동일한 발명 또는 실용신안이 국내외 간행물에 공표된 것이 아니며 국내에서 공개 첨부 또는 그 방법으로 공중에게 알려진 것이 없었다는 것을 의미한다."[197] 특허법은 실용신안의 신규성 요건에 관한 규정이 분명하며 일관성을 유지하고 있기 때문에 법 개정에 의한 조정도 존재하지 않았다. 원씨가 2001년 실용신안 등록 출원한 때는 이미 특허법의 반포 실시

---

196) Ibid., pp.4~6.

197) 中国特許法第22 条第1 項と第2項: 特許権を付与する発明及び実用新案は、新規性及び創造性、実用性を具備していなければならない。新規性とは、当該発明又は実用新案が既存の技術に属しないこと、いかなる部門又は個人も同様の発明又は実用新案について ｀出願日以前に国務院専利行政部門に出願しておらず、かつ出願日以降に公開された特許出願文書又は公告の特許文書において記載されていないことを指す.

후 16년이 지났다. 따라서 원씨가 실용신안의 신규성 요건을 모르거나 명확하게 이해하고 있지 않았다는 것은 성립되지 않는다.

또한 이미 밸브에 대한 국가표준에 개시되어 있었던 기술적 체계를 이용하였으므로 신의 성실의 원칙에 위배되며 그 행위 자체가 악의적인 것으로 인정된다.

### 3) 법적 책임

소송권은 헌법에 의해 보호되는 자연인, 법인 또는 기타 조직이 가지는 권리이며 법원은 법의 규정에 따라 이 권리의 행사를 보호한다. 그러나 공민, 법인 또는 기타 조직이 소송 제기의 권리를 행사하는 경우 법 규정을 준수하고 신의 성실의 원칙을 지키며 신중하고 합리적으로 소송 제기권을 행사하여야 한다. 공민, 법인 또는 기타 조직이 과실로 타인의 재산권을 침해한 경우 민사책임을 진다. 따라서 법원은 지식재산권의 권리자가 자신의 합법적 권리를 지키기 위한 소송을 통해 권리를 행사하지 않으면 안 되는 한편, 권리자가 악의적으로 부당 이익을 얻기 위하여 이 소송 제기권을 남용하는 것을 방지하고 제지해야 한다.

일반적으로 '악의적 소송'이라 함은 타인에게 손해를 줄 목적으로 실체적인 권리 없이 혹은 사실 근거 또는 양수 등의 이유도 없이 고의적으로 민사 소송을 제기하는 것을 말한다. 원고의 행위는 실용신안 제도의 설립 취지에서 벗어나 타인의 합법적 권익을 침해하고 객관적으로 피고에게 손해를 주는 행위이기 때문에 악의적인 소송의 요건이 성립하여, 이에 상응하는 법적 책임을 진다.

원고의 행위는 불특정 다수의 경쟁자를 상대로 하는 것으로서 경쟁자에게 피해를 주고 악의적으로 실용신안 등록 출원을 하였으며 피고에 대하여 실용신안권 침해 소송을 제기했기 때문에 피고는 응소하도록 강요당하는 등 실제로 손해를 입었으므로 손해배상 책임이 발생한다.

이 사건은 침해 소송 원고의 악의를 인정하고 피고에게 손해배상을 명한 중국 최초의 판례이다.

■ 국가별 조사 판례에 대한 실증적 분석: 지식재산권남용/부정이용의 인정여부

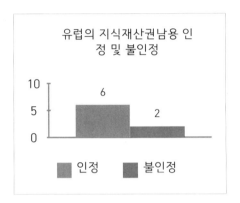

유럽의 지식재산권남용 인
정 및 불인정

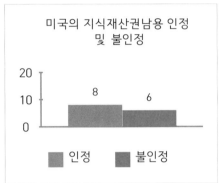

미국의 지식재산권남용 인정
및 불인정

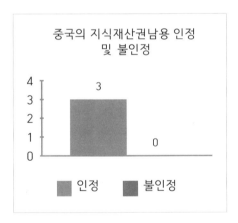

중국의 지식재산권남용 인정
및 불인정

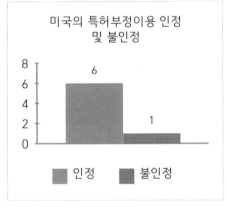

미국의 특허부정이용 인정
및 불인정

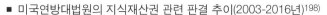

■ 미국연방대법원의 지식재산권 관련 판결 추이(2003-2016년)[198]

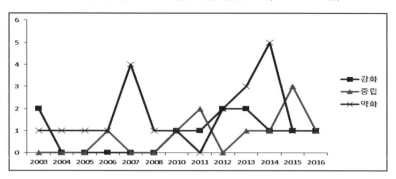

| 관련 판례 | 관련 분야 |
| --- | --- |
| Eldred v. Ashcroft (2003) | 저작권 |
| Moseley v. V Secret Catalogue, Inc. (2003) | 상표권 |
| Dastar Corp. v. Twentieth Century Fox Film Corp. (2003) | 상표권 |
| K.P. Permanent Makeup, Inc. v. Lasting Impression, Inc.(2004) | 상표권 |
| Merck KGaA v. Integra Lifesciences I, Ltd. (2005) | 특허권 |
| Metro-Goldwyn Mayer Studios Inc. v. Grokster, Ltd. (2005) | 저작권 |
| Unitherm Food System, Inc. v. Swift-Eckrich, Inc. (2006) | 특허권 |
| eBay Inc. v. MercExchange, L.L.C. (2006) | 특허권 |
| MedImmune, Inc. v. Genentech, Inc. (2007) | 특허권 |
| Microsoft Corp. v. AT & T Corp. (2007) | 특허권 |
| KSR Int'l Co. v. Teleflex, Inc. (2007) | 특허권 |

198) GREGORY N. MANDEL, INSTITUTIONAL FRACTURE IN INTELLECTUAL PROPERTY LAW: THE SUPREME COURT VERSUS CONGRESS, 102 MINNESOTA LAW REVIEW, 2017, pp.76~82를 참고하여 통계 분석한 자료이다.

| | |
|---|---|
| Quanta Computer, Inc. v. LG Elecs., Inc. (2008) | 특허권 |
| Reed Elsevier, Inc. v. Muchnick (2010) | 저작권 |
| Bilksi (and Warsaw) v. Kappos (2010) | 특허권 |
| Costco Wholesale Corp. v. Omega S.A.(2010) | 저작권 |
| Global-Tech Appliances, Inc. v. SEB S.A. (2011) | 특허권 |
| Board of Trustees of Leland Stanford Junior Univ. v. Roche Molecular Systems (2011) | 특허권 |
| Microsoft Corp. v. i4i Limited Partnership (2011) | 특허권 |
| Golan v. Holder (2012) | 저작권 |
| Mayo Collaborative Services v. Prometheus Labs., Inc (2012) | 특허권 |
| Caraco Pharmaceutical Labs. v. Novo Nordisk AS (2012) | 특허권 |
| Kappos v. Hyatt (2012) | 특허권 |
| Already L.L.C. d/b/a Yums v. Nike, Inc. (2013) | 상표권 |
| Gunn v. Minton (2013) | 특허권 |
| Kirtsaeng v. John Wiley & Sons, Inc. (2013) | 저작권 |
| Bowman v. Monsanto Co. (2013) | 특허권 |
| Ass'n for Molecular Pathology v. Myriad Genetics (2013) | 특허권 |
| Federal Trade Commission v. Actavis Inc. (2013) | 특허권 |
| Medtronic, Inc. v. Mirowski Family Ventures, L.L.C. (2014) | 특허권 |
| Highmark, Inc. v. Allcare Health Management Systems (2014) | 특허권 |
| Octane Fitness v. Icon Health and Fitness (2014) | 특허권 |
| Petrella v. MetroGoldwyn Mayer, Inc. (2014) | 저작권 |
| Nautilus, Inc. v. Biosig Instruments, Inc. (2014) | 특허권 |
| Limelight Networks, Inc. v. Akamai Technologies, Inc. (2014) | 특허권 |

| | |
|---|---|
| Alice Corporation Pty. Ltd. v. CLS Bank International (2014) | 특허권 |
| American Broadcasting Companies, Inc. v. Aereo, Inc. (2014) | 저작권 |
| Teva Pharmaceuticals USA, Inc. v. Sandoz, Inc. (2015) | 특허권 |
| Hana Financial, Inc. v. Hana Bank (2015) | 상표권 |
| B & B Hardware, Inc. v. Hargis Industries, Inc. (2015) | 상표권 |
| Commil USA, LLC v. Cisco Systems, Inc. (2015) | 특허권 |
| Kimble v. Marvel Enterprises, Inc. (2015) | 특허권 |
| Kirtstaeng v. John Wiley & Sons, Inc. (2016) | 저작권 |
| Cuozzo Speed Technologies v. Lee (2016) | 특허권 |
| Halo Electronics v. Pulse Electronics (2016) | 특허권 |

■ 미국과 중국의 지식재산권 형사 사건 중 저작권과 상표권 사건의 비중[199]

| 사건 유형 | 사건 수 | 비 중 |
|---|---|---|
| 중국의 지식재산 관련 총 형사 사건 수 | 375 | 100% |
| 저작권 | 210 | 56% |
| 상표권 | 165 | 44% |
| 미국의 지식재산 관련 총 형사 사건 수 | 239 | 100% |
| 저자권 | 178 | 74.5% |
| 상표권 | 61 | 25.5% |

---

199) Haiyan Liu, Consequences of Legal Transplantation: The Unique Justifications and Roles of Enforcement of Intellectual Property Rights in China, Journal of Law, Technology and Public Policy and Haiyan Liu, 2015, p.30; 중국의 사례는 1994년부터 2009년까지, 미국의 사례는 2002년부터 2010년까지의 통계자료를 바탕으로 분석하였다.

■ 지식재산권 남용 누적 인정/불인정 건수 추이예측(회귀분석)[200]

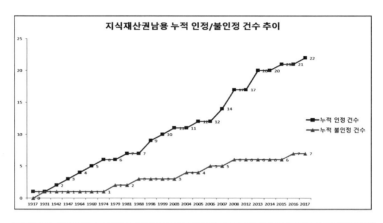

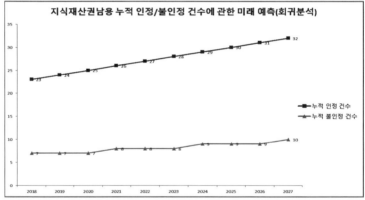

## Ⅱ. 국 내

### 1. 대법원 2015.7.23. 선고 2014다42110 판결

대법원은 명칭을 '양방향 멀티슬라이드 휴대단말기'로 하는 특허

---

200) 조사 판례를 기준으로 작성한 자료이며, 회귀분석 자료의 경우 편의상
소수점 이하 버림을 하였다.

발명의 특허권자가 휴대전화 단말기를 생산·수출한 회사를 상대로 특허침해를 청구한 사건에서, 진보성이 부정되어 특허가 무효로 될 것이 명백하다고 할 수 없어 특허권 남용에 해당한다고 본 원심 판결을 파기환송하였다.[201] 이 사건에서 법원은 특정 발명의 진보성이 부정 여부를 판단하기 위하여서는 선행기술의 범위와 내용, 진보성 판단의 대상이 된 발명과 선행기술의 차이 및 그 발명이 속하는 기술분야에서 통상의 지식을 가진 사람(이하 '통상의 기술자'라고 한다)의 기술수준 등에 비추어 진보성 판단의 대상이 된 발명이 선행기술과 차이가 있음에도 그러한 차이를 극복하고 선행기술로부터 그 발명을 용이하게 도출할 수 있는지를 살펴보아야 한다고 하였다. 그런데 이러한 경우 진보성 판단의 대상이 된 발명의 명세서에 개시되어 있는 기술을 알고 있음을 전제로 하여 사후적으로 통상의 기술자가 그 발명을 용이하게 발명할 수 있는지를 판단하여서는 안 된다.[202]

## 2. 대법원 2012.1.19. 선고 2010다95390 전원합의체 판결 (14년 전합 전 판결)

대법원은 명칭을 "드럼세탁기의 구동부 구조"로 하는 특허발명의 특허권자가 특허침해금지 등을 청구한 사건에서 특허권 남용 여부를 판단하였다. 이 사건에서 특허발명에 대한 무효심결 확정 전이라 하더라도 진보성이 부정되어 특허가 무효로 될 것이 명백한 경우, 특허권에 기초한 침해금지 또는 손해배상 등 청구가 권리남용에 해당하는지 여부 및 이 경우 특허권침해소송 담당 법원은

---

201) 대법원 2015.7.23. 선고 2014다42110 판결.

202) 대법원 2007.8.24. 선고 2006후138 판결, 대법원 2009.11.12. 선고 2007후3660 판결, 대법원 2011.3.24. 선고 2010후2537 판결 등 참조.

권리남용 항변의 당부를 판단하기 위한 전제로서 특허발명의 진보성 여부를 심리·판단할 수 있는지 여부를 판단하였다. 법원은 특허는 일단 등록된 이상 비록 진보성이 없어 무효사유가 존재한다고 하더라도 이와 같은 심판에 의하여 무효로 한다는 심결이 확정되지 않는 한 대세적(대세적)으로 무효로 되는 것은 아니라고 하였다. 또한 특허법 제1조는 발명자뿐만 아니라 이용자의 이익도 아울러 보호하여 궁극적으로 산업발전에 기여함을 입법목적으로 하고 있다. 특허법 제29조 제2항은 발명이 속하는 기술 분야에서 통상의 지식을 가진 자가 특허출원 전에 공지된 선행기술에 의하여 용이하게 발명할 수 있는 것에 대하여는 특허를 받을 수 없다고 규정함으로써 사회의 기술발전에 기여하지 못하는 진보성 없는 발명은 누구나 자유롭게 이용할 수 있는 이른바 공공영역에 두고 있다.

이에 따라 진보성이 없는 발명에 대하여 형식적으로 특허등록이 되어 있음을 기화로 발명을 실시하는 자를 상대로 침해금지 또는 손해배상 등을 청구할 수 있도록 용인하는 것은 특허권자에게 부당한 이익을 주고 발명을 실시하는 자에게는 불합리한 고통이나 손해를 줄 뿐이므로 실질적 정의와 당사자들 사이의 형평에도 어긋난다고 밝혔다. 이에 근거하여 특허발명에 대한 무효심결이 확정되기 전이라고 하더라도 특허발명의 진보성이 부정되어 특허가 특허무효심판에 의하여 무효로 될 것임이 명백한 경우에는 특허권에 기초한 침해금지 또는 손해배상 등의 청구는 특별한 사정이 없는 한 권리남용에 해당하여 허용되지 아니한다고 보았다. 또한 특허권침해소송을 관할하는 법원으로서도 특허권자의 그러한 청구가 권리남용에 해당한다는 항변이 있는 경우 당부를 살피기 위한 전제로서 특허발명의 진보성 여부에 대하여 심리·판단할 수 있다고 판시하였다.

## 3. 대법원 2014.2.27. 선고 2012두24498 판결

대법원은 관련 판결(대법원 2014.2.27. 선고 2012두24498)에서 지식재산권의 '정당한 행사'와 관련한 판단 기준을 설시하였다. 해당 사건에서 원고는 a라는 신규 물질을 세계 최초로 개발하여 그 신규 물질에 대한 제조방법에 대한 특허를 받아 a가 포함된 의약품 A를 제조, 판매하고 있었는데, 소외 제약회사가 a를 다른 제조방법으로 자체 개발하였다고 하면서 그 제조방법에 대한 특허를 받아 a가 포함된 다른 의약품 B를 출시하였다. 원고들은 소외 회사를 상대로 특허침해행위를 중단할 것을 촉구하는 경고장을 소외 제약회사에 발송하였고, 이에 소외 제약회사는 원고들을 상대로 소극적 권리범위확인심판을 청구하였으며, 원고들은 특허침해금지소송을 제기하였다. 이 사건에서 대법원은 지식재산권의 정당한 행사에 해당한다는 상고이유에 대하여 기각하며 '정당한 행사'라는 법문의 의미와 더불어 판단 기준을 설시하였다. 법문을 반대 해석하여 '정당한 행사라고 인정되지 아니하는 행위'에는 공정거래법이 적용되는 것이며, '정당한 행사라고 인정되지 아니하는 행위'란 행위의 외형상 특허권의 행사로 보이더라도 실질이 특허제도의 취지를 벗어나 제도의 본질적 목적에 반하는 행위로 보았다. 특허법의 목적과 취지, 당해 특허권의 내용, 당해 행위가 공정하고 자유로운 경쟁에 미치는 영향 등 제반 사정을 토대로 판단하였다.

# 제4절  지식재산권 분쟁과 부당한 합의203)

## I. 부당한 합의와 경쟁관련성

특허권자와 이해관계인은 소송 등의 법적 절차 이외에도 당사자 간 합의를 통해 특허의 효력, 특허침해 여부에 대한 분쟁을 해소할 수 있다. 일반적으로 이러한 합의는 소송 비용과 기술이용의 위험을 감소시킬 수 있다는 점에서 특허권자의 권리 보장을 위한 효율적 분쟁 해결 수단으로 인정될 수 있다. 그러나 특허분쟁 과정상의 부당한 합의는 무효인 특허의 독점력을 지속시키고 경쟁사업자의 신규진입을 방해함으로써 소비자 후생을 저해하는 결과를 초래할 수 있다. 따라서 특허무효심판, 특허침해소송 등의 특허분쟁 과정에서 부당하게 시장 진입을 지연하는 데 합의하는 등 관련 시장의 공정한 거래를 저해할 우려가 있는 행위는 특허권의 정당한 권리 범위를 벗어난 것으로 판단할 수 있다.

## II. 위법 행위 유형

합의 당사자가 경쟁관계에 있는 경우, 합의의 목적이 관련 시장

---

203) 심사지침 III. 6.

의 경쟁제한과 관련되는 경우, 특허권이 만료된 이후의 기간까지 관련 사업자의 시장 진입을 지연시키는 경우, 특허와 직접적으로 관련되지 않은 시장에서 관련 사업자의 진입을 지연시키는 경우, 분쟁의 대상이 된 특허가 무효임을 합의 당사자가 인지한 경우 또는 무효임이 객관적으로 명백한 경우 등에는 해당 특허분쟁과정의 합의를 부당한 것으로 판단할 가능성이 크다.

최근의 GSK와 동아제약 사례[204]를 보면, GSK가 개발한 신약 조프란(온단세트론)은 대표적인 항구토제로 2000년 당시 국내 항구토제시장에서 시장점유율 47%, 2위 제품인 카이트릴과 함께 시장점유율 90%를 상회했다. 온단세트론 성분 항구토제 시장에서는 조프란이 복제약 출시전 신약이므로 100%의 점유율을 가졌다. 동아제약은 1998년 GSK의 제법과는 다른 온단세트론 제법특허를 개발, 특허를 취득한 후 복제약 온다론 제품을 시판했다. 당시 GSK는 제법특허에 따른 독점판매권을 갖고 조프란을 국내 판매하고 있었으며, 특허만료일은 2005년 1월 25일이었다. 동아제약은 1998년 9월 조프란 대비 90%가격으로 온다론을 출시했으며, 1999년 5월 조프란 대비 76% 수준으로 가격을 인하하는 등 판매활동을 강화했다.

GSK는 동아제약에 특허 침해 경고장을 발송했고, 이후 동아제약은 자신의 특허가 정당하다는 권리범위확인심판을 청구하고(1999년 5월), GSK는 특허침해소송을 제기(1999년 10월)하는 등 양사 간 특허분쟁이 발생했다. 그러나 이후 동아제약은 온다론을 시장에서 철수하고 향후 조프란 및 발트렉스와 경쟁할 수 있는 어떠한 제품도 개발·제조·판매하지 않기로 하고, GSK는 동아제약에게 조프란의 국공립병원에 대한 판매권 및 당시 국내 미출시 신약인 발트렉스 독점 판매권을 제공하면서 이례적 수준의 인센티브를 제공하

---

204) 특허분쟁 과정에서 이미 출시된 복제약을 철수하고 향후 경쟁하지 않기로 담합한 사례, 공정거래위원회 정책 소식, 게시일 2011.10.24.

기로 합의하였고, 양사는 관련한 모든 특허분쟁을 취하했다.

양사는 위 합의를 담은 판매권 계약을 지속적으로 갱신하면서 2011년 10월 현재까지 담합을 계속 유지·실행하였다. 당해 합의는 양사가 서로 경쟁을 회피함으로써 담합의 이익을 공유하고자 하는 의도와 목적에서 이루어졌다. 특히 GSK는 특허침해소송에서 동아제약이 특허를 침해하였다는 분명한 증거를 발견하지 못했음에도 유리한 합의를 이끌어 내고자 특허침해소송을 제기한 것으로 보이는 정황도 확인되었다.

GSK는 특허기간 만료(2005.1.25일) 후까지 복제약 진입을 제한하였고, 특허를 갖고 있지 않은 경쟁제품(조프란 및 발트렉스와 약리성분을 달리하는 모든 경쟁제품)까지 개발·제조·판매를 못하도록 하였다.

## Ⅲ. 부당한 합의와 공동행위

부당한 공동행위라 함은 사업자가 계약 기타의 방법으로 다른 사업자와 공동으로 일정한 거래분야에서 경쟁을 실질적으로 제한하는 행위로서 공정거래법 제19조 제1항에 열거되어 있는 각종의 행위를 말하며, 부당한 합의란 이러한 공동행위의 핵심이 되는 성립요건으로서 당사자 간에 경쟁의 회피에 관한 의사의 연락이 인위적으로 형성된 경우를 말한다.

특허풀의 경우에는 계약의 집합체인 상호라이선스의 경우와 달리 중앙에 관리하는 기구가 있으므로 이 관리회사에서 특허풀 참가 기술을 평가하고, 로열티를 정하고, 실시방법 및 실시조건 등을 공동으로 정하게 된다.

결국 특허풀 약정은 사업자들이 가격을 결정·유지 또는 변경하는 행위를 표준화기구를 통하여 다른 사업자와 공동으로 하거나 특허 라이선스 조건이나, 그 대금으로서의 로열티 및 라이선스 조건과 같은 대가의 지급조건을 정하는 행위를 하는 것으로 이해될 수 있다. 회원사 간의 합의에 의하여 공동으로 로열티 또는 라이선스 지역을 결정하거나, 실시방법 및 실시조건 등을 결정하는 행위는 소비자 할당이나 집단적 보이코트 등으로 판단될 수 있어 공정거래법 제19조, 미국의 Sherman법 제1조나 유럽공동체 조약 제81조 등에서 금지하는 행위에 해당될 가능성이 있다. 공정거래위원회의 지식재산권의 부당한 행사에 대한 심사지침 제2조에서는 이러한 점을 인식하고, 특허풀을 공동실시허락계약(Pooling-Arrangements)이라고 칭하면서 적용대상이 됨을 명기하고 있다.205)

필수설비와 공정거래법 제19조의 관계에서 둘 이상의 사업자가 필수요소를 소유·지배하면서 그 제공을 공동으로 거절하는 행위는 독점규제법상 부당한 공동행위, 특히 거래지역·거래상대방의 제한이나 기타 다른 사업자의 사업활동 또는 사업내용을 방해하거나 제한하는 행위에 해당될 수 있다.206) 그러나 부당한 공동행위의 규제는 반경쟁적 합의의 존재 그 자체를 위법판단의 근거로 삼는다는 점에서 거래거절의 합의가 있는 경우 해당 거래거절이 필수요소에 관한 것인지 여부는 공정거래법 제19조의 공동행위에 해당하는지 여부를 판단함에 있어서 필수적인 것은 아니라고 할 것이다.207)

특허풀의 구성과 관련하여, 대체특허로 구성된 특허풀과 보완특허로 구성된 특허풀 중에서 후자가 전자에 비하여 더 친경쟁적인 효과를 발생시킬 수 있다.208)

특허풀은 필수특허(essential patent)로 구성되므로 대체특허로 구

---

205) 최승재, 특허권남용의 경쟁법적 규율, 306쪽.
206) 법 제19조 제1항 제4호, 제9호; 최승재, 앞의 책, 307쪽.
207) 최승재, 앞의 책, 307쪽.
208) 최승재, 앞의 책, 308쪽.

성된 특허풀이건 보완특허로 구성된 특허풀이건 그러한 필수적인 특허가 단독으로 존재하는 경우보다 공동행위를 할 유인이 커지고, 공동행위를 하였을 경우에는 그 효과가 크고, 수익이 급격히 증대된다. 따라서 당해 특허풀의 라이선스 정책이나 로열티 정책의 내용에 따라서는 다양한 형태의 경쟁법적 우려가 제기될 수 있다. 예를 들어, 특허풀에 특정한 제품을 생산하기 위하여 필수적인 특허가 포함되어 있는 경우, 그러한 특허를 회피할 수 없는 경쟁사업자들에 대하여 라이선스를 거절하거나, 다른 특허와 같이 묶어서 라이선스를 받도록 강제하거나, 높은 로열티를 받는 정책을 펴거나, 그랜트 백을 강제하는 경우에는 공정거래법 위반이 될 수 있다.[209]

우리나라의 경우 합리의 원칙에 따라 친경쟁적 측면과 경쟁제한적 측면을 효과면에서 비교 형량하여 특허풀의 행위의 위법성 여부를 판단할 것이다. 이 경우 미국의 공동행위 가이드라인과 같은 해석이 가능할 것이다.[210]

---

209) 최승재, 앞의 책, 309쪽.
210) 최승재, 앞의 책, 313쪽.

# 제5절 특허소송의 남용과 경쟁

## Ⅰ. 특허소송과 권리보호

특허침해소송 등의 법적 절차는 특허권자의 중요한 권리보장 수단이다.211) 그러나 상당한 기간과 비용이 소요되는 특허침해소송은 소송 당사자에게 직접적인 비용을 발생시키는 한편, 관련 시장에서 해당 사업자의 평판에 영향을 미쳐 막대한 사업 활동 방해효과를 초래할 수 있다. 따라서 부당하게 특허침해소송 등의 법적·행정적 절차를 남용하여 관련 시장의 공정한 거래를 저해할 우려가 있는 행위는 특허권의 정당한 권리범위를 벗어난 것으로 판단할 수 있다.212) 침해소송을 제기하며 동시에 특허침해금지가처분을 신청하는 것만으로도 관련 특허발명을 실시할 수 없으므로, 사업자는 시장에서 도태될 수밖에 없게 되고, 설령 이를 참고 소송을 수행한다고 하더라도 긴 시간과 막대한 자금력이 드는 소송을 수행하게 되면, 승소하게 된다고 하더라도 그 손해를 충분히 배상받지 못하게 되므로, 소송과정에서 라이선스의 취득이나 화해를 시도하게 된다.213)

---

211) 특허법 제126조(권리침해에 대한 금지청구권 등) ① 특허권자 또는 전용실시권자는 자기의 권리를 침해한 자 또는 침해할 우려가 있는 자에 대하여 그 침해의 금지 또는 예방을 청구할 수 있다.

212) 심사지침 Ⅲ. 2.

## II. 특허침해소송과 특허소송의 남용

### 1. 배 경

특허 제도 및 특허 침해 소송 제도에 대하여 미국에 있어서는 종전보다 이른바 특허 괴물을 유발, 조장하는 경향이었다고 생각되는 여러 요인이 존재하고 있는데 최근에 이러한 요인에 대하여 판례마다 경향이 다소 바뀌고 있다. 한편 일본에서는 이에 대응하는 특허 제도 및 특허 침해 소송 제도에 대해, 본래, 이른바 특허 괴물을 유발, 조장하기 어렵다고 생각하는 상황이다.[214]

### 2. 특허 부여 단계

#### (1) 특허 주제 적격성 혹은 발명성

특허 부여 단계에 대해 미국에서 이른바 특허 괴물을 유발, 조장하는 경향이 보이는 여러 요인을 고려하면 먼저 미국에 있어서는 종전보다 특히 소프트웨어 관련 발명, 비즈니스 발명 방법 등에 대

---

213) 바로 이 점에 착안하여 특허침해의 혐의자에게 특허침해금지소송을 제기하여 부당한 제소합의나 화해금을 취득하는, 이른바 Patent Troll(특허 괴물)의 특허권행사는 다분히 주관적인 특허권자의 부당한 목적을 공정거래위원회가 입증하기에는 한계가 있을 수밖에 없다. 손호진, "공정거래법에 의한 지식재산권 남용 규제: 비판과 대안의 제시," 중앙법학, 중앙법학회, 2011, 10쪽.

214) 本報告部分は、いわゆるパテントトロールを誘発・助長したと考えられるかどうかという観点から関連する日米両国における特許制度及び特許侵害訴訟制度を比較説明しようとするものであり、他の観点から両制度を比較説明するものではなく、両制度全体を比較説明するものでもなく、また、両制度の優劣及び改正の要否自体を主張するものでもない。

해 특허 주제 적격성의 판단 기준이 비교적 완만하였음[215])을 볼 수 있다. 이 점에 대해서는 최근 In re Bilski 사건의 연방 순회 항소 법원(CAFC) 판결[216])을 통해 더 엄격한 판단기준인 'machine-or-transformation test'가 다시 채택되며, 이 판례에 따르면 적어도 퓨어 비즈니스 방법의 특허 주제 적합성은 부정되는 등 특허 소프트웨어 관련 발명, 비즈니스 방법 발명 등의 특허 주제 적격성의 판단 기준은 더 엄격화되는 경향이 있다.

한편, 일본에서 특허 소프트웨어 관련 발명, 비즈니스 관련 발명 등 발명성의 판단 기준은 예를 들면 특허청의 현재 운용에서 '소프트웨어에 의한 정보 처리가 하드웨어 자원을 이용하여 구체적으로 실현되는' 것이 요구되고 퓨어 비즈니스 방법의 발명성이 부정되는 등 예전보다 비교적 엄격하다고 할 수 있다.

### (2) 명백성 혹은 진보성

또한, 미국에서는 종전보다, 소위 'teach, motivation or suggestion test'(이하 TSM 테스트라 한다)가 경직적으로 적용되기 쉬운 것 등에 의한, 발명의 자명성 판단 기준이 비교적으로 완만했음을 볼 수 있다. 이 점에 대해서는 2007년 연방 대법원 판결[217])을 통해 TSM 테스트의 경직적인 적용이 부정되고, 예를 들어 미국 특허상표청의 새로운 심사 지침에서는 유연한 TSM 테스트 기타 '논리화' 때문에 충분한 것으로 인정되는 등 발명의 자명성 판단 기준이 더욱 엄격

---

215) Diamond v. Chakrabaty, 447 U.S. 303 (1980); Diamond v. Diehr et. al., 450 U.S. 175 (1981); State Street Bank & Trust Co. v. Signature Financial Group, Inc., 149 F.3d 1368 (Fed.Cir. 1998), cert. denied, 525 U.S. 1093 (1999); AT&T Corp. v. Excel Communications, Inc., 172 F.3d 1352(Fed.Cir. 2001).

216) In re Bilski, _____ (Fed.Cir. 2008).

217) KSR Int'l Co. v. Teleflex, Inc., 127 S.Ct. 1727 (2007).

화되는 경향이 있다는 지적이 있다.

한편, 일본에서 발명의 진보성 판단 기준은 예를 들면 특허청의 현행 심사 기준에서는 완만한 '동기' 기타 '논리화'에 충분한 것으로 되어 있는 등 원래보다 비교적 엄격하다고 할 수 있다.

## 3. 분쟁 단계

### (1) 관 할

그렇다면 분쟁 단계에 대해 미국에서 이른바 특허 괴물을 유발, 조장하는 경향이 있다고 생각되는 여러 요인을 고려하면 먼저 미국에 있어서는 종전보다 특허권자에게 유리한 특허 침해 소송 포럼이 존재하고 특허권자는 특허 침해 소송에서 이러한 포럼을 이른바 포럼 쇼핑 의한 다양한 것 등을 꼽을 수 있다.

한편, 일본에서는 특허 침해 소송의 제1심 관할은 도쿄 지방 법원 또는 오사카 지방 법원의 전속 관할로 되어 있다.[218] 또한 도쿄 지방법원 또는 오사카 지방 법원에 계류되어 있는 특허 침해 소송은 도쿄 지방법원 또는 오사카 지방법원의 지식재산권 관련 사건의 전문부에서 심리, 판단되며, 이러한 심리 판단에 따라 특허권자에게 각별한 유리 또는 불리한 포럼이 존재한다고 인정하기는 어렵다. 따라서 원래 특허권자로 특허 침해 소송에서 이른바 포럼 쇼핑의 여지가 부족하다.

### (2) 청구 해석

미국에 있어서는 종전보다 소송 해석에서 소송에 기재된 용어의 사전적 또는 일반적인 의미가 중시되는 경우가 많았다.[219] 함께 인

---

218) 民事訴訟法第6条1項.

219) Texas Digital Systems, Inc. v. Tlegenix, Inc., 308 F.3d 1193 (Fed.Cir.

용한 사례 이외의 선행 기술을 참작하여 소송에 기재된 용어의 의미를 한정적으로 해석하는 것도 원칙적으로 부정되는[220] 등 이른바 수단 플러스 기능 소송 해석의 경우[221]를 제외하고는 일반적으로 비교적 넓은 해석이 채택되는 경우가 많았기 때문이다.

이 점에 대해서는, 2005년 CAFC 판결[222]에 따라 소송에 기재된 용어의 의미를 해석할 때 오히려 명세서에 개시된 기술적, 구체적인 의미를 중시하는 등 비교적 협의적 해석이 채택될 가능성이 있다.

한편, 일본에서는 종전보다 소송 해석에 있어서 특허법의 명문[223]상 주장에 기재된 용어의 의미를 신중하게 참작하여 해석해야 할 것으로 하는 것은 물론 대법원 판결[224]에 의한 인용례와 기타 선행 기술을 참작하여 소송에 기재된 용어의 의미를 한정적으로 해석하는 것도 허용되는 등 이른바 추상적, 기능적 소송 해석의 경우[225]를 포함하여 일반적으로 비교적 협의적 해석이 채택되는 경우가 많다고 할 수 있다.

### (3) 특허의 유효 · 무효

미국에 있어서는 종전보다 특허의 유효 · 무효에 대해 특허법의 명문[226]에 특허 침해 소송 등에서 특허의 유효성이 추정되는 취지가 규정되어 있는 동시에 그 반증의 기준도 'clear and convincing evidence'로 높게 설정되어 있다. 뿐만 아니라, 특허의 유효성에 의

---

2002).
220) Rhine v. Casio, Inc., 183 F.3d 1342 (Fed.Cir. 1999).
221) 米国特許法第112条 6項.
222) Phillips v. AWH Corp., 415 F.3d 1303 (Fed.Cir. 2005).
223) 特許法第70条 2項.
224) 最判昭和 37年 12月 7日民集 16 卷12号 2321頁.
225) 知財高判平成 18年 9月 28日最高裁 HP 等.
226) 米国特許法第282条.

문이 생기더라도 라이선시에 의한 특허 무효 확인 소송은 '현실의 쟁송'이 부족한 것으로서 허용되지 않았다.227)

또한 미국 특허 상표청에서 사정계 및 당사자계의 재심사에서는 더 낮은 'preponderance of evidence'의 기준이 채택되고 있지만, 사정계의 재심사에 관한 제3자 청구인의 절차 미관여, 당사자계의 재심사에 관한 제3자 청구인에 대한 금반언의 법리 적용, 심리 기간의 길이 등의 다양한 이유로 반드시 활발하게 이용되지는 않았다.

그리고 미국 특허 상표청에서 무효 심판 제도 및 이의 신청 제도 등은 존재하지 않았다. 이로 인해 피의자, 침해자가 특허의 무효 사유를 주장하고 방어 내지 대항하는 것은 상당한 정도로 어려웠다. 이 점에 대해서는 2007년 연방 대법원 판결228)에 의해 사용권자의 특허 무효 확인 소송에 대해 '현실 쟁송' 가능성이 긍정적으로 되는 것 등에 의해, 제한적이기는 하지만 변화가 생기고 있다는 지적이 있다.

한편 일본에서는 종전보다 대법원 판결229)에 의해 특허 침해 소송에서 특허에 무효 사유가 존재하는 것이 밝혀진 경우에 특허권 행사는 권리 남용으로서 허용되지 않는 것으로 되고, 또한 그러한 권리 남용의 항변에 '공개'요구 사항을 제거하는 것으로서 권리 행사 제한의 항변이 입법화된다.230) 나아가 특허 침해 소송 등에서 특허의 유효성을 추정하는 것 같은 규정은 존재하지 않는다. 그 결과, 이러한 권리 남용의 항변 및 권리 행사 제한의 항변, 특허 침해 소송에서 실제로 피의자 침해의 방어 방법으로서 충분히 기능하고 있다. 또한 사용권자의 특허 무효를 이유로 하는 라이선스 계약 종

227) Gen-Probe Inc. v. Vysis, Inc., 359 F.3d 1376 (2004).
228) MedLmmune, Inc. v. Genentech, Inc., 127 S.Ct. 764 (2007).
229) 最判平成 12年 4月 11日民集 54卷 4号 1368頁.
230) 特許法第104条の 3.

료 확인 소송에 대하여 '확인의 이익'이 긍정적으로 되고 있다. 또한 특허청에 특허 무효 심판 제도가 존재하고[231] 동 제도는 실제로 피침해자가 특허를 무효화하고 대항하기 위한 절차로서 충분히 작용하고 있다. 그리고 사용권자의 특허 무효 심판 청구에 대해서도 '청구인 적격'이 있다.[232] 이로 인해 피의자 침해자가 특허의 무효 사유를 주장하고 방어 내지 대항하는 것이 비교적 용이하다고 할 수 있다.

### (4) 기타 방어 혹은 대항 수단

미국에 있어서 종전에는 선발명주의를 취하고 있었지만 선사용권의 규정이 없어 특허법상 강제 실시 제도 등이 존재하지 않고, 피침해자의 방어 혹은 대항 수단이 충분하지 않았다. 이 점에 대해서는 비즈니스 방법 특허에 대한 선사용권 제도가 입법화되는[233] 동시에 연방 대법원 판결[234]을 통해 특허 침해에 대하여 원칙적으로 금지한다는 일반 원칙이 변경되어 일반적인 금지 요구 사항을 적용할 것으로 되었으며, 이후의 금지가 부정된 사안에 있어서는 재판에 강제 허가를 한 것과 사실상 동일한 결과가 있다는 지적도 있는 등 피의자 침해자의 방어 혹은 대항 수단이 확충되고 있다.

한편, 일본에서는 종전보다 특허법의 명문[235]상 일반적인 선사용권 제도가 존재하고 있으며, 실제로 특허 침해 소송에서 선사용의 항변은 피의 침해자의 방어 방법으로서 충분히 기능하고 있다. 그리고 특허법의 명문[236]상, 재정 실시 제도도 존재하고 있다. 다

---

231) 特許法第123条; Ibid.
232) 特許法第123条 2項.
233) 米国特許法第273条.
234) eBay Inc. et al. v. MercExchange, L.L.C., 126 S.Ct. 1837 (2006).
235) 特許法第79条.
236) 特許法第83、92 及び 93条.

만 재정 실시 제도에 대해서는 실제로는 재정 사례가 존재하지 않고, 재정에 의한 사용권의 허락 여부의 판단 기준이나 동 제도가 그 존재 자체에서 기능하고 있다고 할 수 있는지 여부 등은 반드시 명백한 것은 아니다.

### (5) 금 지

미국에 있어서는 종전보다 특허 침해 소송에서의 구제방법으로 특허 침해에 대해 원칙적으로 금지한다는 일반 원칙이 채택되고 있었다.[237] 이 점에 대해서는 연방 대법원 판결[238]에 의해 특허 침해에 대해 원칙적으로 금지한다는 일반 원칙이 변경되어 일반적인 금지 요구 사항을 적용할 것으로 되었으며, 그 후의 하급심 판례에서 특허권자의 특허 미실시·특허권자와 침해자와의 직접적인 경쟁 관계의 부존재·부품 특허 완제품에의 행사 등의 사정을 고려하여 금지를 부정하는 사례가 있다.

한편, 일본에서도 종전보다 특허 침해 내용은 특허법의 명문[239]상 원칙적으로 금지하는 일반 원칙이 채용되고 있다. 무엇보다도, 예외적으로 민법상의 권리 남용의 금지보다는 일반적인 법 원칙[240]에 의해 제반 사정을 종합적으로 고려한 결과, 금지가 허용되지 않는다는 것도 생각할 수 없는 것은 아니다. 그러나 특허 침해 소송에 있어서 본소의 판결례를 통해 실제로 특허 침해에도 불구하고 금지가 허용되지 않는 것은 존재하지 않고, 특허 침해에도 불구하고 금지가 권리의 남용으로 금지되는지 여부의 판단 기준과 민법상 권리 남용의 금지라는 법 원칙이 그 존재 자체만으로 기능하고 있다고 할 수 있는지 여부 등은 반드시 명확한 것이 아니다.

---

237) Richardson v. Suzuki Motor Co., 868 F.2d 1226 (Fed.Cir. 1989).
238) eBay Inc. et al. v. MercExchange, L.L.C., 126 S.Ct. 1837 (2006).
239) 特許法第100条.
240) 民法第1条 3項.

### (6) 손해 배상

미국에 있어서는 종전보다 특허 침해 소송에서 손해 배상 실시료 상당액의 손해 배상도 고액이 되는 일이 많아졌다는 것을 알 수 있다. 그 원인은 고의적 침해의 경우에 있어서 징벌적 손해배상제도가 존재하고 있으며, 이 제도가 특허를 인지한 자에게 침해를 확인할 의무가 부과되고 있었던 것[241]에 따라 완만하게 적용된 것이다. 또한 'entire-market-value rule'이 비교적 완만하게 적용되고 있으며[242] 특허 침해 부분이 제품의 일부인 경우에는 제품 전체의 가액을 기초로 손해배상액이 산정되는 것이나, 특허 침해 제품의 부수 등도 손해 배상액의 산정의 기초가 되는 것이 적지 않았다는 것도 그 한 요인이었다. 이 점에 대해서는, CAFC 판결[243]에 따라 특허를 인지한 자의 침해 확인 의무가 부정되는 것과 동시에, 'objective recklessness'보다는 다소 엄격한 판단 기준을 채택함으로써 고의 침해의 성립은 더 한정적이라는 지적이 있다.

한편, 일본에서는 종전보다 특허 침해 소송에서 실시료 상당액의 손해 배상은 비교적 적은 비용에 머물고 있다. 그 원인으로는 특허 침해 소송에서 징벌적 손해배상 제도가 채용되지 않고 대법원 판결[244]에 따라 이 제도를 채택하는 것은 일반적으로 부정되는 것을 볼 수 있다.

또한 특허 침해 부분이 제품의 일부 경우에 제품 전체 가격을 기초로 하면서도 특허의 기여도를 고려하는 것이 용인되고 있는지[245] 등도 들 수 있다. 무엇보다 특허의 기여도를 고려하는 경우

241) Underwater Devices, Inc. v. Morrison-Knudsen Co., 17 F.2d 1380 (Fed. Cir. 1983).
242) Rite-Hite Corp. v. Kelly Co., 56 F.3d 1538 (Fed.Cir. 2001), cert. denied, 516 U.S. 867 (1995).
243) In re Seagate Tech, LLC, 497 F.3d 1360 (Fed. Cir. 2007).
244) 最判平成 9年 7月 11日民集 51卷 6号 2573頁.

고려 방법과 구체적인 고려의 정도 등은 판례에 의해 반드시 통일되어 있지 않고, 특히 기술 표준·'patent thicket' 등에서 동일한 제품에 다수의 특허가 실시되는 경우에 있어서 'reasonable and non-discriminative'(RAND) 조건·실시 요율 등에 관한 산업계의 시세감이 반드시 일치하지 않는 경우가 있다.

### (7) 기타 특허 침해 소송과 관련된 요인

또한 그 외에도 미국 있어서는 종전보다 다음과 같은 사정에 따라 화해 협상에 있어서 협상력은 일반적으로 특허권자의 것이 피의 침해자의 것보다 상대적으로 강해지고 있음이 지적된다. 즉, 특허 침해 소송에서 디스커버리 제도가 존재하고 실제로 활발하게 이용되고 있는 것 등으로 인하여 심리 기간이 비교적 장기화되고 있는 동시에 피의 침해자에 있어서 대리인 비용 등도 상당한 정도로 고액화되고 있다. 한편, 특허권자의 대리인 비용 'contingent fee'도 일반화되고 있다. 또한 불확실성이 높은 배심원 심리가 존재하고 실제로 특허권자에 의해 많이 사용되고 있다. 또한 반드시 제1심을 심리 판단하는 지방 법원 판사 모두가 충분한 특허 침해 소송 경험이 있는 것은 아니다. 이러한 결과 지방 법원 판결에서 특허권자의 승소율이 상대적으로 높은 반면, CAFC 판결에서 연방 지방 법원 판결의 파기 비율도 상대적으로 높아지고 있다. 이로 인해 특허권자가 특허 침해 소송을 제기·수행 피의 침해자에게 화해 승낙에의 압력을 행사하는 것이 비교적 용이하게 되어 있다는 지적이 있다.

한편, 일본에서는 종전보다 화해 협상에 있어서 특허권자와 피의 침해자 사이의 협상력의 불균형을 야기하는 미국에서와 같은

---

245) 東京高判平成 8年 5月 23日判時 1570号 103頁、 東京高判平成 12年 9月 26日最高裁 HP 等.

사정은 존재하지 않는다.

즉, 특허 침해 소송에서 디스커버리 제도가 존재하지 않는 것 등에 의해 심리 기간이 비교적 단기화되어 가고 있음과 동시에 피의자 침해자에 있어서 대리인 비용 등도 비교적 저렴한 수준에 머무르고 있다.

한편, 특허권자의 대리인 비용으로 성공 보수 방식은 지극히 일반적이지 않다. 또한 불확실성이 높은 배심원 심리는 존재하지 않고, 특허 침해 소송의 첫 재판은 도쿄 지방법원 또는 오사카 지방법원의 전속 관할로 되어 각 지방법원의 지식재산권 관련 사건의 전문부에서 풍부한 경험을 가진 판사에 의하여 심리 판단되고 있다. 이러한 결과 특허권자의 승소율이 상대적으로 낮은 도쿄와 오사카 지방법원 판결에 대해 지식재산 관련 고등법원 판결의 파기 비율은 상대적으로 낮아지고 있다.

### (8) 피침해자의 방어 수단

미국에 있어서는 종전보다 특허 비침해의 경우에 특허권자의 경쟁 업체 거래처에 대한 특허 침해 경고에 관한 경쟁 업체의 방어 수단으로 'trade libel', 'slander of title' 또는 'interference with business'의 불법 행위 또는 부당한 특허권 행사의 부정 경쟁 행위로 금지 및 손해 배상을 청구할 여지가 있지만, 경고의 악의성 등이 요구됨[246]으로써 반드시 가능하지는 않았다.

또한 특허권자에 의한 피의자인 침해자에 대한 특허 침해 소송의 제기에 대해 반독점법상의 책임을 추궁하거나 연방 민사 소송 규칙 제11조 소정의 제재를 제기할 여지가 있지만, 전자는 제소에

---

246) Mikohn Gaming Corp. v. Acres Gaming, Inc., 165 F.3d 891 (Fed.Cir. 1998); Virginia Panel Corp. v. MAC Panel Corp., 133 F.3d 860 (Fed.Cir. 1997); Mallinckrodt, Inc. v. Medipart, Inc., 976 F.2d 700 (Fed.Cir. 1992).

객관적으로 근거가 없는 것 등이 요구되고[247] 후자도 제소의 악의
성이 요구되는 것 등으로 인해 충분히 기능하지 않았던 것으로 지
적되고 있다. 이로 인해 이른바 특허 괴물이 특허권을 남용 행사한
경우 이에 대한 억제력이 부족했다는 지적이 있다.

한편, 일본에서는 종전보다 특허 비침해의 경우에 피의자인 침
해자의 방어 수단으로서 특허권자의 특허 침해 소송의 본소 제기
가처분 명령의 신청, 본소 판결의 집행, 가처분 명령의 집행 등에
대하여 불법 행위에 대한 손해배상 등을 청구할 여지 자체는 대법
원 판결[248]에 의해 일반적으로 긍정되고 있다.

그리고 특허권자의 경쟁 업체의 거래처에 대한 특허 침해 경고
에 대응하는 경쟁 업체의 방어 수단으로 영업 비방 행위[249]에 의한
금지 및 손해 배상 등의 청구가 규정되어 있으며, 동 청구는 사실
다수의 판례에서 인용되어 왔다.

그러나 여러 유력한 판례에서 같은 청구에 대하여 정당한 권리
행사로서 위법성을 조각할 여지가 용인되고 그 요구 사항·고려
요소 등이 판시되어 있다. 따라서 특허권자의 반경쟁적인 특허권
행사는 독점금지법에 의해 제한될 수 있다.

## Ⅲ. 남용의 방지

특허권자가 특허소송을 남용하여 사후적인 소송 결과와 무관하

---

247) Professional Real Estate Investors, Inc. v. Columbia Pictures Indus.,
  Inc., 508 U.S. 49(1993).
248) 本訴の提起について最三判昭和 63年 1月 26日民集 42巻 1号 1頁昭和 60
  年(オ)第 122号、本訴判決の執行について最三判昭和 44年 7月 8日民集
  23巻 8号 1407 頁昭和 43年(オ)第906号、仮処分命令の執行について最三
  判昭和 43年 12月 24日民集 22巻 13号 3428 頁昭和 43 年(オ)第260号.
249) 不正競争防止法第2条 1項 14号.

게 장기간에 걸친 소송과정에서 경쟁사업자 배제의 목적을 충분히 달성할 수도 있다는 점, 특히 특허소송이 다른 사업자의 사업 활동에 필요한 행정적 절차를 지연시키게 될 수 있다는 점 등을 고려하면 소송남용에 대하여도 일정한 규제를 가할 필요가 있을 것이다.[250] 다만 헌법상 직접 보장되는 재판청구권을 고려할 때, 특허권자가 소송을 제기하는 행위에 대하여 공정거래법을 적용할 때에는 신중한 접근이 특히 요구되며,[251] 특허의 무효가 의심의 여지없이 명백하고 특허소송을 제기한 자가 그런 사정을 알면서도 소권을 남용하는 등 객관적·주관적 요건을 갖추었을 때에 한하여 제한적으로 이를 적용하여야 할 것이다.[252]

---

250) 김준범·고인혜, 앞의 논문, 11~12쪽.

251) 김준범·고인혜, 앞의 논문, 11쪽.

252) 조영선, 앞의 책, 515쪽.

# 제5장

# 결 론

지속적인 기술혁신, 역동적인 변화를 특성으로 하는 지식재산권 분야는 그 변화 속도에 걸맞은 제도의 진화를 요구할 것이다. 이번 심사지침 개정이 성숙된 논의를 집결하여 만든 완결판이 아니라 오히려 새로운 논의를 확산시키는 재도약의 계기로 평가되어야 하는 이유가 바로 여기에 있다. 특히 기술 지향적 관점에서는 모두 포괄하기 어려운 상표권이나 저작권 등의 특수성을 심사지침에 보다 엄밀하게 반영하기 위한 논의가 계속되어야 할 것이다. 개정된 심사지침은 대표적인 지식재산권 남용행위인 특허권을 중심으로 규정하되, 다른 지식재산권에 이를 유추 적용하도록 하여 지침 규정의 효율성 측면을 중시하였으나, 향후 각각의 지식재산권 남용행위 유형 및 판단기준에 대한 논의가 성숙되면 개별 규정을 마련하는 것이 바람직할 것이다.[1]

최근의 국외사건으로 퀄컴은 미국 연방거래위원회로부터 특정 모뎀칩 시장들에서 경쟁을 방해하기 위하여 그들의 표준필수특허와 모뎀칩 독점을 남용해 왔다는 이유로 캘리포니아 주 북부 지방법원 산호세 법원에 소송을 제기당하였다. 법원은 이 사건에 대하여 휴대전화 커뮤니케이션 표준 및 표준필수특허와 모뎀칩 시장 간의 복잡한 상호관계[2]를 이해하는 것이 요구된다고 보아 이에 대

---

1) 김준범 · 고인혜, 앞의 논문, 13쪽.
2) 여기서 휴대전화 커뮤니케이션 표준이란 2G-CDMA, UMTS, 3G-CDMA, 4G LTE를 말하며, LTE가 가능하기 위해서는 휴대폰에 2G, 3G 표준과 호환되는 멀티모드 모뎀칩을 장착되어 있어야 한다. 퀄컴은 2006년부터 2015년 9월까지 전 세계 CDMA 모뎀칩 시장의 80%를 초과하는 점유율, 2012년부터 2015년 9월까지 프리미엄 LTE 모뎀 칩 판매량의 80%를 차지

하여 심리를 개시하였다. 또한 법원은 퀄컴의 휴대전화 커뮤니케이션 표준필수특허들과 모뎀칩 시장에의 참여에 대하여 논의하였으며 마지막으로 원고측의 주장을 논의하였다.

퀄컴은 전 세계 1위 모뎀칩 공급 업체이다. 특히 퀄컴은 2가지 유형의 모뎀칩의 공급에 있어서 지배적 지위를 가지고 있었다. ① CDMA 표준과 호환되는 모뎀칩 ② Advanced LTE(프리미엄 LTE) 표준과 호환되는 프리미엄 핸드셋을 위한 모뎀칩. 퀄컴은 휴대전화 커뮤니케이션 표준에 필수적이라고 선언된 몇몇 표준필수특허를 가지고 있으면서 상표부착 주문제작 업체들(OEM)에게 모뎀칩을 제공하였다.

퀄컴의 FRAND 선언에 따르면 모뎀칩 시장 경쟁자들에게 퀄컴의 표준필수특허를 이용하여 모뎀칩을 생산, 판매하는 라이선스를 허가하도록 되어 있었다. 그럼에도 불구하고 퀄컴은 경쟁 업체들에게 실시허락을 거절하였다. 이에 연방거래위원회는 퀄컴이 CDMA와 프리미엄 LTE 모뎀칩의 공급에 있어서의 지배적 지위를 이용하여 경쟁업체를 약화시키고자 시도하였다고 주장하였다. 또한 연방거래위원회는 퀄컴이 다음의 3가지 관행을 통해 이를 실현하고자 하였으며, 3가지 주요 반경쟁적 관행을 구성하는 행위들에 참여하였다고 주장하였다. 첫째, 퀄컴은 '라이선스 없이 칩도 없다'는 정책을 OEM에 적용함으로써 경쟁을 억제하였다. 둘째, 퀄컴은 이미 FRAND 선언상의 표준필수특허에 관하여 라이벌 제조업체에 실시허락을 거절하였다. 셋째, 퀄컴은 애플과의 사실상 독점계약을 체결함으로써 경쟁을 억제하였다.

결과적으로 퀄컴의 경쟁자들은 퀄컴의 휴대전화 표준필수특허에 대한 권리를 전달하는 OEM들에게 모뎀칩을 제공하는 것이 불

---

하고 있는 초대형 공급업체였다. 따라서 법원은 휴대전화 시장과 모뎀칩 시장은 관련시장에 해당된다고 보았다.

가능하였다. 만일 퀄컴이 그 표준필수특허를 경쟁업체에 라이선싱
하였을 경우 경쟁업체들이 OEM들에게 모뎀칩을 제공할 수 있었
고, 특허 소멸의 원칙에 따라 OEM들은 퀄컴에게 모뎀칩 판매에 대
한 로열티를 지불할 필요 없이 특허 사용 권리를 획득할 수 있었을
지도 모르는 일이었다. 게다가 퀄컴은 OEM들이 모뎀칩을 계속 생
산하기 위하여 FRAND 조건을 초과하는 로열티를 지불하도록 유
도하였다. 이러한 행위들은 모뎀칩 시장의 일반 가격과 OEM들이
모뎀칩에 사용하기 위하여 지불하는 로열티 가격을 인상시키는 결
과를 가져왔다고 주장하였다.

　이에 대항하여 퀄컴은 원고가 퀄컴의 "라이선스 없이 칩도 없다"
는 정책이 반경쟁적임을 충분히 소명하지 못하였으며, FRAND조
건을 초과하는 로열티를 책정하였다는 주장 또한 신빙성이 떨어지
며, 설령 그렇다 하더라도 이것이 모뎀칩 시장에서 경쟁을 해치는
것은 아니라고 반론하였다.

　연방거래위원회와 퀄컴측의 이러한 주장에 대하여 심리한 재판
부는 Verizon Comm's, Inc. v. Law Offices of Curtis V. Trinko,
540 U.S. 398, 411(2004)에서 판시한 바와 같이 일반적으로는 "경쟁
자들을 도울 의무가 존재하지 않는다."고 설명하였지만 그럼에도
불구하고 United States v. Microsoft Corp., 253 F.3d 34, 50(D.C.
Cir. 2001)와 미국 대법원이 경쟁자와의 거래에 있어서 반독점적 의
무를 위반하였다고 판단한 Aspen Skiing 사건의 판례를 인용하여,
본 사건에서 퀄컴이 '독점화'하고자 했던 행위가 셔먼법 제2조를 위
반하였으며, 그 근거는 ① 관련시장에서의 독점적 권력의 소유 ②
배제적 행위를 통한 그 권력의 획득 또는 유지라고 판결하였다.
McWane v. Fed. Trade Comm'n, 783 F.3d 814, 828(11th Cir.
2015) 사건에서 미국 순회법원이 판시한 바와 같이 배제성의 요건
을 충족하기 위하여 독점자의 행위가 반경쟁적 효과를 가지고 있
어야만 하는 것이었다. 즉, 경쟁 절차를 방해함으로써 소비자에게

손해를 발생시켜야 한다는 것이다. 이에 법원은 연방거래위원회의 손을 들어주어 애플과 퀄컴의 독점계약(2011년 10월~2016년 9월)이 서면법과 FTCA 제5조를 위반하는, 사실상의 경쟁 배제 행위에 해당된다고 판결하였다.[3]

최근의 국내 사례로서 서울 중앙지방 법원 2016가소6621579 손해배상(지)사건 주문에 따르면 1) 피고는 원고에게 1,000,000원 및 이에 대하여 2017.3.9.부터 2017.6.1.까지는 연 5%, 그 다음날부터 다 갚는 날까지는 연 15%의 각 비율로 계산한 돈을 지급하라. 2) 원고는 나머지 청구를 기각한다. 3) 소송비용은 각자 부담한다. 4) 제1항은 가집행할 수 있다.

청구원인에 대한 답변에 의하면 1) 피고가 원고의 허락 없이 업로드한 사실, 그로 인하여 기소유예처분을 받은 사실은 인정하나, 2) 원고의 청구액은 지나치게 과다하고, 피고의 행위가 저작권법 침해에는 해당하지만 영리를 목적으로 한 것도 아니고 배포에 해당하는 것도 아니라고 주장하였다.

이 사건을 일견하건데 저작권남용이 의도 또는 유인행위로 인한 권리남용의 여지가 전혀 없다고 볼 수 없다.

한편, 출원인 밀리켄 앤드 컴파니에 의한 첨가제 조성물 및 이를 포함하는 열가소성 중합제 조성물 특허출원과 관련한 질의에 의하면, 위 출원인이 2013.8.22. 한 특허출원이 2015.8. 거절결정 되자, 2015.10.1. 거절결정에 대한 불복 심판을 청구하는 한편 같은 날 위 출원 번호로 분할 출원한 사안과 관련하여,

1. 타 회사는 위 제품을 생산하는 데 문제가 없는지
2. 위 출원인의 대한 특허출원이 특허 등록된다면 타 회사가 강구할 방법은 무엇인지에 대하여 다음과 같이 분석할 수 있다.

---

3) Federal Trade Commission v. Qualcomm Incorporated, United States District Court, N.D. California, San Jose Division, June 26, 2017.

특허권은 특허등록으로 발생하고(특허법 제87조), 그 존속기간은 특허등록한 날부터 특허출원일 후 20년이 되는 날까지이므로(특허법 제88조) 특허권 등록 전의 행위에 대하여서는 특허권을 주장할 수 없다.

따라서 위 출원인에 대한 특허출원이 특허등록되기 전까지는 타 회사는 위 특허와 관련된 제품을 생산하는 데 문제가 없다고 할 것이다.

무릇 특허출원은 특허법이 정하는 요건을 갖추어야 특허로서 등록되므로(특허법 제29조), 이상과 같은 요건을 구비하지 못했음에도 불구하고 심사의 미비 등으로 특허등록이 된 경우 이해관계인 등은 특허법이 정하는 특허취소신청 혹은 특허무효심판청구를 할 수 있다고 할 것이다(단, 특허취소신청제도는 2017.3.1.부터 시행된다).

위 두 사건의 아주 최근의 실제상황으로 "경합과 융합과 조화"의 차원에서 해결되어야 할 쟁점사항이며 당해 문제는 결국 지식재산권과 공정거래법의 충돌과 교차영역의 분쟁인 것이다. 결론적으로 다음 같은 시사점을 고려하여 결론에 갈음한다.

특허 등 지식재산권은 기업 경쟁력의 핵심 요소로서 이에 대하여 정당한 보상을 보장하는 것은 중요하다. 그러나 특허기술을 라이선싱해 주면서 해당 기술과 무관한 상품을 강제로 구입하도록 하거나, 특허권 소멸 이후에도 로열티를 부과하는 등 지식재산권 보유자가 정당한 권리행사를 넘는 경우에는 시장 구조가 왜곡되어 기술 이용 및 개발이 어려워지고, 기술에 대한 합당한 보상을 받을 수 없게 된다. 따라서 지식재산권 보유자가 정당한 권리범위를 넘어 관련 시장의 공정한 거래를 저해하고, 후속 기술혁신을 오히려 방해하는 행위를 할 경우에는 공정거래법 적용을 통해 지식재산권 제도의 본래 목적을 실현시킬 수 있다. 지식재산권 관련 분쟁의 급증에 따른 선제적 대응의 필요성, 기업에 대한 예측가능성을 제공하기 위하여 보다 구체적으로 개정한 「지식재산권의 부당한 행사에 대한 심사지침」으로 양 제도가 공통적으로 추구하는 '혁신적인 기술에 대한 정당한 보상, 새로운 기술 혁신의 유인 제공, 창의적인 기업 활동 장려, 관련 산업과 국민경제의 건전한 발전'을 도모하여야 할 것이며, 지식재산권 남용행위의 최소화를 위하여 입법적 능률화를 실천하는 일이 향후의 과제이며, 구체적으로 지식재산권 남용의 방지를 위하여 공정거래법상으로 지식재산권 적용제외의 예외 규정을 보다 명확히 할 필요가 있다.

판례 색인 ————

| 저자 소개 |


정 주 환

법학박사(고려대학교)
고려대학교 법학연구소 연구원/법제처 법제연구관
국립창원대학교 법학과 전임강사
단국대학교 사회과학대학 법학과 조교수
단국대학교 법학대학장/법정대학장/단국대학교 법학연구소장(현)
미국 워싱턴로스쿨 교환교수(교육부 프로그램)
중국 청도대학법학원 방문연구교수(한국연구재단 프로그램)
중국 연태대학법학원 객좌교수/중국 산동정법대학법학원 객좌교수
중국 산동대학법학원 겸직교수
사법시험위원/대한공인중개사협회 보상심사위원장
한국경영법률학회 회장/법과역사학회 회장(현)

[저 술]
법과 경제질서, 단국대학교 출판부, 1992
한국경제법, 세창출판사, 1994
전정판 한국경제법, 세창출판사, 1997
경제법연구, 세창출판사, 1997
상행위법연구, 세창출판사, 1999
전자상거래법연구, 단국대학교 법학연구소, 2000
공정거래법연구, 신양사, 2012
상법 I, 와이제이, 2015

지식재산권 남용과 공정거래연구

2017년 11월 20일 초판 인쇄
2017년 11월 30일 초판 발행

저  자       정 주 환
발행처       한국지식재산연구원
편집·판매처    세창출판사

**한국지식재산연구원**

주소: 서울시 강남구 테헤란로 131 한국지식재산센터 3, 9층
전화. (02)2189-2600   팩스: (02)2189 2694
website: www.kiip.re.kr

**세창출판사**

주소: 서울시 서대문구 경기대로 88 냉천빌딩 4층
전화: (02)723-8660   팩스: (02)720-4579
website: www.sechangpub.co.kr

ISBN 978-89-92957-81-6 93360

정가 29,000원